聆听父母的关爱 温暖女孩的青春

杜金环◎编著

爸妈说给青春期女孩的心里话

BAMA SHUOGEI QINGCHUNQI NÜHAIDE XINLIHUA

中国纺织出版社

内 容 提 要

处在青春期的女孩，如同一朵含苞待放的花朵，一切准备都为了最后绽放的那一刻。在等待绽放的过程中，女孩的身体和心理都在慢慢发生着变化，这些细小的变化盘旋在女孩的心头，不知该向谁去诉说。父母作为过来人，有些心里话要说给青春期的女孩子们听，有父母的陪伴，青春期的你一定是最美丽的花骨朵。

本书运用温柔的笔触、有趣的案例，帮助害羞的女孩一点点打开青春期的心房。通过讲述女孩身体的变化和心理的变化帮你揭秘成长中的烦恼，让你在正确认识自己身体的同时，勇敢面对自己的变化，没有负担的成长才是最快乐的。女孩们一直是父母的小棉袄，在青春期，不如让父母做你的"大棉袄"，让他们的话带你绕过青春的荆棘。

图书在版编目(CIP)数据

爸妈说给青春期女孩的心里话/杜金环编著. —北京：中国纺织出版社，2012.7（2024.4重印）

ISBN 978-7-5064-8547-0

Ⅰ.①爸… Ⅱ.①杜… Ⅲ.①女性—青春期—健康教育 Ⅳ.①G479

中国版本图书馆 CIP 数据核字(2012)第 072059 号

策划编辑：闫 星　　责任编辑：闫 星　　责任印制：陈 涛

中国纺织出版社出版发行

地址：北京东直门南大街 6 号　邮政编码：100027

邮购电话：010—64168110　传真：010—64168231

http://www.c-textilep.com

E-mail:faxing@c-textilep.com

北京兰星球彩色印刷有限公司印刷　各地新华书店经销

2012 年 7 月第 1 版　2024年4月第2次印刷

开本：710×1000　1/16　印张：19.5

字数：198 千字　定价：85.00 元

凡购本书，如有缺页、倒页、脱页，由本社图书营销中心调换

前言

女儿阳阳马上就要过十四岁的生日了，转眼间，女儿又长大了一岁，可是孩子的生日礼物问题也烦恼着我们。我们发现，十几年来，孩子每年的生日礼物不外乎布娃娃、丰富的晚餐、生日蛋糕、学习用具等，今年我们决定送女儿一个特殊的礼物，因为女儿已经长大了。

一直以来，在我们眼里，女儿都是那个叽叽喳喳、经常拉着我们讲解学校趣事的小丫头，经常和我们一起逛街、吃饭，甚至经常和邻居家的小男孩为了一个小玩具争吵起来，但不知从何时起，女儿开始变得沉默了，她开始疏远我们，喜欢自己一个人躲在房间里，静静地写着自己的心事。女儿的世界，我们不再了如指掌，女儿不愿再对我们敞开心扉了，我们开始担心，女儿到底怎么了？一时之间，我们发现有太多的话，要告诉女儿，但又不知从何说起。

某天，我们看到沙发上熟睡的女儿，才突然意识到，原来女儿已经长大了，进入青春期了。青春期被称为“花季”，但也是雨季，青春期的一切都是朝气蓬勃的，但也是极具危险的，稍不注意，孩子就可能犯下无法挽回的错误，同时，这个时期的女儿还得面临学习、升学的压力，或许这些问题交织在一起，就是孩子为什么沉默了的原因了。而这些，都需要为人父母的我们进行疏导。

最终，我们决定，送给女儿一本书——《爸妈说给青春期女孩的心里话》。这里，我们要告诉女儿，青春期是一个过渡阶段，是一个有风有雨的季节，但同时也是一个充满欢乐的季节。在这个季节里，有付出，有汗水，有痛苦，有挣扎，但这就是成长。渡过青春期，你迎来的就是成熟，就是风和日丽。同时，女孩儿们应该记住，成长的路上，不要害怕，父母是你最坚强的依靠和后盾。

《爸妈说给青春期女孩的心里话》这本书，主要是从生理学、心理学和教育的角度，为青春期女孩提供一些成长必知的常识，里面包含了整个青春期的女孩儿可能遇到的困惑，女孩儿们阅读它，可以帮助自己更清晰地了解青春期的神秘，从而更顺利地解决这些困惑。另外，这本书还为女孩子们展现了一个青春期女孩应该拥有的正确的人生观、价值观，相信女孩子们从中会有所领悟。

因此，我们相信，这本书将成为很多青春期女孩最贴心的礼物。同时，它不仅是一本书，更是一个父母教育女儿的助手。不但协理了孩子的生理卫生，还帮助父母对女儿进行心理上的辅导。青春期是女孩儿的困惑期，也是父母的困顿期。可怜天下父母心，我们不妨把对女儿的爱化作对她的教导，让她度过一个健康、快乐的青春期。

所以，女孩儿们，大胆地迎接青春期并去经历、去感受、去战胜自己吧，去展现自己生命的美丽吧！希望所有的青春期女孩儿能快乐、阳光地成长！

编著者

2012 年 1 月

目录 Contents

第一篇　身体变化:“丑小鸭”变成“白天鹅”别惶恐

第二篇　心理变化:别让青春失去快乐

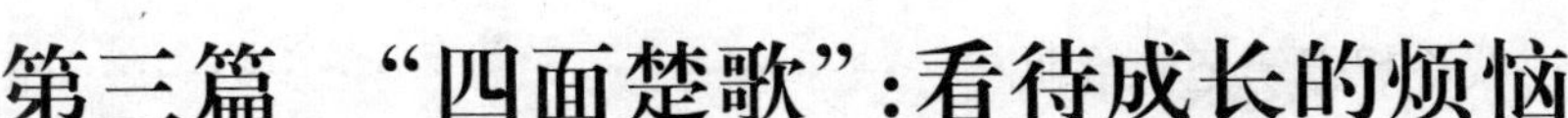

第三篇 “四面楚歌”：看待成长的烦恼

第一篇

身体变化：

“丑小鸭”变成“白天鹅”别惶恐

Chapter 1

第1章 孕育美丽，胸部的变化很正常

时间过得真快，转眼，阳阳已经由一个可爱的小女孩变成一个亭亭玉立的大姑娘了。但在她成长的同时，遇到了一些困惑，尤其是生理上的变化，让这个大大咧咧的女孩感到猝不及防，这其中就包括乳房的发育。

人类乳房与其他哺乳动物不同，仅仅只有胸前的一对，并来源于外胚层。而实际上，乳房的发育并不仅仅是青春期独有的过程，自出生后，乳房的发育也和女孩的身体一样，需要经历婴幼儿期、青春期、性成熟期、妊娠期、哺乳期以及绝经期等不同时期。自青春期开始，受各种内分泌激素的影响，女性乳房进入了一生中生理发育和功能活动最活跃的时期，直至绝经期。在经历了青春期之后，乳腺的组织结构已趋完善，进入了性成熟期乳腺。因此，乳房是青春期女孩发育开始的第一个信号。

亲爱的阳阳，当看到胸前鼓起的乳房，你可能会心慌意乱，但这是正常的生理现象，经过了青春期的发育后，你的胸部会变得饱满而高耸，因此，千万不要害羞，大胆地迎接青春期乳房的变化吧。当然，在发育过程中，如果遇到什么问题，一定要把爸爸妈妈当成你贴心的朋友，我们都会悉心为你解答。

胸部的发育让你呈现女性的美丽

青春期女孩子的困惑:我的胸部生病了吗?

有一天下午,阳阳一放学回家,就放下书包,把在阳台收衣服的妈妈拉到房间,神秘兮兮地对妈妈说:“妈,我在电视上看过很多广告,都是关于乳房疾病的,什么乳腺增生啊,乳腺癌啊,我是不是也得了什么病啊?”

阳阳一直像个男孩子,说话、做事都大大咧咧的,怎么这会儿倒这么扭扭捏捏,说话还吞吞吐吐。然后又问:“家里没有其他人吧?”

满脑疑问的妈妈不明白女儿到底怎么了,但一看到女儿盯着自己的胸部,就明白一二了。女儿胸部开始发育了,自然也就有了一点儿反应。

接着,阳阳又说:“妈妈,其实,我也知道自己是发育了,但这也太难看了吧,这突然鼓起来了,周围人会不会笑话我?”

听着女儿这一番话,妈妈放下手中的活儿,把女儿拉到身边坐下,告诉女儿,这不是胸部疾病,而是胸部开始发育的迹象。

爸妈送给阳阳的话:

亲爱的阳阳,你知道吗?胸部的发育并不是见不得人的事,相反,它会让你呈现一种女性的美丽。因为乳房是女性重要的第二性征器官,女孩进入青春期后,第二性征开始发育。乳房开始发育的年龄与先天的遗传和后天的营养都有关系。

所以,和你一样,很多青春期的女孩子都会遇到这样的问题,她们的胸部开始发育了,并慢慢地隆起,乳头乳晕部形成了一个小鼓包,她们也会感到惶恐和不安,因为一切同以前都不一样了。

生活中,不同性格的女孩对这一变化的反应是不同的,可归结为以下三种:

第一种，这些女孩大大咧咧，平时也很少关注这方面的事，乳房的变化并没有引起心灵的震动，还像从前一样蹦蹦跳跳，一副无所谓的样子。

第二种，有些女孩子心比较细，她们已经开始意识到自己正慢慢地长大，身体也在慢慢地发育，但这同时也会使得她们几分欢喜几分愁，令她们欣喜的是，她们再也不是小女孩了，她们长大了，能和那些成熟的女性一样变得美丽，拥有苗条的身材和坚挺的乳房了。而令他们愁的是，再也无法和那些男同学毫无顾虑地玩耍了，否则就会招来他人异样的目光；胸部开始发育，身体开始显示出曲线美，会被那些较晚发育的同龄人笑话；此时，她会不由自主地脸红甚至会尴尬。而同时，每当感到乳房疼痛时，又会有些担心，不知这是怎么回事，不知这是不是正常情况，自己是不是生病了，不知该向谁请教有关这方面的问题，这些女孩常常处于一种困惑状态，甚至影响正常的学习和生活。

第三种，这属于个别现象，这些女孩认为乳房的发育是一件羞耻的事，极不愿意被别人看出自己的乳房已经开始长大，因而总是遮遮掩掩，穿很厚的上衣，戴很紧的文胸，将乳房紧紧地裹在里面，甚至故意含胸束胸，以淡化乳房。

那么，亲爱的女儿，究竟你应该怎样看待青春期乳房的发育呢？对此，你需要先了解以下关于女孩发育问题的知识：

1. 青春期女孩乳房发育过程

实际上，男女性都有乳房，而且，青春期以前，男孩与女孩的乳房在外观上几乎没有什么区别。随着年龄的增长，女孩长到七八岁时，身体的各个系统开始逐渐发育，十岁左右，在多种因素的刺激下，其中包括卵巢激素、垂体激素和胰岛素，女孩的乳房开始正式发育。女孩乳房开始发育的年龄也是因人而异的，但一般不超过16岁，如果超过16岁乳房仍未发育，应引起重视。

从青春期开始发育变化到成熟阶段，是女性一生中乳房发育的重要时刻，其重要标志是在月经初潮前3～5年。青春期乳房发育的标志包括乳头、

乳腺体积相继增大,乳晕范围扩大,其中以乳腺体积增大最明显,并随着乳腺组织扩增,乳房呈现圆锥形或半球形。乳房发育的另一标志是乳头与乳晕的上皮内黑色素沉着而使其颜色加深。评价乳房健康发育应包括乳腺、乳晕、乳头三者发育的比例关系。一般乳头与乳晕的发育成比例,但乳晕发育与乳腺关系更密切,乳头的大小与乳腺发育的程度关系较小。

从生理上来说,乳房生长于女性的前胸,起到哺乳的作用。女孩乳房发育一般到月经初朝后基本成熟,这时候,整个乳房组织都逐步发育,包括整个乳管系统及乳管周围组织同步发育,乳管末端增生成群,形成腺泡芽,皮下脂肪增多及纤维组织增生,使乳房呈现圆锥形残半球形,整个乳房增大,并显得丰满而有弹性。随着时间的推移,女孩的乳房将逐步定型。

2.正确看待乳房发育问题

(1)关心自己乳房的发育。如果在乳房发育过程中出现乳房疼痛、肿块等,可以告诉爸妈,并让爸妈带着去看医生。当乳房已接近成人乳房大小时,应开始戴乳罩;也不要因为爱美而过早地戴上乳罩,不要戴过紧的乳罩,不要因为害羞而含胸。

(2)乳房发育是青春期正常的生理现象,是青春期女孩身体开始发育的标志。

乳房开始发育了,你应该高兴,而不是害羞,每个女孩都会经历这一过程,因此,既不要过于紧张,也不可毫不在意,应该重视自己身体的这一变化,因为女孩的身体是脆弱的,你要懂得呵护自己,要比以前更加注意保护乳房,使其避免一切外来伤害。

在这里,爸妈让你了解这些,是希望你能正视青春期女孩乳房发育的问题,并能做到骄傲地挺起胸膛,让富于青春韵律的乳房尽显女性的风采。

该到选择合适的文胸的时候了

青春期女孩的困惑：我是不是也该穿文胸了？

这天晚上，阳阳做完作业后，趁着爸爸不在家，来到妈妈的卧室，对妈妈说了最近班上发生的事："我们班最近掀起了一阵文胸热，因为学校专门为女生组织了一次青春期生理教育课，老师告诉我们，女生到了这个年纪该戴文胸了。妈，你说，我是不是也该戴了？"

"是啊，我怎么忽视这点了呢，都怪妈妈，女儿长大了，明天妈妈就给你买啊。"

于是，第二天，左挑右选，妈妈给阳阳挑了一个。买回来之后，妈妈就让阳阳试了试。因为没戴过文胸，折腾半天，阳阳才穿好。

"妈，以后我不会每天都要戴着这玩意儿吧？"

"那当然，文胸就是保护胸部的嘛。"

"可是，这样也太麻烦了，我觉得穿个吊带衫也行啊。"

"那怎么行呢？前几年你还行，这几年你大了，不能还穿吊带衫，你看那些成熟的女性，谁不戴文胸？你现在是第一次戴，可能是有点不舒服，以后慢慢就会习惯了。事实上，适时地带文胸，对你的乳房保护和发育都有很大的好处，也会让你的胸部更健美。"

"嗯，看样子我是不得不戴了。"

爸妈送给阳阳的话：

亲爱的阳阳，你要明白，你这个年纪，应该佩戴文胸了。而关于你问得到底什么时候佩戴才合适的问题，这里，爸妈跟你探讨一下。青春期女孩佩戴文胸，不可过早也不可过晚。

这里，你需要了解以下关于佩戴文胸的知识：

1. 青春期佩戴文胸的必要性

青春期女孩随着身体的发育,乳房也逐渐成熟,它不仅能够体现出女性玲珑有致的身材美,更是肩负着哺育自己下一代的重大责任,所以我们要给它以最温柔细致的呵护。

因为乳房部位的组织和身体其他部位是不同的,乳房是由乳腺、乳腺管、脂肪和结缔组织等构成,内部没有骨骼和肌肉支撑,因此乳房如果没有一个支托,很容易导致下垂,甚至如果长时间处于无保护状态,会影响乳房的血液循环和发育,造成乳房松弛,导致乳腺管弯曲变形,影响乳房的外观形态和将来哺乳。当剧烈运动时,乳房也随之发生较大幅度的震动,会使人感到极不舒服,严重的还可能导致血液循环障碍而诱发乳房疾病。佩戴文胸不仅能保护乳房,而且使它能健康地发育,所以说女孩佩戴文胸是十分有必要的。

2. 何时佩戴文胸?

一般说来,青春期少女在乳房发育基本趋于成熟之时,便可以佩戴文胸。这个年纪多半在17岁左右。过早或过晚佩戴,对乳房的发育都是不利的。倘若刚刚步入青春期的小女生戴上文胸,就会影响乳房的正常发育。但是,有些女生发育得早,有些发育得迟,要按实际情况而定。当女生胸部发育成熟后,就要戴文胸。可是,什么时候才算乳房发育成熟呢?用软尺测量乳房上底部经乳头到乳房下底部的距离,如果大于16厘米,就可以戴文胸了。

当然,少女过早穿戴胸罩虽然会让胸部显得挺拔,富有曲线美,但却必然会对胸部有一定的束缚,对乳房的发育有一定的影响。

乳房的皮肤组织与身体其他部位不同,它比较娇嫩、敏感,更容易受伤,甚至在跑跳时可能牵拉到乳腺组织。佩戴胸罩可以保持乳房的稳定性和形态,当然,在突出女性的形体美方面也能做出一定的贡献。所以,青春期的女孩们,在适当的年龄佩戴上合适的文胸很有必要!

3. 青春期女孩如何选择合适的文胸?

青春期少女在选择文胸上，可能有一些羞怯感，其实，大可不必这样，文胸是每个女孩在发育过程中都应该佩戴之物，自然，选择正确的文胸，也是每个女孩要学会的一门课程。

目前市场上有各种各样的内衣可供选择，仅文胸产品就有魔杯、厚型、薄型、衬垫式、通透型等多种样式，这些文胸，都能在一定程度上弥补女性胸部发育上的一些缺憾，使得女性的身材看上去更丰满一些。但都不适合少女。另外，女孩也不适合普通背心，因为它会压制乳房的发育。

那么，如何选择文胸的质地和尺寸呢？

（1）质地上，应选择一些质地相对较好的文胸。质地好的文胸，在透气、通风上相对较好。

（2）颜色上，一般来说，少女都较喜欢粉色和白色的文胸，这两种颜色较素雅。穿校服时视觉上不会较明显地突出胸部，避免出现尴尬。戴文胸更重要的目的是为了维持乳房的正常功能，起到保健作用。

（3）在尺寸上，选择文胸的大小尺寸，要与胸围相符。这样，戴上后才会感到舒适。文胸太大，起不到支托乳房的作用；太小会压迫乳房，既感到不舒服，又会妨碍乳房发育。文胸的生命力在于它的底线，它能让乳房在文胸的承托下，有向上提起的效果，使女生不至于因为年龄的增长或者其他因素而导致乳房下垂或松弛。如果底线尺寸过大，就无法产生应有的承托功能；如果过小，就会使胸部扎堆难看，并无法正常运动。

（4）根据季节选择文胸。可以说，文胸是女孩最重要的衣服，和普通衣服一样，也要随着季节的变换，适时地更换。也就是说，不同的季节，女孩要佩戴不同的文胸。比如，夏日出汗较多，应穿戴纯棉、漂白布或府绸布面料的文胸。春秋季节可佩戴涤纶面料的文胸。冬天宜戴较厚实的或有海绵的文胸。睡觉时，要松开文胸或者摘掉文胸再入睡，这样可以避免胸部持续受到紧压而发生不适，而且也有利于夜间呼吸和血液循环。

总之，学好选择文胸这门课，会对女孩的乳房发育大有帮助。

阳阳，爸妈还要告诉你的是，少女在晚上睡觉时还是不戴文胸为好，以

免长期戴文胸对身体产生不良反应。文胸与内衣一样,容易受到汗液的污染,因此,必须勤洗勤换,保持清洁卫生。

胀痛和发痒都是胸部发育的现象

青春期女孩的困惑:胸部胀痛和发痒是什么病?

一个星期五的晚上,为了让女儿放松一下,阳阳的妈妈让女儿陪她看电视。母女俩刚坐下,惹人厌烦的插播广告就开始了,急性子的阳阳已经没有了耐心,就对妈妈说:"妈,您还是让我去上网吧,您瞧这广告,哎!"

"等会儿,马上开始了。"她一把拉住要走的女儿。

这时,电视上突然播出一个乳腺癌治疗的广告,阳阳转过脸"哇"的一声就哭了,妈妈坐在旁边,不知道发生了什么事,这时,小丫头满脸泪水地说:"妈,乳腺癌得病率这么高,我好害怕,您说,我会不会也得啊?"

看着天真的女儿,妈妈很心疼,随口对阳阳说:"不会的,你还这么小。"

"我肯定会得的。"

"你怎么会这么说呢?是不是最近遇到什么事了?"

"这事我真不好意思说,我发现,我的胸部这儿有时候会胀痛,有时候又发痒,我看那些广告上说,这些症状就是要得绝症了。"

"傻丫头,你这是青春期乳房发育的正常现象,等你发育成熟了,这些症状就会慢慢消失的,瞧把你吓得。"

"您说的是真的吗?"

"当然是啊,妈妈是过来人。孩子,只要你在身体发育的过程中注意保护好自己的乳房,就能有效预防这些疾病。"

听妈妈这么说,阳阳才止住了泪水。

爸妈送给阳阳的话:

阳阳，以前妈妈跟你谈过关于乳房发育的问题，你也知道，女孩进入青春发育期，最先发育的是乳房。然而，乳房发育的过程中是细小而又微妙的，青春期后在体内雌激素的影响下，女孩乳腺开始发育，这时乳房内除了许多细长的乳腺管不断发育外，还积累了不少脂肪，由于乳腺组织较硬而脂肪组织较柔软，所以乳房日渐隆起，而且富有弹性，成为女性成熟的标志。

大多数女孩在月经初潮之前，在 9～14 岁乳房开始发育。乳房刚刚开始发育时，构成乳房的乳腺及其周围的脂肪组织在乳头及其周围的乳晕形成一个纽扣样的小鼓包，使乳头和乳晕隆起，乳头开始变大。而后乳头隆起更明显，也渐渐变得更丰满，最后发育为成人的乳房形状。乳房发育的速度也因个人有所不同。有些女孩乳房开始发育得晚些，但发育得较快，而有些女孩乳房发育得较早，却发育得较迟缓。

一般来说，青春期女孩在乳房发育的过程中，都会遇到两大问题：

1. 乳房胀痛

女孩子在十岁左右，随着性发育的启动，第二性征逐渐显露出来，乳头如花蕾一样绽出，乳房逐渐如小丘样膨隆。处于青春期发育阶段的少女，由于月经来潮前体内雌激素水平增高，致使乳管扩张，上皮细胞增多、肥大，会引起乳管周围基质水肿，乳房胀大变硬，于是有时会摸到乳房内结节样块状物，并感到胀痛、压痛，这是乳房发育中正常的生理现象。

有些喜吃炸鸡及冰激凌、奶油蛋糕等高热量、高脂肪甜点的女孩，因摄入过多的热量，转化成过多的脂肪，超出乳房物质吸收填充的限度，乳房甚至可扪及包块或引起疼痛。但这一切都是短暂的，随着机体的自我调整会自行消失。女孩子乳房胀痛一般在月经前两三天出现，随着月经消失，体内雌激素水平下降，乳管末端及腺小叶退化复原，乳管变小，上皮细胞萎缩脱落，胀痛、压痛会自然消失。

亲爱的阳阳，如果你出现乳房结节样块状物及胀痛、压痛时，不必忧心忡忡，要明白这是性发育中的正常生理现象。注意，不要束胸，避免碰撞乳房或乳头，少吃高糖高脂食物，不吃使用催熟剂的食物，少吃海鲜、咸肉等。

2. 乳房发痒

不少青春期少女在乳房发育时期会有乳房发痒的感觉，其实这也是正常的生理现象，并非有什么毛病。造成乳房发痒的原因，主要是乳房的淡褐色乳晕汇集许多腺体，会分泌出油脂样物质，时间一长，脂质酸化及污垢堆聚，会刺激乳房的局部皮肤，引起痒感。有些女孩戴化纤材料制作的胸罩，或睡觉时没有卸下胸罩，致使乳头透气不良或汗水排出不畅、潮湿，也会引起发痒。还有些女孩爱用香皂清洁乳房，经揉搓与化学作用，会不断洗去皮肤表面的角化细胞，破坏皮肤组织，引起乳房表皮层肿胀、皮肤干燥与瘙痒。

对此，我的乖宝贝，你一定要注意乳房卫生：

如果乳头痒，千万不能用手去挠或抠剔乳头，以免造成破口而发生感染。要经常清洗乳头、乳晕、乳房。因为乳晕上有许多腺体，会分泌油脂样物质，它可以保护皮肤，但也会沾染污垢、产生红肿等。因而要保持乳房的清洁卫生。

另外，月经期，你更要注意其局部卫生。分泌物的迅速增加，给各种细菌的生长提供了条件，如果不注意局部卫生，使用不良的沐浴露、肥皂和胸围衣料等，都有机会造成干燥和脱皮，导致乳头刺痒难耐就是不可避免的了。严重的还会导致乳头湿疹，乳头湿疹样癌初发症状为乳头瘙痒，往后乳头门面发红、糙手、进而糜烂，有浆液性渗出物，干燥后凝结为灰黄色痂皮，罩住门面。

当然，保持乳房的卫生少不了清洁这个环节，清洁乳房不仅可以保持乳腺管的通畅，又有助于增加乳头的韧性，减少哺乳期乳头皲裂等并发症的发生。在初乳出现阶段，初乳易在乳头处形成结痂，应该先以软膏加以软化，然后用温水试除。如果产前使用肥皂或酒精清洗乳头，除去了乳头周围皮脂腺所分泌可保护皮肤的油脂，乳头过于干燥，很容易发生皲裂而受损害。

乳头为什么会有分泌物

青春期女孩的困惑：

这天，阳阳的妈妈在逛商场，遇到了以前的一位老同事，两人多年不见，见面就聊到孩子，原来，对方也有个和阳阳差不多大的女儿。接着，这位老同事说："现在的孩子，我真不知道说什么好，要是我家女儿不乖乖听话，在外面鬼混的话，我非好好管管。"

"遇到什么事了？"阳阳妈妈很奇怪地问。

"前几天，天气不是正热的时候嘛，有一天，我下班回来，在楼道里，看见了邻居老王的女儿，这女孩一向很听话，但那天，你猜我看见什么了？我看见她的胸前居然有点湿，肯定是做了什么见不得人的事，我也不好意思和她妈妈说这事。"

"呵呵，原来就是这事儿啊，我看你真是搞错了，这是女孩青春期乳房发育过程中遇到的现象，当然，青春期女孩乳房在发育过程中，应该是不会有分泌物的，但如果泌乳，就应该带去医院看看，至于具体是什么原因造成的，我还真不知道，我觉得你也应该回去给孩子好好说说，别让这件事困扰孩子。"

"你说得对，这个年龄段的女孩子的心理是脆弱的呀。"

爸妈送给阳阳的话：

亲爱的阳阳，爸妈知道，在以后的身体发育的过程中，你可能也和这个女孩子一样，遇到过这样难堪的事情，为此，我们觉得很有必要为你上好这一课。其实，这是青春期女孩的泌乳现象。那么，青春期女孩为什么会分泌乳液呢？

关于青春期泌乳现象的几点知识：

1. 泌乳原因

一般来说，女孩在十三岁左右，最晚到十八岁，便开始有了月经，一直到生殖器官发育成熟，这段生理时期就叫青春期。在这段时期里，女孩子除了有月经之外，作为第二性征的乳房也明显地得到了发育。乳房内部有腺泡和腺管，腺泡细胞有泌乳的功能，腺管是乳汁的通路。这两种结构是在妇女卵巢分泌的女性激素（又叫荷尔蒙）的刺激作用下发育成长起来的。

乳房是哺乳动物共同的特征。自青春期开始，受各种内分泌激素的影响，女性乳房进入了一生中生理发育和功能活动最活跃的时期，直至绝经期，但在各个不同时期的变化中，机体内分泌激素水平差异很大，受其影响，乳房的发育和生理功能也各具特色。

的确，在幼儿期，女孩可能会出现泌乳，它的生理原因是：由于母体的雌性激素可通过胎盘进入小婴儿体内，引起乳腺组织增生，故有60%左右的新生儿在出生后2~4天，出现乳头下1~2 cm大小的硬结，并有少量乳汁样物质分泌，随着母体激素的逐渐代谢，这种现象可在出生后1~3周自行消失。在婴幼儿期，乳腺基本上处于“静止”状态，腺体呈退行性变，男性较之女性更为完全。

而实际上，青春期女孩在乳房发育过程中是不应该分泌乳汁的。其原因应从泌乳素的来源说起，泌乳素是从人脑里的一个内分泌腺——脑下垂体（约有一克大小，状似蚕豆）的细胞产生的，但是它还要受到下丘脑分泌的泌乳素的抑制因子的控制，限制脑下垂体分泌泌乳素，所以泌乳是产妇育儿的一种特殊功能。一般妇女，尤其是青春期女孩是不出现泌乳功能的。

那么，为什么有些少女会出现泌乳的现象呢？造成这种异常现象的原因有二：一是脑下垂体里发生了泌乳素性腺肿瘤；二是虽没有发生泌乳素性腺肿瘤，但由于脑下垂体细胞受下丘脑分泌的泌乳素促进因子的刺激，泌乳素分泌过多，叫做高泌乳素血症。

2. 青春期女孩泌乳应该怎么办？

一般来说，这些泌乳的女孩，可能还会出现以下症状：不同程度的月经紊乱，严重者甚至出现闭经、毛发脱落、体重增加、头痛、视觉障碍、外生殖器萎缩等症状，形成一组以溢乳、闭经、不孕为主要表现的疾患，也称为“溢乳——闭经综合征”。

但是，不管症状表现的轻重程度如何，其主要都是由于产生过量泌乳素的缘故。引起高泌乳素血症的原因很多，大致可分成以下几类：下丘脑性障碍、垂体障碍、原发性甲状腺功能减退、药物因素、神经刺激等。

如果青春期女孩泌乳，一般可通过头颅 CT 照像或经核磁共振照以及测定血清里泌乳素的含量来进一步确诊。如果不是肿瘤，只是高泌乳素血症，对症服药就可以了，但是必须在医生指导下服用。如果有肿瘤可以用伽玛刀治疗，不用开颅就可以治愈。

乳房里面似乎有硬的东西了

青春期女孩的困惑：乳房里怎么会有硬的东西？

转眼，夏天就来了。天气逐渐炎热起来了，周围的女孩子们都穿上了心爱的短袖、连衣裙等，但一直大大咧咧的阳阳却还不肯脱下春装。这让阳阳的妈妈感到很奇怪。

这天晚上，吃完晚饭以后，阳阳第一个冲到浴室洗澡，一洗就是个把小时，这更让爸爸妈妈不理解了，平时这个办事效率高、风风火火的阳阳怎么了？细心的妈妈很快察觉到肯定是女儿生理上的问题，于是，她让丈夫先到客厅看电视，自己敲开了浴室的门。

“宝贝，怎么了？不舒服吗？”

“妈，我恐怕真的得病了。”

“你这傻孩子，说什么傻话呢？你哪里不舒服吗？”

“妈，你上次不是跟我说乳房发育中，基本上都是那些脂肪组织在发育

吗？可是最近这几天，我洗澡总摸到那如小丘般隆起的乳房，感觉有点硬硬的，随着月经的到来，还有轻度的疼痛，扰得我心烦意乱。我不想去看医生，好丢人。”

“哈哈，原来是这么回事啊，我还以为怎么了呢？没事的，孩子，妈妈跟你保证，你一点问题也没有。你先洗澡，一会儿我去你卧室，我跟你好好说说。”

爸妈送给阳阳的话：

亲爱的女儿，爸妈要告诉你的是，青春期少女出现乳房肿块、胀痛等症状时，不必忧心忡忡，多了解关于乳房的常识，懂了就不怕。

你需要了解的知识点：

女孩子在十岁左右，随着性发育的启动，第二性征逐渐显露出来，乳头如花蕾一样绽出，乳房逐渐如小丘样膨隆。少女乳房的发育是在垂体前叶、肾上腺皮质和卵巢内分泌激素调控下进行的，此外还受甲状腺等调节作用的影响。中枢神经系统是掌管青春期少女乳房发育的“司令部”，由它指令垂体分泌促性腺激素，后者作用于卵巢，促使卵巢分泌雌激素和孕激素。雌激素能促使乳腺导管的增长和分支发育，使乳房增大；而孕激素则能促使乳腺腺泡发育，使富有弹性的脂肪沉积于乳房内。另外，垂体前叶“生产”出的催乳素也会直接影响乳房的发育。

那么，青春期的少女为什么会出现乳房内部有硬块的现象呢？

1. 从生理发育的进程看，女孩子到了 9～13 岁期间，下丘脑分泌一种促性腺素释放激素，从而促进脑垂体产生促性腺激素，促进卵巢发育，使之分泌雌激素，于是乳房逐渐隆起，摸起来内部有一个质地较硬的块状物，呈豌豆或蚕豆大小的圆丘形硬结，伴有轻微胀痛或隐痛感，这表明乳房内的腺体开始发育。初潮后，随着青春期乳房的发育成熟会自行消失。

2. 处于青春期发育阶段的少女，由于月经来潮前体内雌激素水平增高，致使乳管扩张，上皮细胞增多、肥大，会引起乳管周围基质水肿，乳房胀大变硬，于是有时会摸到乳房内结节样块状物，并感到胀痛、压痛，这是乳房发育中正常的生理现象，随着身体的自我调整会自行消失。

亲爱的阳阳，此时，你应该明白，乳房内的肿块多半和月经有关，在月经初潮前和来月经前，都有此症状，你不必太担心。你要记住，青春应该是自然的，你是最美丽的，因此，你并不需要害羞，更不要束胸，避免碰撞乳房或乳头；日常生活中，也要注意保护自己的乳房，为了让你的乳房发育得更美丽，爸妈给你几条建议：

(1)注意每天摄入足够的能量和营养，不必为了爱美而节食减肥

青春期是身体发育的阶段，每天都需要充足的能量和营养元素，因此，青春期女孩应该多吃鸡蛋、鱼、肉等蛋白质含量高及水果、蔬菜等富含各种维生素的食物，以利于增加胸部的脂肪量，保持乳房的丰满。

而生活中，很多女孩爱美，都以瘦为美，也希望自己拥有魔鬼般的身材，于是，节食减肥。其实，这是不可取的，是因小失大，青春期需要比其他年龄段更多的能量和营养的摄入，节食，不仅对身体无益，也无法供应乳房发育所需的营养，这就是为什么很多偏瘦的女孩子乳房较小的原因之一。

(2)适当地进行运动

健是美的基础。要保持乳房的健美，乳房韧带的韧性和胸部肌肉群的弹性是十分重要的。青春期女孩要经常参加体育锻炼和运动，有利于机体内分泌的平衡，这对于保持乳房的丰满是很重要的。其次，可进行一些增加胸肌群的运动，有利于乳房的发育。

(3)注意保护乳房不受外界强力的挤压和伤害

女性乳房和其他身体部位不同，乳房主要有脂肪构成，没有任何支撑，因此受到外界挤压，更容易受伤。而乳房的皮下脂肪和小血管较丰富，外伤后容易发生局部血肿、破损，甚至可发生感染等后果。而乳房受外力挤压，可能会引起两大问题：

一是乳房内部软组织易受到挫伤，或使内部引起增生等；二是受外力挤压后，较易改变外部形状，使上耸的双乳下塌下垂等。

亲爱的阳阳，爸妈告诉你这些，是想让你明白，你不必为此担心，但你同

时应该形成一种自我保护的意识,要知道,女孩的身体是坚强的,也是脆弱的!

胸部大小不一样怎么办?

青春期女孩的困惑:我的胸部怎么会大小不一样?

阳阳有几个好姐妹,从小一起长大,可以说是无话不谈。小时候,她们一起玩,长大了,也经常在一起谈心事。

一个夏日的午后,阳阳在房间听歌儿,几个小姐妹好像约好了似的,来找阳阳。

“阳阳,我们今天玩什么呢?”莉莉说。

“这么热,还是不出去了吧,咱们就在家聊天吧,对了,问你们一个问题,通常来说,我们的两只眼睛、两只耳朵应该都是一样的吧。”

“是啊,基本上是一样的啊。”莉莉说。

“那如果不一样就应该是病吧。”

“那得看不一样的程度了。你怎么问这个问题啊?”

“我觉得我有问题,这事我妈都不知道,我不好意思说,我的两个乳房好像不一样大小,穿了泳衣不就都看出来了吗?所以我平时都会穿个外套,天再热都穿在身上。你们说怎么办?”

爸妈送给阳阳的话:

亲爱的女儿,关于这一问题,爸妈专门咨询了一些专业人士。若发现双侧乳房发育不均,不必惊慌失措。因为女性的两个乳房不一定完全相等,只能说大小相似。尤其是处于发育阶段的少女,乳房尚未发育完成,也会出现左右发育不平衡的现象。有的女孩两个乳房一侧稍大,一侧稍小;有的女孩一侧稍高,一侧稍低。那么,这种情况是怎么形成的呢?

两个乳房对雌激素的反应不一致,腺体增生活跃的一侧乳房就显得大一些。左右乳房大小不一致的现象对以后的生育和性功能并无影响,对身体健康也没有不利之处。特别是少女时期,可能一侧乳房发育或者一侧比另一侧乳房发育得快,都是正常的,到发育成熟时,两个乳房的大小就会一样了。成年女孩也会注意到自己乳房不一样大,但差别并不太明显,往往除了自己外,别人觉察不到。

当然,成人以后,如果两侧乳房大小相差特别悬殊,就应该引起重视,应立即去医院检查就诊。

你需要了解的知识点:

1. 乳房为什么发育不对称?

乳房发育不对称的原因分为生理性和病理性两方面。

(1)生理性:首先,青春发育期少女的两侧乳房一大一小,通常是由于对体内雌激素、孕激素敏感性较强的一侧乳芽先发育,且生长较快而显得较大;敏感性较差的一侧乳芽则因发育迟缓、生长较慢而显得较小。其次,肢体的不对称性活动易于影响局部的血液循环,如长期运动一侧上肢或胸肌,就会造成单侧乳房发育较快和健壮。再次,习惯性睡眠姿势,长期偏于一侧俯睡的少女也会出现乳房发育不对称现象。

(2)病理性:一侧乳房发育不能都归为上述原因,先天性的一侧乳房不发育,后天性的一侧乳房放射线损伤、服用同位素药物,一侧乳房的外伤或炎症,或者一侧乳房有肿瘤或其他占位性病变时,也会出现两侧乳房发育不对称的现象。

2. 不对称的乳房对健康有影响吗?

乳房既是哺乳的功能器官,又是女性形体美最重要的方面之一,更是女性性别的重要标志。丰满、挺拔而有弹性的乳房是女性妩媚的象征。是女性具有青春活力,具有爱与被爱自信的象征。青春期是女性一生中的重要阶段,乳房的发育、成形基本是在这一生理阶段完成的。

生理性的双侧乳房不对称,随着发育成熟或者经过长时间、反复和有效

的刺激，当乳房与性腺轴建立起稳定的生物反馈时，两侧乳房就会逐渐趋向对称。因此对青春期女性未来的生育、性生活及身体健康均无影响，完全不必为这种现象感到自卑和苦恼，更不必手术干预，花季少女们只需耐心等待自己的完全成熟即可。

至于病理原因造成的乳房不对称，根据原发病的不同而对身心的危害程度也不相同。病理性的乳房大小不一往往是终生性的，其危害主要有以下几点：

（1）诱发青春期心理疾病：青春期正是女性美的意识萌发的特定时期，而乳房发育的不完美会给这个时期的女孩造成抑郁、自卑的心态，长期的不良心理状况还会引发青春期精神疾病，进而影响正常的工作和学习。

（2）影响女性形体美和形象美，加大就学、就业难度。

（3）接触有害射线辐射或服用同位素导致的乳房不对称，不但造成血液、内分泌等系统的病理现象，也会使乳房组织进一步萎缩，为恶性肿瘤埋下“定时炸弹”。

（4）肿瘤原因造成的不对称会出现肿瘤的身体损害特征。

若发现这些情况，一是可通过健美运动促进胸肌发达，使乳房显得丰满；二是在医生指导下进行适当调治。但青春期女孩要到身体发育定型、性完全成熟才能确定乳房是否发育不良，不要过早地下结论。

Chapter 2

第2章 月经来了，女孩儿你该怎么办

最近，阳阳在学校来月经了，幸亏当时有同桌的帮助，才没有造成一些尴尬的场面。晚上回家后，这个傻丫头还是惊魂未定的样子。于是，我告诉阳阳："来月经是每个女孩都会经历的事情。其实，像你们这个年龄的青春期女孩，经常会被月经困扰着，有着很多疑问，比如月经是什么、怎么会有月经以及月经来了该怎么办，等等，了解关于月经的一些常识，对女孩的身体发育以及心理健康很重要。"听完这些，阳阳若有所思地点点头。

的确，女孩一旦长大，就会在身体的各个方面显现出来，月经就是女孩成熟的一个重要标志，这意味着女孩不再是小女孩，而开始变成女人，开始走向成熟。因此，女孩不必担忧，也不必害怕来月经，这是你生理成熟的一个信号，与此同时，月经还是衡量你身体是否健康的镜子，因此，女孩不要总是抱怨来月经时带来的麻烦。其实，你应该感谢来月经，这就是为什么很多女孩把月经称呼为"好朋友"的原因。

不知所措的月经初潮的来临

青春期女孩的困惑:月经真是件倒霉事!

阳阳是个开朗的女孩,无论是在学校还是家里,都像个叽叽喳喳的小鸟。平时,每天晚上,她都会和妈妈一起聊一些学校的趣事,今天她却一反常态,一放学就把自己关在卫生间,怎么喊也不出来,细心的妈妈察觉出来了女儿的不对劲儿,正准备找女儿谈心的她发现女儿书包半露着,她看到了书包里的卫生巾,原来,小家伙是因为这事闹情绪呢!

“阳阳,妈妈知道你来月经了,对吧?不要担心,这是每个女孩都要经历的生理过程。”妈妈对阳阳说。

“我知道,可是,这事来得太突然了,我真有点接受不了,今天要不是我同桌帮忙,我恐怕要尴尬死了。我的同桌告诉我,她的初潮也是在学校来的。那天来潮时,几节课下来她的屁股就没敢离开过座椅,不敢立起身,害怕沾血的裤子被人看到,担心座椅血迹斑斑被值日生发现。那天放学,等同学们全走光了,她偷偷将座椅擦拭干净才回家。更糟的是,放学后不走大道抄小路,然后钻进一家澡堂子,为的是把弄脏的裤子洗净。到家后她面对母亲的责问回答是:‘衣服脏了就顺便洗了。’”

妈妈听完阳阳的话后,笑了半天。

“妈妈,我真的很讨厌月经,以后每月都有,真是倒霉。”

爸妈送给阳阳的话:

我的宝贝,这里,妈妈要告诉你的是,月经是每个女性都会经历并伴随我们大半生的生理现象。在旧社会,由于生理知识的缺乏,很多女孩到了青春期以后,来了月经,会有一些症状,如恶心、腹胀、痛经,以及情绪不稳定、紧张易怒时,常常会觉得束手无策、无以应对,又因为害羞、不好意思而不愿意向包括妈妈在内的人咨询、了解，难免产生恐惧心理，这样，就形成了来月经就是“倒霉”的心态。其实，要是不来月经，才叫真的“倒霉”呢！

很多和你一样的青春期的少女一般对月经没有什么经验，不知道什么时候快来月经了，常常被这“不速之客”弄得措手不及，其实，了解一些关于月经的知识能帮助你更好地处理好这些事情。

你需要了解的知识：

1. 为什么会来月经？

月经是女性的一种正常生理现象，青春期女孩伴随着身体的不断成熟，必然会面临月经到来如何处理的问题。月经是指有规律的、周期性的子宫出血。月经初潮由于女孩子生理发育达到一定程度，子宫内膜在卵巢分泌的性激素的直接作用下出现的剥离出血现象。正常的月经不是通常意义上的出血，你不妨把经血看成是机体代谢后排出的“废品”。月经又称为月事、月水、月信、例假、见红等，因多数人是每月出现1次而称为月经。近年来，对月经的俗称有所增加，如坏事儿了、大姨妈、倒霉了等等。实际上，月经是青春期女孩的好朋友。

2. 来月经了有什么预兆吗？

在来月经之前，是有一些生理上的反常。

(1) 精神上的异常：常见神经敏感，烦躁易怒，全身疲乏无力，有时会引起头痛、失眠、思想不集中、嗜睡，非常困倦。

(2) 身体上的异常：常见手脚颜面浮肿，腹部胀气感，有些人腹胀，大多数女孩会有便秘现象、小腹坠痛和乳房胀痛等。腹痛，阵痛，不太明显，就像岔气一样，但是时间较长；乳房肿胀，明显感觉比以前大很多，严重者会有疼痛感；也有一些女孩会变得比平时饭量大，总是觉得吃不饱；另外一些女孩可能会没有食欲；也有一些女孩喜欢吃一些糖分较多的食物。

月经前症状有很多，即使是身体健康的女性也会有一些不舒服感觉和性情改变，这些都称为经前不适，有些女孩月经前的症状严重，影响学习与生活，称之为经前期综合征。这时候最好来医院检查一下，防患于未然。

不过，一般情况下，月经期无特殊症状。在一般情况下，月经来潮并不影响工作和学习。但不宜从事重体力劳动或剧烈运动，注意经期卫生。

3. 万一在学校来了月经怎么办？

（1）如果是初次月经，通常出血量都不多，你有足够的时间去向同学借或去商店买卫生巾。

（2）如果月经在上课时间突然到来，可以向老师示意自己肚子疼，要上厕所，一般情况下，老师都会明白你的意思，也会很通情达理地同意你的请求。

（3）如果经血量不是很多，身边又有足够的卫生纸或纸巾，可以把卫生纸反复折叠到足够厚度使用，先解燃眉之急。

（4）学校里任何一位老师（女孩一定只会找女老师），不管是不是班主任、是不是任课老师，都会帮助你的。可以请老师支援你一片卫生巾救急（如果你自己没有准备的话）；可以请老师帮助给妈妈打电话送套干净衣裤或是帮助临时找件能替换的；如果肚子又痛又胀，影响到上课，可以请老师帮助弄些热水、红糖水喝，或是找个地方稍稍休息一会儿。

还是那句话，这些现象都是青春期发育中必须经过的，不随个人的意志转移，也是最正常的事情，没有什么不好意思的。那么，最好的办法就是“既来之则安之”，平心静气地接受它，用合适的方法解决问题、应对问题，否则不是有点儿“螳臂当车”“庸人自扰”了嘛。

经量多少与经期规律要掌握

青春期女孩的困惑：什么才是月经正常呢？

青春期来临后，班上的男女生好像不像以前那样亲密无间了，并逐渐形成了各自的阵营。这不，刚下课，阳阳就凑到菲菲身边，小声地对菲菲说：

"菲菲，放学后，你等我一下，我有事问你。"

终于等到放学了，阳阳拦住菲菲，把她拉到一边问："每次你'好朋友'来的时候，规律吗?"

"什么好朋友规律不规律呀？不明白?"

"嗨，就是那个，那个好朋友……"菲菲终于听懂了。

"规律呀，挺好的，就是第一次肚子疼，时间长了，好多了，量也正常，时间也正常了。"

"我这都五天了，还没完，我担心着呢。"阳阳很着急的样子。

"你再等等，我也不是很清楚这些，回家问问你妈吧。"

阳阳回家后，就找妈妈问这事，看着菲菲很担心的样子，妈妈放下手中的家务活，给她上起了生理课。

那么青春期女孩的好朋友什么是规律和不规律呢?

爸妈送给阳阳的话：

阳阳，妈妈想告诉你的是，你不必担心月经不正常的问题，不过这里，妈妈觉得有必要为你上一堂关于月经是否规律方面的课程。

你需要了解的知识点：

1. 月经的规律与不规律是要从周期和量的两个方面来考察的。

处于青春期的女孩，因个人体质、遗传因素和环境等很多原因的差异，来月经的年龄也会有所差异。但一般来说，初潮年龄大多数在13~15岁，不过随着人们生活条件的提高，女孩在幼儿时期营养补充比较全面，甚至不少女孩营养过剩，因此月经的到来就会比大多数女生提前，而现代社会女孩的月经初潮平均在12.5岁。

女孩月经第一次来潮称为初潮，出血的第一天称为月经周期的开始，两次月经第一天的间隔时间称为一个月经周期，一般为28~30天。提前或延后7天左右仍属正常范围，周期长短因人而异。而且，每个女性的身体机制不一样，来月经的周期也不一样。

女性在月经初潮后的头一两年之内，月经不能按时来潮，或提前或延

后，甚或停闭数月，这是由于肾气未能充盛所致，这些女子只要无明显全身症候，待身体逐渐发育成熟后，自能恢复正常，这也是常有的生理现象，一般不需要作任何治疗，因此，女孩不必为此惊慌。

所以，当很多青春期的女孩发现身体见红的时候，不必惊慌，这是身体在发育的信号，只要注意月经期的一些小问题，并不影响学习和生活！

很多女孩问："到底月经量多少才算正常呢？我的月经量是不是正常？"有这样的疑问是很正常的，月经量多少关系着女性的健康和身体综合素质，所以不能忽视。每个女孩都应该对月经量多少为正常有一个大体的认识，以便及时发现自身的某些疾病或不适。

月经量是指经期排出的血量。正常人的月经量为10~58毫升，个别女性月经量可超过100毫升。有人认为每月失血量多于80毫升即为病理状态，但也不尽然。

一般月经第2~3天的出血量最多。由于个人的体质、年龄、气候、地区和生活条件的不同，经量有时略有增减，均属正常生理范畴。

月经量多少为正常很难统计，生活中，我们常用每日换多少次月经垫粗略估计量的多少。正常的用量是平均一天换四五次，每个周期不超过两包（以每包10片计）。假如每月用3包卫生巾还不够，而且差不多每片卫生巾都是湿透的，就属于月经量过多了。

女孩应该对自己的月经量有个大概的了解，如果月经量过多或者过少，都应该到医院查明原因，但都不必过于惊慌。

2. 什么是月经不规律呢？

月经不规律，也就是人们常说的月经不调。月经不调泛指各种原因引起的月经改变，包括初潮年龄的提前、延后、周期、经期与经量的变化，是女性病最常见的症状之一。月经不调的症状当然有很多，一般包括，月经周期不准，超前，落后，无定期，经量过多、过少，色泽紫黑或淡红，经血浓稠或稀薄等，统称为月经不调。

引起月经不调的生理原因有两大类：

一类是神经内分泌功能失调引起的，主要是下后脑——卵巢轴的功能不稳定或是有缺陷，即月经病。

另一类是器质病变或药物等引起的，包括生殖器官局部的炎症、肿瘤及发育异常、营养不良；颅内疾患；其他内分泌功能失调如甲状腺、肾上腺皮持功能异常、糖尿病、席汉氏病等；肝脏疾患；血液疾患等。使用治疗精神病的药物；内分泌制剂或采取宫内节育器避孕者均可能发生月经不调。某些职业如长跑运动员容易出现闭经。此外，某些妊娠期异常出血也往往被误认为是月经不调。

一般情况下，青春期少女由于发育还没有成熟，也有可能发生月经不调，要多注意在日常生活方面的规律，多注意休息，避免过度劳累，尤其是经期要防寒避湿；防止过度节食，注意自己的饮食结构，多食用瘦肉、谷类、深绿叶蔬菜及含钙丰富的食物，不宜过食生冷的食物；保持心情舒畅；加强锻炼，提高身体素质。一般会逐渐恢复正常的。

总之，青春期女孩要学会懂得自检，当出现月经周期提前或错后 7 天以上，或先后无定期；月经量少或点滴即净；月经量多或行经时间超过 8 天以上这些症状的时候，就是好朋友不规律了，要及时向长辈寻求帮助，这也是我告诉女儿的目的。

亲爱的阳阳，当你了解完这些以后，应该可以放下悬着的心了，不要整天忧心忡忡的，更不要焦虑，你应该以舒畅的精神状态，等待每次月经的来潮。

女孩该如何调节痛经

青春期女孩的困惑：为什么肚子会这么痛？

阳阳是个重情重义的姑娘，她的朋友，无论是谁找她帮忙，她都很乐意。

下午一放学，就放下书包，奔阿芳家去了，也没说原因。但阳阳妈妈猜，估计又是阿芳身体不舒服，爸妈常年不在家，都是一个人照顾自己。

下午回来后，阳阳说："早上，我去喊阿芳上学时，她躺在床上对我说：'阳阳，你今天帮我跟老师当面请个假吧，一会儿我再打个电话，我好朋友来了，这次好痛，早上我肚子疼得受不了，今天就不去学校了，回头还得麻烦你帮我补一下课。'这不，我刚从她家补课回来，她的情况还是不大好，我让她吃点药，她说吃药不好。妈妈，你们说，我的反应怎么没那么大呢，我每月好朋友来了，只有一点儿疼，做女人真是可怜呀，哎！"小丫头一本正经地叹着气，阳阳妈妈看着，哭笑不得，孩子毕竟是孩子，这么一点儿小事，就会让她伤感半天。

妈妈对女儿说："每个女人在经期前的反应是不一样的，但只要做好调节工作，将反应降到最低，一般是不影响学习、生活和工作的。"

"那该怎么调节呢？您告诉我，我回头告诉阿芳，希望她好点儿。"

爸妈送给阳阳的话：

亲爱的阳阳，很多女孩在来月经的过程中，都像阿芳一样痛经，甚至常会发生一些恶心、食欲不振、头痛、失眠、乳房胀痛、腰酸背痛、便秘或腹泻之类的症状，甚至出现眼皮、下肢浮肿等。对此，你们要学会自我调节。

你需要了解的知识点：

1. 为什么会痛经？

来月经时肚子痛，就是人们常说的"痛经"。有不少女孩就有痛经的症状。在行经前或经期会感到腰酸、下腹坠胀，个别人还可能有全身无力、容易激动发脾气等，这一般不影响日常生活。所以，女孩不应该自作主张服用止痛片。

其实，痛经也是有一些原因的。引起痛经的原因很多，有生理的，也有心理的。

(1)生理上的原因：比如经血不畅、体质虚弱、气血不足、子宫位置异常、子宫颈口狭窄、子宫发育不良、子宫收缩增强或不协调等都是造成痛经的原

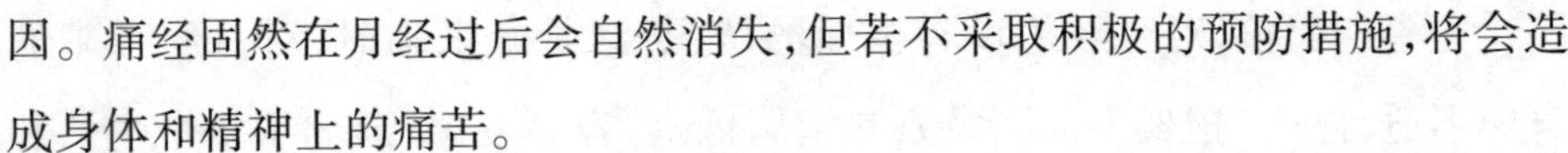

因。痛经固然在月经过后会自然消失，但若不采取积极的预防措施，将会造成身体和精神上的痛苦。

（2）心理上的因素：情绪激动、抑郁、精神紧张等，有时过度疲劳、剧烈活动、淋雨、受凉、大量食冷饮等也可以引起痛经。

2. 如何减缓痛经呢？

首先，要预防痛经的发生，这主要还和自身身体素质有很大关系，因此，女孩要在平时多加强体育锻炼，消除对月经的恐惧、忧虑和紧张情绪；注意经期卫生，行经时避免过度劳累，少吃生冷和刺激性的食物，并避免淋雨或洗冷水澡、淋雨等。

其次，女孩可以喝一杯热红糖姜水，或采取俯卧位休息，也可在下腹部放一个热水袋或用热毛巾轻轻揉腹部。轻微活动一下也有助于排出子宫内的充盈物，从而缓解疼痛。

然后，寒冷、淋雨、用凉水洗澡等会加重腹痛，应该尽量避免。

再次，经期女孩应该避免进行剧烈的、高强度的体育运动类的体力活动，如长跑、急跑、跳高、跳远、跳箱、高低杠等，也不能进行增加腹压的力量性练习，以免造成经血过多或子宫位置改变。在经期还应禁止参加游泳活动，因为，一方面，经期本身就应该忌冷水，另一方面，在月经期子宫口开放，易受感染。

此外，月经期女孩还不宜参加体育比赛。因为体育比赛时精神紧张，活动量大，容易引起月经紊乱、腹痛、经量过多或过少等。患有痛经、经量过多或其他疾病的女孩子在月经期要适当休息，减少或停止锻炼，并加以积极的治疗。

最后，如果疼痛非常厉害，还可以服去痛片、安定片等药，短时间就可以止痛，当然，这要在医生或者家长的允许下服用。重者应去医院就诊，尽量让痛经不要影响到自己的学习和生活。

痛经会随着女孩年龄的增长而有所好转，并不算什么病，因此，不必担忧。

青春期女孩，对月经还没有全面的认识，当月经来临时，对月经带来的身体不适，往往“招架不住”，特别是情绪低落，容易发怒，影响了整个生活和工作状况。对此，女孩一定要学会自我调节，毕竟，月经是伴随一个女人大半辈子的事情，调节对安全度过月经期是很关键的。

女孩要学会正确挑选和使用卫生巾

青春期女孩的困惑：到底该怎样挑选和使用卫生巾呢？

莉莉和阳阳是同桌，两人关系很好，这天，课间的时候，莉莉问阳阳：“你带那个没？”

“哪个？”阳阳很好奇地问。

“就是‘面包’啊。”

“带了，我妈平时都让我带一个放书包里，免得突然来，招架不住。你这几天好朋友来了？”

“是啊。关键是我买的‘面包’好像不怎么好用，吸收量不行，每节课都要去换，烦死人了。”

“你自己买的？”阳阳问。

“不是啊，我妈妈买的，是那种网面的，我和妈妈用同一个牌子。”莉莉说。

“那怎么行呢？有那种少女专用的，我用的就是苏菲的，吸收量很好。你得跟你妈妈说说，换一种，我以前也是，我不喜欢用那种网面的，后来我妈就买了棉面的，现在好多了。每个月那几天本来身体就不舒服，要是卫生巾再用得不舒服的话，那不是更难受了。”

“是啊，选卫生巾是有一定的方法的，我暂时先用这个，不行，再去选别的，一定要选择合适的。你说，该怎么选呢？”

“我也不知道，放学了，一起回家问我妈吧，我们总不能一直让妈妈给我们买吧，这东西是要用大半生的，以后还是自己去买，现在多了解一些还是有好处的，是吧？”

莉莉点了点头，于是，晚饭后。两个孩子围在了阳阳妈妈的旁边。

爸妈送给阳阳的话：

亲爱的孩子们，你们明白，作为一名女性，我们的大半生都离不开卫生巾，因此，在这里，我有必要告诉一些关于如何选用和使用卫生巾的知识。

你需要了解的知识：

1. 如何挑选卫生巾？

一般来说，经期用品主要包括卫生巾、卫生纸、卫生棉。行经时应当选用适合自己的经期用品。现代女性一般首选卫生巾。但女性在月经期间，免疫力会降低，容易感染疾病，因此要特别注意经期卫生巾的使用，尤其是卫生巾的质量，好的卫生巾应该柔软、雪白、无霉点、无异味，吸水功能好，巾身不易褶皱，用后舒适。因此，女孩必须要学会选用适合自己的卫生巾。那么，到底该选用什么样的卫生巾呢？

(1)吸水性好。一般卫生巾为非织造布制作，为纤维材料，受潮后材料变质，细菌易侵入繁殖。因此，使用前最好经阳光曝晒。卫生巾大都触感柔软，水分下渗迅速，有的采用伸缩护翼，可以有效防止侧漏或后漏。

而吸水性好的卫生巾用起来才会舒适方便，经血不易溢出弄脏衣物。有些青春期女孩的经血较多，或者因为害怕在学校更换卫生巾而选用吸收量大的卫生巾，这种做法也是不提倡的。因为长时间不更换卫生巾会使局部通风差，而且吸收量大的卫生巾，细菌更容易繁衍，从而诱发各种妇科疾病。

(2)透气性好。调查表明，73%的女性会在经期感到局部皮肤瘙痒、灼痛。这多是由于使用不透气的卫生巾造成的，因此，要安度经期，首先要做的就是选择透气的卫生巾。

(3)根据自身情况选择。目前卫生巾的种类很多,有棉面、网面,还有香型及药物卫生巾等。它们都有自己的特点,一般来讲,棉面卫生巾吸收速度快,网面卫生巾防回渗性能好,适当的药物卫生巾具有保健功能等。但由于每个人身体素质不同,对卫生巾的感受也会有所区别,如有的人觉得网面干爽,有的人会觉得网面与皮肤接触不舒服,所以要根据自己使用的实际感受来挑选最适合自己的种类。

2. 如何科学地使用卫生巾

女孩月经来临时,一般月经量会有个变化的过程,女孩可根据月经量的大小选择使用卫生巾。月经量很大时,白天需用护翼型,晚间需用夜安型;平时可使用标准型;月经前后可使用超薄型或护垫。这种搭配选择一方面是为了安全、舒适,另一方面也是为了节省经期花费,因为不同型号的卫生巾的价格是不同的。

另外,青春期女孩一般是在校的学生,一般情况下,很难保证每次都能用完一整包卫生巾,经常需要随身携带一两片,在课间的时候可以更换一下。而整包卫生巾一经打开,很容易造成污染,造成卫生巾还未使用就已经感染到了细菌。因此,女孩在选购卫生巾时,宜购买独立包装的卫生巾。若还要考虑经济因素,则可购买不带独立包装,但每包片数较少的卫生巾。

另外,在使用卫生巾时,防止“再污染”至关重要。因为人的手本身就是一个污染源,接触不同的东西都会留有细菌,因此,女孩在打开卫生巾前,最好先洗手,打开前尽量不要用手接触卫生巾的表面。

在使用卫生巾时,应做到及时更换,尤其在经血排量较多的情况下,若不及时更换,大量的经血即可成为微生物的培养基,微生物会迅速、大量繁殖,这样极易造成阴部的感染。

内裤上的分泌物告诉了女孩什么

青春期女孩的困惑:内裤上怎么会有白色的东西?

最近,阳阳似乎变得勤快了,以前一放学回家,就是钻进自己的房间上网或者做功课,但这些天,她居然学会了自己洗衣服。每天从里到外都换一套干净的衣服,孩子勤快固然好,可是阳阳妈不明白的是,最近天气也不热,衣服也不脏,不必要天天洗的,阳阳怎么了?怎么突然这么爱美了?

这天,阳阳放学后又锁上了卫生间的门,在里面洗起衣服来,阳阳妈想一探究竟,就敲门要进去,哪知阳阳根本不开门。这丫头在干什么,妈妈更好奇了,难道阳阳在洗内裤?好朋友来了?不对呀,应该还有几天呢。

"洗什么呢,女儿?"

"没什么!"

"肯定有什么,不然,你还关着门,连妈妈给瞒着。"

"那好吧,这几天我必须得洗内裤,所以为了怕您怀疑,我一并把里外的衣服都换了。"

"可是这几天你的'好朋友'应该没来吧?洗什么内裤?"

"正是因为不是'好朋友',我才不好跟你说,我发誓,我没做什么坏事!你可不许对任何人说!"看着女儿一脸认真的样子,妈妈点点头答应了她。

"我发现我最近身上居然会流出一种白色的东西,也不知道这是什么,我感觉那白色的东西很脏,这到底是什么呀,没办法,我只好每天洗内裤,我是不是得了什么妇科病啊?"

看样子,阳阳已经被这个问题苦恼好几天了,其实,这白色的东西是白带。

爸妈送给阳阳的话：

阳阳，妈妈告诉你，你内裤上的分泌物叫白带，对此，不必担心，也别害羞，这是女性成熟的一大标志。

很多青春期的女孩对于一些妇科问题都是采取避而不谈的态度，比如白带，她们认为有白带是秽物，谈之色变。其实，白带和月经一样，都是女性体内排出的一种代谢品，对于女性的新陈代谢都有着无法替代的作用。

你需要了解的知识：

1. 什么是白带？

随着年龄的增长和身体发育的成熟，随着卵巢功能的完善，女性阴道内会有一种乳白色或透明的液体流出，量有时略多，有时较少，有其规律性，这就是白带。白带是由许多组织分泌的液体共同组成的，它包括尿道旁腺、前庭大腺、子宫颈腺体和子宫内膜腺体分泌的黏液，以及阴道壁中毛细血管和淋巴管的渗出液。混合后的黏液中含有阴道上皮的脱落细胞及少量白细胞，即形成白带。

月经的来临宣布女孩的成熟，但其实，白带和月经一样，也是女性一种正常的生理表现。并且，白带的出现一般是伴随整个女性一生的，白带的分泌一般和女性体内的雌激素水平有关。一般月经期后白带量少；至排卵期前，由于体内雌激素水平升高，促使宫颈腺体的上皮细胞增生，宫颈黏液的分泌量增加，黏液中氯化钠含量增多，能吸收较多的水分，使排卵期时白带增多。

2. 白带有什么作用？

白带是女子阴道分泌的一种无气味、微酸性的黏稠液体。适量的白带属正常生理现象，其正常状态应状如半透明的鸡蛋清，具有湿润阴道、排泄废物、杀灭病菌的作用。

(1)白带是阴道的润滑剂，起到保护阴道壁的作用。由于骨盆底肌肉的作用，女性阴道口闭合，前后壁紧贴。而女性阴道内流出的白带中的水分使女性的阴道处于前后壁紧贴状态。这些水分使女性的阴道处于湿润状态，这种湿润环境能减少阴道前后壁之间的摩擦而带来的损伤。

(2)自洁作用。这与白带的成分有关,白带中含有丰富的糖原,糖原在阴道乳酸杆菌的作用下,产生大量乳酸,使女性的阴道呈弱酸性,这对于抑制各类致病菌的生长起到很好的作用,这也是阴道天然的自洁原理。

(3)验证排卵期。一般地说,白带最多、最稀薄、抗拉丝能力最强的一天往往就是排卵期。掌握好这一生理周期,对于女性的自身保护也有帮助作用。

(4)生殖道健康的“镜子”。白带检查是妇科常规检查的重要一项,也是大多数女性去医院就诊的主要原因。其实,长期白带过少,阴道自我防御功能减弱,女性容易感染阴道炎。

3. 什么样的白带才是正常的?

针对什么样的白带才是正常的问题,女孩应该了解:正常白带应是白色的,有时透明,有时黏稠,无异味。青春期白带受雌激素影响,有周期性的变化,有时增多,有时减少。排卵期的白带透明、量多,而其他时间则量少、黏稠。青春期生殖器官发育旺盛,白带的生成也增多。此外,在天气炎热、从事体力活动以及性冲动时,这些液体分泌量也会增加,有时还可能外流。

白带异常是女性内生殖器疾病的信号,应引起重视。白带异常的情况分为以下三种:

(1)白带异常可能仅仅为量的增多,也可能同时还有色、质和气味方面的改变。

(2)疾病引起。当然不同疾病引起的白带异常其性状各不相同,常见的白带异常有以下几种:

①黄色或黄绿色伴有脓样、臭味的白带,多见于化脓性细菌引起的阴道炎、宫颈炎及子宫内膜炎。

②淋病球菌引起的感染,还伴有小便疼痛;

③带有血液的白带常见于生殖器肿瘤、炎症及宫内放置节育器等。根据出血量和出血速度快慢,可使白带染成红色、棕色或黑色等不同颜色。乳

白色泡沫状白带异常伴有外阴部瘙痒者,多为阴道滴虫感染所致。

④豆腐渣样或凝乳状白带异常伴有外阴部奇痒者,多见于阴道霉菌感染。

(3)阴道内异物可以出现白带异常。如果平时白带无原因地增多,或伴有颜色、质地、气味的改变,就应该提高警惕,以免引起妇科疾病。

白带异常不能绝对地说有妇科疾病,但也是女孩生殖道不健康的一个表现,应该引起女孩的重视,及时检查。

所以,亲爱的阳阳,应该重视白带,要注意保持阴部的清洁卫生,经常用温水洗外阴。即使在平时,白带量不太多,也要勤冲洗外阴,这样能减少病菌的孳长和入侵,让自己远离妇科疾病!

清洁并呵护女孩的私密处

青春女孩的困惑:月经期间能不能清洗私密处?

夏至过后,天越来越热了。吃完晚饭以后,妈妈让阳阳去洗澡,洗完澡落了汗就凉快了,妈妈在厨房喊着:“阳阳,去洗澡,一会儿再玩。”

房间里的阳阳好像没听见似的,居然没答应,妈妈推门进去,居然看见阳阳在换内裤,阳阳妈妈这才想起来,这几天女儿正是特殊时期。看见进来的妈妈,阳阳说:“妈,这几天我‘好朋友’来了,我听莉莉说,这几天不能清洗下面,也不能洗澡,我就换一下内衣,是这样的吗?”

看着女儿一脸认真的样子,妈妈笑了,对阳阳说:“经期一定要注意卫生,但并不是说经期不能洗澡,咱家是淋浴,不是刚好适合吗?我把你爸爸支开,一会儿我带你到卫生间洗澡去。”

于是,妈妈把阳阳爸爸“赶”进了卧室,阳阳这时候,才大大方方地去洗澡。在卫生间,妈妈告诉了阳阳如何在经期清洗阴部的问题。

爸妈送给阳阳的话：

阳阳，你知道吗？经期是必须洗澡的，实际上，洗澡也是经期卫生工作的一部分。另外，经期一定要清洗阴部，要避免细菌的侵入和感染。

青春期的女孩子在月经期间身体抵抗力比较弱，而且会遇到很多问题，在清洗阴道的时候要小心，不要盲目地清洗，要加强自我保护意识，养成良好卫生习惯和注意一些"小节"。

你需要了解的知识：

那么，什么是正确的清洗阴部的方法呢？

(1)经期一定要勤换卫生巾，否则，会繁衍细菌，造成阴部瘙痒等。另外，最好每天用温热水清洗2次外阴。

(2)清洗阴部时要遵循一定的顺序，避免细菌侵入。先洗净双手，然后从前向后清洗外阴，再洗大、小阴唇，最后洗肛门周围及肛门。

晚上梳洗前，也要注意一定的清洗顺序。清洗外阴、洗涤内裤后再洗脚，因为脚步细菌最多。不长期滥用抗生素和化学药物冲洗阴道，以防菌群失调引起霉菌性阴道炎，等等。

(3)日常生活中，如果没有淋浴条件，也可以盆浴，但要做到"一人一盆一巾一水"。还要将阴部与足部分开洗。患有手足癣的女性一定要早治疗，否则易引起了霉菌性阴道炎。

(4)经期不能坐浴。这是因为，月经期子宫内膜脱落，宫腔留有创面；宫颈黏液被经血冲出，宫颈口微微开放；阴道内有经血停留，是细菌的良好培养基。以上导致生殖道局部的保护性屏障作用暂时遭到破坏，再加以月经期全身抵抗力下降，盆浴时，污水及阴道中细菌便可能经宫颈管上行至宫腔而引起感染，故应该禁止。

(5)不要洗冷水浴。女孩子应该都知道，在月经期要保护自己不能受潮受凉。而有些女孩子养成了喜欢洗冷水澡的习惯，尤其是夏天出汗过后，实际上，这对身体有很大的害处。

女性因其特殊的生理原因，特别是在经期的女孩，遇到冷水的刺激会引

起女性内分泌失调、闭经、腹痛，而且许多细菌也会进入阴道引发阴道炎等妇科疾病，严重的对女性以后怀孕、生理健康都有一定的影响。

(6)在清洗阴部时，应该注意：

经期阴部容易产生异味，尤其在夏季，很多女孩子在洗澡时，顺便拿沐浴露洗澡或者清洗阴部，这样做，虽然很省事，但很不健康，表面上看，似乎是清洗了阴部，但却更容易引起感染和引发一些疾病。因为平时女性阴道内是略酸性环境，能抑制细菌生长，但行经期间阴道会偏碱性，对细菌的抵抗力降低，易受感染，如果不使用专业的阴道清洁液或用热水反复清洗，更会导致碱性增加。因此，清洗阴部需要选择专业的阴部清洗液，尤其在经期。

我相信，亲爱的女儿，如果你懂得更多自我保护的知识，你的青春期一定是健康的、快乐的！

来月经要注意饮食中的禁忌

青春期女孩的困惑：

最近，阳阳的叔叔从国外留学回来了，这让阳阳兴奋不已，为了庆祝叔叔回来，更为了庆祝阳阳长大了——正在向一个成熟的女性迈进，全家准备去吃西餐，可不巧的是，那几天刚好是阳阳特殊的日子。

那天下午，爸爸妈妈早早地回家了，然后收拾好了，就等阳阳放学回家。谁知，一进门，阳阳就拿着一个很大的麻辣烧烤在吃，妈妈看见了，瞪了阳阳一眼，谁知，这个傻丫头说：“妈，我知道一会儿要去吃西餐，可是我快饿死了，就让我先吃点东西垫垫底吧。你也不至于这么瞪我吧？”

“你看你在吃什么？”

“麻辣烧烤啊，这是我最喜欢吃的东西，怎么了？”

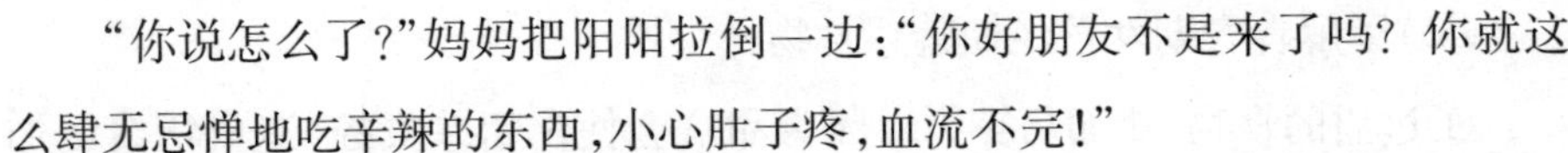

“你说怎么了?”妈妈把阳阳拉倒一边:“你好朋友不是来了吗?你就这么肆无忌惮地吃辛辣的东西,小心肚子疼,血流不完!”

“我没听您说过这不能吃呀?”

“你不是也没问过我吗?”妈妈刚说完,阳阳就将手上的东西扔了,然后又问妈妈:“妈,您还是直接跟我说,今晚我都能吃什么算了。”

“一会儿叔叔和爸爸可能要喝葡萄酒,你可不许沾,还有冰激凌,今天我不点,免得你流口水。”

“哦,这就放心了,您找个时间跟我说说这事吧,好朋友来了,什么能吃什么不能吃。”

爸妈送给阳阳的话:

亲爱的阳阳,以前爸妈对你说过,月经是每个女性都必须经历的正常的生理现象,月经期间我们依旧需要正常的学习、生活,但你知道吗?月经期间因为失血,可能会导致一些比较常见的生理现象,比如痛经、疲乏等。日常生活中,一些女孩子认为平时该怎么样就怎么样,其实,这是不对的,如果饮食过冷、辛辣等,都会加剧失血,因此,在月经期一定要注意一些饮食禁忌,

你需要了解的知识:

(1)月经前后应掌握一些饮食原则:

女孩在平时,可以根据自己的喜好饮食,但到月经来临时,就应该对自己的饮食习惯加以调整,列一个有利于行经的食谱,经期前一周,要饮食清淡,少吃油腻食物;另外,行经失血,也需要你摄入高营养的食物,如豆类、鱼类等高蛋白食物。并增加绿叶蔬菜,水果的摄入量,也要多饮水,以保持大便通畅,减少骨盆充血。

月经期间,你可能会感到腰疼、腹腔胀痛、不思饮食,这时不妨多吃一些开胃、易消化的食物,如枣、面条、薏米粥等。

另外,月经期会损失一部分血液,经期后需要及时补充,比如可以多补充含蛋白及铁、钾、钠、钙镁的食物,如肉、动物肝、蛋、奶等。

(2)了解青春期女孩经期禁忌食物:

①过甜的食物,比如巧克力。因为甜食会使你情绪失控,造成情绪更加不稳与嗜糖,除了会发胖之外,也会增加对维他命B的需求。同时,糖会消耗身体内维他命B与矿物质,并使人更爱吃糖类食物,进食高糖类的甜食,不但无法改善经期不适症状,反而可能因为血糖不稳定,影响体内荷尔蒙的平衡,加重不舒服的感觉。

②过咸的食物,会使体内的盐分和水分贮留增多,在月经来前,很容易发生头痛、情绪激动和容易生气等症状,也容易引起水分郁积,身体浮肿。

③一些生冷的食物。经期女孩不宜吃生冷的蔬菜水果和冰冷的饮料,因为生冷的食物,会降低血液循环的速度,进而影响子宫的收缩及经血的排出,致使经血排出不利,引起月经痛。

另外,其他一些水果经期的女孩也应该避免食用,因为它们具有刺激性,容易引起盆腔血管收缩而引起经血量过少甚至突然停止。比如:

柿子:柿子中含有鞣酸,易与铁结合而妨碍人体对食物中铁的摄取,由于女人在经期时流失大量血液,需要补充铁质,所以不宜进食柿子。

梨:月经期间切忌多食生梨。

④刺激性饮料。有些女孩,在月经期会出现疲乏无力和精神不振的现象,这是铁质缺乏的表现。此时,就不适合喝一些刺激性的,比如可乐、汽水等,因为这些饮料大多含有磷酸盐,同体内铁质产生化学反应,使铁质难以吸收。此外,这些饮料中的碳酸氢钠和胃液中和,降低胃酸的消化能力和杀菌作用,并且影响食欲。

⑤烟酒等刺激性物质对月经也会有一定影响。酒会消耗身体维他命B与矿物质,过多饮酒会破坏碳水化合物的新陈代谢及产生过多的动情激素,刺激血管扩张,引起月经提前和经量过多。

除了以上饮食上的几点要求之外,经期女孩们一定要摄入足够的能力和营养,应注意饮食的平衡,如多吃蔬菜、水果、谷类食物、米饭、面食、面包、豆子、鱼肉、鸡蛋等;不要盲目地节食,因为饮食足够才会有温暖安全与愉快的感觉，恶性地节食，无法为身体提供正常的能量，更会因为心情紧张加重痛经。

总之，阳阳，经期你一定要避开以上几点饮食禁忌，这样，就能与你的“好朋友”相安无事了，让你在经期也能轻松愉快，不影响生活和学习。

Chapter 3

第3章 不必担心，青春的肌肤都有小苦恼

女孩子到了青春期，由于身体发育的原因，很多人的皮肤都会出现这样那样的问题：有些女孩子脸上长了青春痘，又痛又痒，总是忍不住想用手挠；有些女孩子前胸后背长了痘痘，每天苦不堪言；有些女孩子鼻子上由于清洁不力长了黑头，变成了名副其实的“草莓鼻”；有些女孩子的脸由于皮脂分泌过于旺盛，一下子成了“大油田”，脸洗了跟没洗一样；有些女孩子胳膊上、小腿上长出了又长又黑的汗毛，就像毛孩一样；有些女孩子脸上长出了讨厌的雀斑，一样的青春，不一样的烦恼。其实，不必担心，青春的肌肤都有小苦恼。

管住手，不要总触碰脸上的痘痘

这两天，马菲真的快要被烦死了，自己本来皮肤就不白，现在脸上又如雨后春笋般地冒出了许多小痘痘，又疼又痒不说，还让自己的脸变得疙疙瘩瘩的，比以前更难看。老天爷怎么这么不长眼啊，这不是雪上加霜吗？青春期的女孩子谁不爱美，可现在马菲觉得自己连爱美的权利都被剥夺了。一想到这儿，马菲的心里就来气。而那些讨人厌的痘痘就好像是专门跑来跟她作对似的，她越生气、烦恼，它们的活动就越频繁，大有“野火烧不尽，春风吹又生”之势。于是马菲的脸上常常是这波未平那波又起，害得她连走路都低着头，真是难受死了。

后来，马菲一气之下，索性不去管它了，反正自己拿那些痘痘也没有办法，还不如一天高高兴兴的，该学习的时候认真学习，该玩的时候尽兴地玩，该吃的时候吃，该睡的时候睡，心情好了比什么都强。这样想过之后，马菲心里一下子释然了，也不感到烦躁了。就这样无忧无虑地过了一个星期，有一天，马菲在洗脸的时候，突然惊喜地发现，脸上的痘痘不知什么时候已经不见了。这些痘痘，赶它们走的时候，它们死活不走，不管它们了，它们倒不见了！

爸妈送给马菲的话：

女孩子到了青春期以后，相当多的人脸上都会长痘痘，只有少数幸运儿可以逃过这一劫。不信你可以仔细观察一下周围的同学，看是不是像爸妈说的那样，长痘痘的人是大多数。“痘痘”之所以被人们称为“青春痘”，就是因为它好发于青春期。在青春期，随着身体的生长发育，体内的新陈代谢会变得非常旺盛，如果稍微不注意，身体里面因为内分泌旺盛没有及时排出的毒素就会积聚在一起，积累得多了，有些就会以痘痘的形式表现在脸上。所以，一般来说，如果长了痘痘，就说明你的身体可能出现一些小问题了。这个时候，先要找准病因，对症下药，痘痘才会来得快去得也快。

另外，痘痘的确跟人的心情有很大的关系。心情不好的时候，我们身体的新陈代谢不仅会变慢，而且还会分泌出一些有害物质，为痘痘的蔓延提供了更有利的生长条件，所以，你才感觉痘痘好像故意在和你作对。因此，脸上长了痘痘以后，保持愉快的心情非常重要，越生气身体反而越不容易排毒，不利于消灭痘痘。其实，有“痘”的青春也一样很精彩，关键是看我们会不会换个角度去想问题。

你需要了解的知识点：

1. 为什么你的脸上会长痘痘

其实在青春期，诱发女孩子脸上长痘痘的原因很多。除了青春期代谢旺盛，体内激素分泌失调长痘痘之外，平时洗脸不彻底，乱用化妆品，妆没有卸干净，不注意个人卫生，饮食无规律，爱吃一些刺激性的食物，长时间坐在电脑前面，熬夜等因素，都会导致青春期的女孩子脸上长痘痘。另外，得了某些妇科炎症，脸上也会长痘痘。

2. 为什么不能用手触碰痘痘

因为人的手上有大量的细菌，用手触碰痘痘，不但会引发更多不必要的痘痘，还会使你脸上的毛孔变大。所以，脸上长了痘痘以后，千万不要用手碰，更不要用手去挤，以免伤及真皮层，引起痘痘化脓发炎，在脸上留下难看的痘印和色斑，给你的青春留下遗憾。这一点，女孩子们千万要记住。

3. 脸上长了痘痘你该怎么办

第一，要保持愉快的心情。第二，要注意个人卫生，尤其是油性皮肤的人不但要勤洗脸，还要勤洗头，枕巾最好一两天换一次，避免使用粉底、化妆品，把头发扎起来，外出的时候做好防晒措施。第三，饮食尽量清淡一些，多喝水，多吃新鲜的水果和蔬菜，少吃甜食、油炸食品，不饮浓茶、咖啡，多运动，养成每日晨起排便的习惯。

4. 长痘痘的脸也可以很青春

许多女孩子长了痘痘以后，都会觉得很苦恼，觉得自己变丑了。其实，只要你把长痘痘看做一件很平常的事，跟痘痘和平相处，自然也就不会有那么多的烦恼了。青春期何其短暂，如果用来烦恼、抱怨，那不是在浪费美好的青春时光吗？一张愁眉苦脸比一张长痘痘的笑要难看百倍，长痘痘的脸也可以很青春，谁说不是这样呢？

前胸后背的痘痘该如何对待

“妈妈，我的后背上好痒啊，好像长了什么东西，用手摸上去凹凸不平一大片，你快点来帮我看看，都快把我痒死了。”睡觉前，芬芬实在感觉后背上痒得难受，自己看又看不到，挠也挠不上，于是，大声地喊妈妈。妈妈一听，赶紧跑过来一看，芬芬的后背上果然长出了许多小疙瘩，红红的，还不能碰，一碰就疼。妈妈也不敢确定那到底是什么。于是一边安慰芬芬，一边哄她睡觉。

第二天一大早起来，妈妈就带芬芬去医院看医生，医生说是痘痘，不要紧，青春期的女孩子由于身体发育的原因，导致内分泌失调，长痘痘很正常。听医生这么一说，芬芬和妈妈这才放心了。不过，长了痘痘以后，医生接着说，千万不能用手碰，更不能用手挤，不然不但会引起皮肤感染，还会留下难看的疤痕，平时饮食尽量清淡一些，多喝水，多运动，多排毒，这样痘痘才好得快。说完，又给她们开了些调理内分泌的中成药。芬芬没想到，自己的后背上居然长得是痘痘，虽然很不好受，但比起班上那些脸上长痘痘的女生，自己还是很幸运的。

爸妈送给芬芬的话：

青春期的女孩子，皮肤或多或少都会有一些小问题，不要紧的，等过了这个阶段就没事了。爸妈在青春期的时候也长过痘痘，比你的还严重，脸上、前胸后背出得密密麻麻的，有时候疼得爸妈连脸都不敢洗，但是不洗又不行，痘痘最喜欢不干净的脸了，怎么办呢？只好每天先把脸没在打出泡沫的洗面盆里，几分钟后，用清水冲洗干净，然后再拿干净的毛巾轻轻地按在脸上把水分吸干。就这样，坚持了一段时间，看爸妈现在的脸，是不是一个痘印也没留下。所以没什么好担心的。

长痘痘并不可怕，只要你护理得好，也可以像爸妈一样，身上绝对不会留下一个痘印。所以，你必须要坚定信心，抱着必胜的把握，做好跟痘痘打持久战的准备，爸妈会在你的身边一直帮助你的。不管遇到什么事，心态非常重要，爸妈希望你能坦然面对一切困难，以一颗平常心来看待，这样，你不但会少了很多烦恼，而且也会做出更理智的判断。心情好，做事情才会有信心。爸妈相信你一定可以做到。

你需要了解的知识点：

1. 前胸后背长痘痘是怎么回事

前胸背后的痘痘多是由于皮脂腺分泌过旺、角质层过厚以及不注意个人卫生、清洁不彻底引起的。另外，内分泌失调、体内有火、有毒素也是前胸后背长痘痘的重要原因。还有，如果你平时特别爱吃辣的、甜的以及油炸食品，不喜欢运动，喜欢长时间熬夜上网，那么，痘痘十有八九会找上你。所以，如果想要远离痘痘，保持良好的生活习惯非常重要。

2. 前胸后背长痘痘一样不能挤

前胸后背长了痘痘，虽然别人看不见，但也不能用手挤，道理和脸上长痘痘不能挤是一样的。因为人的手上通常携带了大量的细菌，再加上清洁不彻底，除了会破坏你皮肤的真皮层，引起皮肤化脓感染，还会在你的前胸和后背上留下非常难看的痘印和斑点。所以，为了让我们的青春不留遗憾，前胸后背的痘痘千万不要用手去挤。

3. 前胸后背长痘痘该如何治疗

治疗痘痘，防胜于治，查清病因，内调很重要。对于一个已经出问题的身体来说，就算你用再贵的祛痘产品都无济于事，还是会反反复复发作，因

为你没有对症下药，所以只能治标不治本。想要让前胸后背的痘痘快好，除了要注意饮食、注意调养，还要养成良好的卫生习惯，勤洗澡、勤换内衣，让患痘部位始终保持干爽清洁，在此基础上，再配合用一些口碑比较好的祛痘产品，这样才会收到良好的效果。

4. 前胸后背长痘痘真的不用怕

长了痘痘不要慌，关键是看你怎么对待。只要你按照上面说的去做，坚持一段时间，让身体始终处于平衡状态。然后保持心情愉快，清淡饮食，多喝水，多做运动，多出汗多排毒，前胸后背上的痘痘就会慢慢地消失不见了。不管遇到什么事情，千万要记着，逃避害怕永远解决不了问题，这样，我们才能彻底战胜痘痘。

鼻子上的黑头可以挤掉吗

“可韵，你今天早上起来是不是忘了一道很重要的工序啊？”第一节课刚下，老师都还没走出门，海诗就迫不及待地掉过头来问可韵。可韵边看书，边漫不经心地回答说：“忘了什么工序啊，好像没有吧，算了算了，还是你直接告诉我好了，懒得费那个脑子。”海诗是可韵的同桌兼好朋友，她什么都好，就是说话老是说一半留一半地吊人胃口，一点儿也不干脆。可韵给她建议过多少次了，就是改不过来。

海诗看着可韵笑嘻嘻地说：“真的没有吗？那我可直说了，不过，你听了可别骂我啊！”可韵合上书本，无奈地看着海诗，笑着说：“姑奶奶，求求你了，快说吧，放心，我不会骂你的，有一个字骂你罚我变小狗可以了吧，唉，跟你说话可真累啊。”海诗仍然看着可韵的脸，笑嘻嘻地说：“嘿嘿，你是不是早上洗脸的时候忘了顺便洗一下鼻头啊，你的鼻头上星星点点地布满了黑宝石耶！”可韵一听，连忙从书包里掏出小镜子一照，果然自己的鼻子上像是没洗干净似的,有许多小黑点点。可可韵明明清楚地记得,自己早上认认真真地洗过脸了啊,这是怎么回事呢?

爸妈送给可韵的话;

不必惊慌,你鼻子上的黑点点应该就是人们常说的“黑头”,女孩子到了这个年龄,好多人都会像你一样长黑头的。黑头属于痘痘的一种。是因为在青春期我们的皮脂分泌旺盛,清洁不彻底或者不及时,皮脂堵塞了毛孔,露在外面,然后与空气中的尘埃接触,表层被氧化形成的。常见于面部、前胸和后背,尤其是鼻子上的黑头最多。了解了黑头的来历,我们就可以有针对性地进行治疗和预防了。

首先,洗脸非常重要,正确的洁面方式可以让你避免很多皮肤小问题。像痘痘,就跟你的洗脸习惯有很大的关系。其次,也是最重要的一点,和脸上长了痘痘一样,鼻子上的黑头同样不能用手挤,因为这样做不但起不了什么作用,还会把毛孔撑大,看上去更难看。对付黑头其实有很多方法,爸妈在这里就不一一说明了,你可以自己先了解一下,完了我们三个人一起探讨,看哪些方法效果比较好,你可以先试一下。

你需要了解的知识点:

1. 为什么你的鼻子上会长黑头

一般长黑头的女孩子皮肤看起来都有些粗糙,毛孔也相对比较大,而且大多数都是油性皮肤。如果你长了黑头,就说明你的皮肤至少满足了其中的一种条件。由于每个人体质不同,皮肤不好的女孩子在护理皮肤的过程中,往往要比皮肤好的女孩子付出更多的努力。而油性皮肤的女孩子也要比中性或者干性皮肤的女孩子麻烦许多。不过,爱美本来就是一件很麻烦的事,只要我们护理得当,黑头迟早会跑光光。

2. 鼻子上长了黑头不能用手挤

很多女孩子都知道长了痘痘不能用手挤,挤了会留下痕迹,却不知道鼻子上的黑头也不能用手挤。这是为什么呢?道理其实和不能用手挤痘痘差不多。一是黑头根本就挤不干净,挤了外面的,里面还有,还是会长的。二是在挤的过程中，我们很可能会压迫到毛孔周边的结缔组织，导致其变形，使其无恢恢复原有的弹性和支撑力，使我们的毛孔越变越大。尤其是那些皮肤本来就不太好的女孩子。鼻子上长了黑头千万记住，不要用手挤。

3. 对付鼻子上的黑头有妙招

黑头不像雀斑是永久性的，只能淡化，不能根除。只要我们用科学的方法护理，完全可以将鼻子上的黑头祛除。皮肤科专家认为，一般脸上长痘痘、长黑头的女孩子，皮肤都呈酸性，只要将其调整至正常状态，这些皮肤问题就可以迎刃而解，因此，他们建议这些女孩子，可以用中浓度的 PH 值低的果酸来调理和治疗。从根本上改变皮肤的酸碱值，彻底和痘痘黑头说再见。另外，在洗脸的时候，先用蒸汽把脸上的毛孔蒸开，然后用细盐慢慢地按摩鼻头，用清水洗干净后，拍上紧肤水，效果非常不错。

4. 鼻子上长了黑头饮食有宜忌

长了黑头以后，一定要注意自己平时的饮食，不当的饮食习惯会让我们的护理工作事倍功半，使我们的皮肤变得比以前更糟。要均衡膳食，饭菜尽量清淡一些，多吃新鲜的水果和蔬菜，多喝水，多喝花草茶、水果茶，尽量不喝咖啡、浓茶。避免暴饮暴食，少吃太过于油腻、太甜、太辣、太酸的东西，以免引起上火，加重黑头的症状。另外，一些含色素的食物也尽量不要碰，色素沉淀也会让黑头变得更黑。

“大油田”脸该如何是好

“哟，馨怡，一个假期不见，这油光满面的，暑假在哪儿发财呢？”开学第一天，馨怡刚走进教室门，就被班上的“凤辣子”调侃了一顿。“凤辣子”姓苗名凤，由于她平时爱跟班里的同学开玩笑，再加上说话伶牙俐齿，嘴巴从来不饶人，跟《红楼梦》里面的王熙凤颇有几分相似。不过，“凤辣子”虽然嘴辣，心倒还不坏，说话没什么恶意，了解她性格的人一般都不跟她计较。

所以，馨怡一边往自己的座位上走，一边笑着说："我倒是想发财，可人家一看我的'大油田'脸，都说我是个有钱人，不愿意收留我，害得我只好在家里做了一个假期的白日梦，唉！"说完，馨怡故意又唉声叹气，一时间惹得旁边的同学哈哈大笑。坐到了自己的座位上以后，馨怡和身边的几个同学分别打了声招呼，随便聊了两句。其实，最近馨怡感觉心里挺烦的，她的脸上这两天不知道怎么了，特别爱出油，早上洗的脸，不到中午用手一摸就能摸下一层油。

爸妈送给馨怡的话：

青春期的女孩子脸上出油，其实是很正常的一种现象。女孩子在进入青春期以后，随着身体的生长发育和新陈代谢的加快，皮脂腺分泌旺盛，很多女孩子的脸都会一下子变得油油的，就像脸没干净一样。不停地洗脸，还是觉得脸上的油很多。爸妈在青春期的时候，也曾有过和你一样的烦恼，脸上一摸一层油。那时候傻，还以为自己得什么病了呢，现在想起来，都觉得可笑。你还好，还有心情开玩笑，比爸妈那时候强。

油性皮肤其实没什么不好，你看爸妈现在是不是脸上还没什么皱纹，这就是油性皮肤的好处，油性皮肤虽然护理起来比其他类型的皮肤费事一些，但爸妈告诉你一个小秘密：油性皮肤的人是最耐老的。只要你现在每天多洗几次脸，注意不要吃太油腻的东西，多喝水，多运动，让自己的身体始终保持在一个平衡的状态，慢慢地你脸上的油就不会这么多了。事在人为，爸妈相信你会调理好自己的皮肤，更会调整好自己的心情。

你需要了解的知识点：

1. 为什么我的脸是个大油田

进入青春期之后，如果脸突然之间变得很油，一般可以从以下这两个方面去考虑。第一，脸上总是出油，说明很可能是相对标准体重可能是略胖了一些，或是油脂类食品吃得多了一些。油性皮肤的女孩子到了青春期以后，皮肤会变得特别油，就像个"大油田"。第二，青春期生长发育旺盛，皮脂分

泌过多，所以才导致皮肤始终油油的，这种情况一般不要紧，过了青春期就好了。不过，也不能掉以轻心，如果不注意清洁面部，很可能会引发黑头、粉刺等皮肤问题。

2. 护理油性皮肤其实并不难

油性皮肤的女孩子，除了平时要注意多洗脸，避免皮肤油脂分泌过多，堵塞毛孔，引发黑头粉刺；还要勤洗头，平常尽量把头发扎起来，不要让头发接触到面部；衣服也要常换洗，养成良好的卫生习惯。另外，还要注意饮食，尤其是你的皮肤本来就很油了，一些含油过多的食物、油炸食品尽量少吃，像烧烤、蛋糕、麻花等，能不吃就不吃。然后再配合用一些适合自己肤质的清爽型的护肤品，慢慢地脸上的出油状况就会得到改善。

3. 改善皮肤出油状况要节食

对于不是油性皮肤引起的出油，我们一定要从根本上找原因，看它是青春期的正常现象，还是因此自己的不良习惯引起的。但不管是哪一种，都要先从内部调理做起，应该注意节食，否则到最后只能是瞎子点灯——白费蜡，一点作用也不起。一般认为，熬夜、压力大，都会引起面部出油，如果你有这个习惯，就要引起重视了。青春期皮肤的出油相对好处理一些，只要平时多注意饮食，养成良好的卫生习惯，过了这个时期就没事了。

4. 油性皮肤其实没什么不好

有些女孩子发现自己是油性皮肤以后，特别苦恼，怨这怨那，这种做法非常不可取。还不如静下心来，好好研究一下自己的肤质特点，针对自己的皮肤制定出一套行之有效的护理方案，慢慢改善皮肤的出油状况。何况油性皮肤也不是一点儿好处也没有，至少在冬天的时候，油性皮肤的女孩子脸不会感觉特别干燥啊。

女孩可以给自己脱毛吗

一到夏天，小雪就开始犯愁，别的女生在大热天可以穿短裙短裤，而她为了不让胳膊上腿上的汗毛被别人发现，却不得不整天穿着长袖衣服和长裤，既不好看又热得难受。小雪清楚地记得，自己以前胳膊上腿上非常干净，几乎没有一根汗毛，只有胳肢窝里有稀稀拉拉的几根黄毛。夏天的时候，穿T恤短裤或者裙子走在街上可美了，班上的女同学都纷纷羡慕她，夸她的皮肤好光滑、好细腻。可不知道怎么回事，自从小雪两年前得了阑尾炎，做了一次手术之后，胳膊上和腿上就一下子长出了好多又长又黑的汗毛，真是难看死了。

这个夏天，小雪决定再也不委屈自己了。现在电视上、报纸上到处都有脱毛用品的广告，什么脱毛膏、蜜蜡、脱毛器，品种繁多，种类齐全，听同学说效果都挺不错的，而且价格也不算太贵。有几十块钱的，也有一两百块钱的，就看你自己选择哪一种了。小雪也想试一试，她实在不想再在那么大热的天里，穿长袖衣服和长裤了。别人看了感觉你这个人是不是不太正常，自己也觉得非常难受。

爸妈送给小雪的话；

其实爸妈一直也觉得挺对不起你的。如果我们当初执意不让医生给你使用激素药，可能你现在也就没这么多烦恼了。后来我们问过医生，医生说激素药的确能刺激毛发生长，而你就属于这一种情况。现在，你长大了，爸妈希望你能正视这件事，既然事情已经发生了，再去追究谁对谁错已经没有任何意义了。你知道吗？大夏天，看着别的女孩子穿漂亮的短裙短裤，而你却不得不穿长袖长裤，爸妈心里也挺难受的。

但是，据爸妈所知，目前没有一种脱毛产品是完全令人满意的。不管是脱毛膏也好，蜜蜡也罢，都只能起到暂时的效果，不能永久地脱毛。你听到这个消息可能会很失望，但爸妈希望你能明白，如果你不悦纳自己、接受自己，别人也不会悦纳你、接受你。爸妈知道，每一个青春期的女孩子都爱美，爸妈也希望你可以度过一个无悔的青春，不要给自己的成长留下什么遗憾。但作为一个学生来说，爸妈认为学习才是最重要的。比起外貌，内在往往具有决定性的作用，你说是不是？

你需要了解的知识点：

1. 女孩子体毛多是病吗

首先，你一定要明确一点：汗毛多不是病。不用担心，一般汗毛多的女孩子都是雄性激素分泌较多，而雌性激素分泌过少，所以才导致出现一些男性化的特征。不过，医生提醒，如果你的汗毛突然增多，同时伴随着额角发际后缩、喉结突出、声音变粗而低沉以及阴蒂肥大、月经不调、闭经等现象，肯定就不正常了。这种现象属于病理性的，可能与脑垂体与卵巢功能异常有关，需要到医院去检查，然后对症治疗。不过，这种情况极为罕见。

2. 脱毛用品真的有效吗

市面上的脱毛产品非常多，可以说是五花八门，琳琅满目，然而效果也是良莠不齐。至今没有一种脱毛产品是完全有效的。脱毛膏只适合毛发稀少、皮肤不太敏感的人，由于脱毛膏里面含大量的化学物质，会破坏皮肤的毛囊，因此不能长时间使用。剔毛器不小心会弄伤皮肤，而且毛发剔过以后，会比以前长得更粗、更长，而且生长速度也会加快，也不是很理想。

3. 当心脱毛脱出皮肤病

有些毛发比较长而且比较浓密的女孩子，很喜欢用蜜蜡脱毛，蜜蜡脱毛的优点是脱得很干净，几乎不留毛根，而且以后长出的汗毛会一次比一次细。但是蜜蜡脱毛很痛苦，就像上刑一样非常疼，弄不好还会扯烂皮肤，导致皮肤发炎感染，引起不必要的皮肤病。而且蜜蜡脱毛以后，皮肤上会有很多小红点点，要抹一些修复乳。刚脱以后不能晒太阳，一晒就会留下斑点。这一点女孩子一定要注意。

4.学习悦纳自己的身体

既然没有一种脱毛方法是完美的，那么我们就要学着悦纳自己。接受不完美的自己，把毛毛看成是自己的一个特点，看成是自己身体的一部分，这样我们就不会觉得它多余，想要把它一举除之而后快了。悦纳自己，别人才会悦纳你。况且，在青春期，还有许多比这更重要、更值得我们关注的事情，把时间都浪费在这个上面，岂不是有点可惜？

化妆品我可以使用吗

“妈妈，你的口红让我用一下可以吗？”星期六早上，见妈妈在化妆，欢欢也想试一下，便试探着问妈妈。镜子里的妈妈笑了一下，柔声地说：“当然不可以，化妆品是专用的，尤其是口红，只能一个人用，不能公用。”欢欢一听，失望极了，低着头半天不说话。见欢欢不言不语，妈妈笑着说：“怎么了，不给你用生气了呀？”欢欢嘟着嘴说：“可不是嘛，我们班的女生，经常好几人凑钱买一套化妆品，谁都用，我看她们用得都挺好的。我和你是一家人，关系比她们近多了吧，你还不让我用，真是个小气的妈妈！”

妈妈耐心地笑着解释说：“不是妈妈小气，你想啊，妈妈是成人，你还是个孩子，妈妈的皮肤都已经长细纹了，而你的皮肤还水嫩水嫩的，你说我用的东西敢让你用吗？用出问题了怎么办？再说你现在还小，还不到用口红的时候。不过，妈妈答应给你买一支润唇膏，你涂在嘴唇上以后，嘴唇的颜色会变得粉粉嫩嫩的，绝对比妈妈用的口红还好看，好不好？”一听妈妈要给她买润唇膏，欢欢一下子喜笑颜开，连忙说：“谢谢妈妈！”“不过，”妈妈接着说：“只能你一个人用哦，可不能借给别人用。”欢欢一把搂住妈妈的脖子，笑着说：“知道了，化妆品要专人专用对不对，真是个啰唆的妈妈！”

爸妈送给欢欢的话：

女孩子到了青春期，知道爱美了，想要化妆，想让自己变得更漂亮一些，这种心情爸妈非常能理解。但是，不得不说的是，爸妈不支持你这样做，更不希望你过早地使用化妆品。因为现在的化妆品几乎没有一种是纯天然的，用在我们的皮肤上之后，或多或少地都会给我们的皮肤带来伤害。尤其你现在还处在发育期，新陈代谢旺盛，给自己化妆，不但会引发一系列的皮肤问题，还会破坏自己的肤质。

对于正处在青春期的女孩子来说，青春才是最美的，"清水出芙蓉，天然去雕饰"，你这个年龄段的女孩子，根本就不需要化妆，青春和活力就是你们最好的装饰，这可是多少化妆品和华丽的装扮都换不来的。所以，爸妈希望你珍惜自己的青春时光，没有什么比一张青春期女孩子的笑脸能让人觉得生活的美好了。这个时期化妆，就像是画蛇添足，不但不会给人美感，还会破坏清纯的气质，让人觉得你会俗气。

你需要了解的知识点：

1. 尽量选择纯天然的护肤品

青春期女孩子的皮肤，通常都会有一些小问题。不管是脸上长了痘痘，还是鼻子上长了黑头，还是天生的油性皮肤，还是皮肤粗糙毛孔大，还是不管哪个季节皮肤都特别干燥，在选择护肤品的时候，除了要选择适合自己皮肤的，最好还是纯天然的，尽量不含化学物质。这样，会让我们的皮肤少受一些伤害。另外，油性皮肤的女孩子最好不要用粉底，以免堵塞毛孔，引发痘痘、黑头等皮肤问题。

2. 青春期的女孩不宜常化妆

化妆品里面大多都含有化学物质，如有些美白的化妆品里面含铅的化合物，铅是一种有毒金属，对我们的身体非常不好。青春期的女孩子，皮脂分泌旺盛，经常化妆，不但会堵塞毛孔，还会引起色素沉淀，在脸上留下难以消除的斑点。所以，一般不提倡青春期的女孩子化妆，过度地使用化妆品。

3. 睡觉前务必要把妆卸干净

如果化了妆以后，睡觉前千万记着要把妆卸干净，不要带着妆睡觉，这对我们的皮肤非常不好。卸妆的时候,先卸假睫毛、眼影等,然后再卸脸部。卸妆油用婴儿油就可以了,专业的卸妆油虽然好用,但时间长了,也会给我们的皮肤带来伤害,使我们的皮肤提前老化。另外,脸上的妆面一般不要超过4个小时,时间越长,化妆品里面的色素沉淀得越多,对我们的皮肤越不好。

4. 青春的笑脸是最美的风景

古今中外,几乎都有的文学作品都在讴歌青春的美丽。青春期的女孩子在这一时期,已经对自己的性别有了认识,那种像水莲花一样低头的娇羞,不知陶醉了多少诗人的心。所以,才有了16岁的花季、17岁的雨季之说。不管长得美还是丑,只要我们发自内心地绽露笑容,就是一道最美的风景。外在的美固然重要,但没有内在的知识和清新的气质做支撑,这样的美便失却了美的本质,也有悖于我们的青春。

雀斑需要如何治疗

莹莹最喜欢暑假了,因为在暑假里她可以随心所欲地穿自己喜欢的短裤和裙子,尽情地享受裸露的肌肤被热辣辣的阳光炙烤的感觉。妈妈多次提醒她,女孩子在夏天出门的时候,一定要提前20分钟在皮肤上涂上一层厚厚的防晒霜,这样就不至于被晒黑了。女孩子太黑了不好看。可莹莹就是不听,妈妈在的时候还装装样子,煞有介事地在胳膊上、腿上涂抹一番。妈妈不在,她出门连帽子都不戴,整个一副不怕晒的模样。

谁知暑假才过了一半,莹莹还没怎么享受灼热的阳光呢,就发现自己的鼻子周围、脸颊上,不知什么时候长了许多褐色的小斑点,原本白白净净的脸一下子变得脏兮兮的,难看极了。莹莹吓坏了,赶紧跑去对妈妈说,妈妈一看莹莹的脸,心里咯噔一下,真是怕什么来什么。原来莹莹的妈妈年轻的

时候，脸上也长过雀斑，后来经过多次调理治疗，基本上看不出来了。所以妈妈才一直叮嘱莹莹，夏天一定要做好防晒措施，就是怕莹莹也跟她一样，把本来隐性的雀斑晒出来了。因为夏天的紫外线特别强，如果外出的时候不注意防晒，就会加深雀斑的颜色，让脸上的雀斑无处遁形。看来莹莹根本没有重视这件事。

爸妈送给莹莹的话：

女孩子到了青春期以后，就要学会关心自己的皮肤了。不但要做好日常的面部清洁工作，还要注意防晒。不论哪个季节，出门前最好在脸上涂上防晒霜。尤其是到了夏天，紫外线非常强，如果这个时候不注意防晒，灼热的阳光就会很容易灼伤我们的皮肤，在我们的皮肤上留下晒斑。如果对晒斑处理得不及时，就会慢慢转变成雀斑，以后恐怕会很难祛除，到时候后悔都来不及了。

还好，莹莹状况还不算严重，虽然她得的是遗传性的雀斑，但颜色还不算太深，只要平时多注意，少吃含色素的食物，不喝咖啡、红茶，多吃一些含维生素 C、维生素 E 的新鲜水果，注意防晒，你脸上雀斑的颜色就会慢慢地变淡，看起来不那么明显。这都取决于你自己。青春期的女孩子，皮肤或多或少都会出现一些小问题，爸妈相信你能沉着应对，重现青春光彩。

你需要了解的知识点：

1. 脸上为什么会长雀斑

很专业的说法是，雀斑是一种较为常见的色素障碍性疾病，基本上来自于遗传因素。当然，不仅仅遗传于你的父母，也有可能是隔了几代才遗传。一般来说，18 岁以前长的雀斑都被认为是遗传因素造成的。雀斑常发于面部、颈部和手背等身体暴露部位，多为褐色或深褐色的小斑点。在脸上，最常见于鼻子和脸颊周围，多呈群集状。雀斑不可能完全消失，只能淡化。

2. 早期的雀斑可以治疗

雀斑刚出现的时候，一定要引起足够的重视。不但要调整自己的饮食习惯，多吃维生素含量高的新鲜水果和蔬菜，必要的时候，还可以通过口服维生素 C 或维生素 E,每日 3 次,连服数月,来有效地调整淡化雀斑。另外,还要注意防晒,出门的时候务必涂好防晒霜,夏天的防晒霜倍数尽量高一些,其他季节根据阳光的强度可以适当调整。防晒工作做不好,前面再费多少劲都是白搭。还有,要保持心情愉快,这样我们的身体新陈代谢加快,黑色素就能及时排出去。

3. 对付雀斑,防胜于治

除了雀斑不可以根治以外,其他斑点我们其实都可以早期预防。比如晒斑,只要我们平时多注意防晒,基本上不会出现。还有像长痘痘以后,不要用手去挤,做好面部清洁,始终保持面部干爽,让痘痘自然消失,一般也不会留下痘印和斑点。总之,保持良好的生活习惯和卫生习惯,尽量不吃酱油,不喝咖啡、红茶等颜色比较深的饮料,洗脸的时候一定要把化妆品的残留清洗干净,这样痘痘就不会轻易找上门来。

4. 有雀斑的脸一样美丽

其实,长了雀斑真的不要紧。只要我们做好日常的皮肤护理和保养,完全可以让雀斑淡化,享受不一样的美丽青春。千万不要像有些女孩子,或者太过于重视,什么都不敢吃,或者干脆不管,还像以前一样,该怎么吃就怎么吃,任雀斑的颜色一天比一天加深。等到有一天发现的时候,做出多少努力都挽回不了。

Chapter 4

第4章 正视变化，正确对待身体的小问题

青春期的女孩子，除了皮肤会出现这样那样的小烦恼，身体也会出现各种各样的小问题，比如，有些女孩子会因为各种原因产生不洁的体味；有些女孩子身上会散发出难闻的狐臭味；有些女孩子由于体内雌激素水平过低，会长“小胡子”；有些女孩子因为身体的原因，会有白带的小烦恼；有些女孩子身上的汗毛会变得越来越浓；有些女孩子不知道怎么清洗身体，不注意私处的卫生；有些女孩子下体会因为各种原因出现瘙痒，有些女孩子偷偷地自慰解决性冲动。这一切的一切都是因为我们正处在青春期。这一章的内容将主要带你了解青春期女孩子身体上常见的小问题，希望看了以后，能给你带来一定的帮助。

身上的体味儿叫女孩如何是好

早上，霄霄刚坐到座位上，同桌飞飞就捂着鼻子大惊小怪地说："霄霄，你昨晚干什么了，身上怎么有一股怪味啊，这么难闻！"霄霄一听，脸一下子红到了耳朵根，为了掩饰自己的窘态，她只说一边掏书一边故作轻松地说："没干什么呀，昨晚我一直在家里写作业呢，昨天老师布置了那么多作业，我都快写到12点了才写完，哪有时间出去玩呀！"飞飞一听也附和着说："这倒是真的，我也快写到12点了，今天早上要不是妈妈叫我，肯定又迟到了！"

第一节课刚下，霄霄马上去了趟厕所，把卫生巾换掉，身上的味才好像没那么大了。每次来月经的头两天霄霄都挺犯错的。尤其是下课以后，猛一站起来，感觉经血就像水一样汹涌澎湃，来势汹汹，稍微不注意，就会弄到裤子上。那几天，不要说是别人，就连霄霄自己也能闻到自己的身上有一股浓浓的血腥味。对此，霄霄也挺烦恼的。本来想买一些带香味的卫生巾，但妈妈说那种卫生巾不能用，勤换卫生巾味道就没那么大了。想来是今天早上自己出门的时候急，忘了更换，所以，飞飞才说自己的身上有一股怪味。看来，以后特殊的时候，一定要记得勤换卫生巾，免得引起别人的误会。

爸妈送给霄霄的话：

女孩子来月经的时候，身上的确会有一股味道。尤其是有些女孩子月经比较多，味道相对可能会更大一些。这都没什么的，只要在经期注意勤换卫生巾，这种尴尬完全可以避免。另外，每天早晚最好清洗一次下体，及时洗掉下面的血垢，同时，勤换内裤，身上的味道就没那么大了。青春期的女孩子都有过这种小烦恼，你不必太放在心上。其实，有这种体味根本不算什么。

有些女孩子到了青春期以后，身上会有一股像男孩子一样的汗味，有些女孩子身上会有一股狐臭味，那才是真正的体味呢。青春期各种分泌旺盛，特别是夏天的时候，人出汗比较多，如果再不注意清洗，不及时换洗衣服，不好的体味就会很容易引起别人的反感。所以，不管是哪一种体味，养成良好的卫生习惯非常重要，只要平时注意多换洗衣服，勤洗澡，适当地用一些香味淡雅的护肤品，完全可以遮住身上的体味。

你需要了解的知识点：

1. 引发体味的原因有哪些

随着身体的生长发育，女孩子到了青春期以后，体味可能也会发生一些变化。有些女孩子身上总是有一股非常难闻的味道。有些女孩子因为喜欢运动，而又不注意清洗身体，不勤换洗衣服，身上可能会有一股像男孩子一样的汗臭味。还有些女孩子在经期，由于经血过多，身上会有一股浓浓的血腥味。有些女孩子不小心得了妇科病，身上可能会有一股腥臭味。

2. 身上有体味了怎么办

针对上面所说的几种情况，如果是狐臭，就需要尽早治疗。如果是运动引起的汗臭，只要在做完运动以后，注意勤洗澡，及时更换衣服就可以避免。经期的血腥味，除了要勤换卫生巾，每天还要记得清洗下体，勤换内裤，也会有很大的改善。至于妇科病带来的腥臭味，则一定要到正规医院去检查，对症治疗，千万不要盲目地用洗液或者自己胡乱服用消炎药、抗生素。

3. 体味是一种病吗

一般来说，正常的女孩子的体味应该是香的，至少不应该难闻。如果你的体味突然变得很难闻，那么很可能是你的身体出现了某种病变。像狐臭和妇科病引起的腥臭味，就是一种疾病，一定要及早发现，及早治疗，讳疾忌医只会延误病情。另外，像经期和运动引起的血腥味和汗臭味，只要我们平时养成良好的卫生习惯，勤更换卫生巾，勤洗澡，勤换洗衣服，就没事了。

4. 同学们会嫌弃我吗

身上有了体味以后，好多女孩子跟同学交往的时候都会有顾虑，怕被别人嘲笑，怕被同学嫌弃。其实，只要我们平时为人正直，待同学热情，好学上进，就算我们身上暂时有不洁的体味，同学也不会太介意的，顶多也就是在背后议论一下，或者当面和你开个玩笑，只要你不刻意掩饰自己的缺点，大大方方地跟同学交往，相信没有人会嫌弃你的。

让我烦恼的狐臭

小露很小的时候，就听别人说，妈妈年轻的时候有狐臭，后来经过多次手术治疗，才彻底治好了。有人说，狐臭是遗传性的，父母双方或者单方有狐臭，子女十有八九也逃不掉。得了狐臭的女孩子，就算长得再漂亮，也不会有男孩子喜欢。因为那个味道，一般人根本接受不了。所以，小露从小心里就特别担心，怕妈妈的狐臭会遗传给她，更怕小伙伴们因此而讨厌她，不愿意和她玩。就这样，在担惊受怕中，小露度过了自己的小学时光。

转眼快要上初中了，小露担心的事情一直都没有发生，这下，小露放心了。她觉得妈妈的狐臭不会遗传给自己了，自己都这么大了。就在小露暗自庆幸的时候，却发现最近同桌的小小见了她老是捂着鼻子，小露问小小怎么了，小小说自己这两天可能有点感冒了，鼻子有些不太舒服。小露还傻乎乎地叮嘱小小，按时吃药，多喝热开水，很快就会好的。却没想到，她一直都在担心的事情竟然发生了——她遗传了妈妈的狐臭。

爸妈送给小露的话：

没想到妈妈的狐臭会给你造成这么大的心理影响，但是就像你想的一样，狐臭的确会给我们的学习和生活带来很大的影响，对于这一点，爸妈不想避讳。妈妈也是在你这个年龄得上狐臭的，自从得了狐臭，同学们都不怎么跟我说话了，见了我就像老鼠见了猫一样，躲得远远的。妈妈一开始看到这种情况，心里也很难受，觉得自己怎么这么倒霉，人一下子变得很自卑，做什么事情都没有信心，学习自然也是一塌糊涂。后来，妈妈想通了，就算妈妈再怎么难受，狐臭也不会离妈妈而去，倒不如接受现实，积极行动起来改变自己。凭着这个信念，妈妈走过了自己的学生时代。也因为少了很多烦扰，妈妈的学习成绩始终都很优秀。

很多事情并没有绝对的好坏之分，关键是看你自己怎么看，如果你觉得得了狐臭就到了世界末日，那么别人也帮不了你。遇到事情，一定要从积极的方面想。现在医学这么发达，你的这些问题根本算不了什么，所以，不必担心，你只要做好眼前的事就可以了，爸妈会尽快安排你接受治疗。

你需要了解的知识点：

1. 狐臭是怎么产生的

一般来说，产生狐臭的原因主要有两种：一种是先天性的，一种是后天性的。绝大部分的腋臭发病人群都有家族遗传史。后天性的狐臭主要跟个人的卫生习惯和摄入的食物有关，如果每天进食大量辛辣刺激性的食物，或者天气炎热的时候，不勤洗澡，不勤换洗衣服，或者因为怕冷穿衣过多，精神易紧张爱出汗，都会导致我们的身上出现难闻的气味。狐臭的味道主要来自于腋窝的大汗腺，夏天重冬天轻，每个人的气味大小不同，女孩子发病率比男孩子高，多发于青春期。

2. 得了狐臭怎么办

传统的狐臭治疗方法主要有：中医外敷、手术治疗、药物注射、食物治疗等。针对青春期的女孩子，通常手术治疗的效果最好，见效最快，而且不易复发。因为狐臭主要是由于汗液的分泌引起的，通过手术治疗可以切除狐臭部位的真皮层内汗腺，从根本上解决狐臭问题，一劳永逸。现在去除狐臭手术多采用梭形切除、Z 形成形法，或 S 形皮瓣真皮层切除法。另外，养成良好的卫生心惯非常重要，饮食也要注意尽量清淡一些，这样就可以彻底远离狐臭的烦恼了。

3. 狐臭能治好吗

得了狐臭先不要紧张，一定要先跟父母去医院检查，看是什么原因引起的狐臭，然后再在医生的建议下对症治疗，千万不要自作主张乱用药，贻误

了最佳的治疗时机。更不要因此而不敢出门,不敢和别人接触,怕别人会嘲笑自己。大多数的狐臭都可以治愈,尤其是刚发现以后,汗腺还比较小,只要尽早治疗,完全可以治好。

4. 同学们会因此讨厌我吗

因为狐臭的气味实在难闻,所以,得了狐臭以后,可能很多同学都会因此对我们敬而远之,这个时候,我们千万要冷静,不要跟别人起冲突,更不要对别人怀恨在心。这种事,碰到谁的身上都一样,别人的反应其实很正常。所以,没必要太放在心上。一般的狐臭都可以治好,切不可为了这么一点小事,浪费了自己大好的青春时光,那样就太不值得了。

我怎么会有"小胡子"了呢

"艳艳,才两天不见,你怎么变成男孩子了呀,还长了一抹小胡子。"星期一早上,艳艳刚坐到座位上,邻坐的珍珍就跟她开起了玩笑。艳艳还没来得及开口呢,又听同桌的月月大声地笑着说:"是啊,我正要问她呢,两天不见,到哪儿做的变性手术啊!"说完,月月和珍珍忍不住哈哈大笑。艳艳刚想生气,又想算了,自己也常开她们两个人的玩笑,这次就放过她们了。于是,也笑着说:"我也不知道怎么了,就变成这样了,还被你们两个人取笑,我的样子很可笑吗?"

月月边笑边从书包里掏出随身携带的小镜子,递给艳艳说:"你自己看吧!"艳艳一照镜子吓了一跳,镜子里的那个女孩子,不知什么时候,竟然长出了两撇小胡子,真是要多难多有多难看,要多滑稽有多滑稽。怪不得珍珍说自己变成男孩子了呢,月月还说自己是不是做了变性手术,也难怪她们笑得前仰后合,女孩子哪有长胡子的呀。可这是怎么回事啊,前两天自己还好好的,怎么一夜之间,就长胡子了呢?下午放学回家以后,一定找爸妈问个清楚，看这到底是怎么回事，是自己生病了还是因为其他什么原因造成的。

爸妈送给艳艳的话：

女孩子到了青春期以后，由于身体的发育，有些人的确会很滑稽地长出小胡子，就像你现在这样。从医生的角度来讲，青春期的女孩子长“小胡子”，其实跟长汗毛的道理是一样的，都是因为肾上腺功能亢进，雄性激素分泌过多作怪。等过几年，你体内的激素水平恢复正常了，“小胡子”就会自然而然地脱落。所以，爸妈希望你不要为此而烦恼，影响了自己正常的生活和学习。

到了青春期以后，女孩子的身体的确会发生这样那样的变化，男孩子也一样，爸妈相信你能沉着应对。如果你实在觉得“小胡子”碍事，可以适当地用一些脱毛膏使其脱落，或者使用汗毛漂白剂使“小胡子”变得透明。只要不伤害到你的身体，爸妈举双手赞成。青春期是一个女孩子一生当中最重要的时期，爸妈不希望因为这件事，给你的青春留下任何遗憾。

你需要了解的知识点：

1. 女孩子为什么也会长“胡子”

一般认为，只有男孩子才长胡子，其实，在青春期，有不少女孩子也会长“小胡子”。这是因为，到了青春期以后，随着身体的生长发育，女孩子的性腺也开始加速发育，并分泌出大量性激素，有些女孩子由于身体状况等各种因素的影响，性激素分泌失常，就会出现汗毛增多甚至是长“小胡子”的情况。没必要太担心，只要采取适当的办法，简简单单就可以去掉讨人厌的“小胡子”。

2. 长了“小胡子”怎么办

如果属于青春期的自然现象，不必处理。为了美容起见，也可以用脱毛膏脱毛，使茸毛软化进而脱落，或者使用汗毛漂白剂使“小胡子”变透明，这样也可以达到一定的遮丑效果。如果情况相当严重，属于病理性的多毛，则一定要去医院检查，针对病因进行治疗。原发病治好了，汗毛自然而然就会脱落。千万不要盲目地刮、剔，刺激毛发，这样反而会适得其反。

3."小胡子"能剔吗?

和身上长了汗毛一样,脸上长了"小胡子",千万不要盲目地采用剃刀剃毛、刮毛。那样虽然见效快,但很容易再生,而且新长出的毛发会变得更粗,更难以收拾。并且,如果不小心刮破了皮肤,还有可能引起皮肤发炎感染,留下难看的疤痕那可比长小胡子还难看。采取一些相对保守但安全的方法来去除,同样可以达到美容的效果,而且还不会有太大的副作用。

4.同学笑话我该怎么办

就像你本来文文静静,但突然有一天一下子变得异常活泼,让周围的人都感到很难适应。其实,长了"小胡子"也是这样的,刚开始大家肯定都不习惯,觉得你像个怪物,时间长了,都看习惯了,也就不觉得了。所以,同学们笑话你的时候,反应不要过激,把这件事看成是成长过程中的一段小插曲好了,任她们笑去吧,做好自己该做的事才是最重要的。

白带的小烦恼

最近桃桃老感觉自己的内裤上湿湿的,非常不舒服,自己还不知道是怎么回事。换洗内裤的时候,经常有干鼻涕一样的东西沾在自己的内裤上,看上去很不干净。桃桃不知道自己是不是得了什么病,不然这两天怎么老是觉得下面湿漉漉的,尤其是来月经的前几天特别多,有时候感觉内裤都快要湿透了。桃桃好几次都想问问妈妈这是怎么回事,但又不知道该如何开口,这种事情说的时候太难为情了。

可是,每天这样难受,桃桃觉得再这样下去,自己都没心思学习了。后来,还是妈妈发现桃桃好像有些不对,晚上临睡觉之前,主动到她房间里关切地询问她到底怎么了,桃桃这才边哭边把自己的烦恼说了出来。妈妈没想到桃桃有白带都这么长时间了,而自己这个当妈的居然一直都不知道,真是太不称职了。看着哭成泪人的桃桃,妈妈心里也非常难受,把桃桃搂在怀里安慰了好一阵子之后,桃桃才渐渐地不哭了,答应明天早上跟妈妈一起去看医生,看究竟是怎么回事,是什么原因引起的。

爸妈送给桃桃的话:

有了白带以后的确会很烦恼,尤其量多的时候,整天都会感觉内裤上面湿湿的,非常难受。但这是青春期所有女孩子都无法避免的一件事,就像来月经一样。正常的白带对我们的身体非常有好处,观察白带,我们不但可以了解自己的身体状况,及时掌握自己的健康信息,而且白带还可以保护我们的阴部不受病菌的侵害,可以说是阴道天然的屏障。

所以,你一定要正确认识白带,不要觉得它烦,其实,它是来保护你的。同时,在有了白带以后,要尽量少食辛辣刺激和生冷油腻的食物,每天都要注意清洗外阴,勤洗澡,勤更换内裤,尽量不用卫生护垫,这样,一般都不会出现白带异常的情况。

你需要了解的知识点:

1. 白带是怎么来的

专家认为,白带的形成与雌激素密切相关。一般来说,女孩子到了青春期以后,卵巢会开始发育,并分泌出雌激素,以促进生殖器官的发育,这时就会出现白带。白带是从女性的阴道里流出来的一种带有黏性的白色液体,它是由前庭大腺、子宫颈腺体、子宫内膜的分泌物和阴道黏膜的渗出液、脱落的阴道上皮细胞混合而成的。青春期前的女孩一般是没有白带的。白带一般在女孩子15~16岁的时候来,和第一次来月经的时间差不多。不过它不像月经一样每个月来一次,它是每天都会有,直到女性到了更年期才会慢慢消失。什么时候来白带一般也是根据你的身体情况而定的。

2. 正常的白带是什么样子的

正常的白带颜色非常干净,近似于透明,呈黏液状,就像蛋清一样。量少或者中等,没有特殊的味道,只有少数人的略微带些腥味,不痒,粘在内裤上时间长了会变成黄色。量的多少因人而异,有时多了还会流到内裤上。

其分泌量、质地受每个人体内雌、孕激素水平高低的影响，随月经周期而出现量多量少、质稀质稠的变化。一般月经过后，白带的量会非常少；临近排卵期的时候，量又会变得非常多。

3. 白带对自己的身体有什么作用

对于青春期的女孩子来说，白带一般有以下两个作用：一是适当的白带有利于抑制病菌。因为白带中含有大量的糖原，而糖原在阴道乳酸杆菌的作用下会产生乳酸，使女孩子的阴道环境始终呈弱酸性（PH 值为 4 ~ 5），从而有效地抑制了病菌的生长，可以说是阴道的天然保护伞。另外，白带还有利于润滑阴道，减少阴道前后壁之间的摩擦，使我们的阴道更加健康。

4. 白带异常该怎么办

出现白带异常，除了要及时就医，查明病因。在平时还要注意少吃辛辣刺激性的食物，注意清洗外阴，保持阴部的干爽。内裤尽量穿纯棉质地的，如果白带量多，可以经常更换内裤，尽量少用卫生护垫，护垫虽然方便，但不透气，长期使用，对我们的阴部危害很大。如厕后，卫生纸应由前往后擦，以免卫生纸碰触肛门，将细菌带到阴道口。多食用益脾补肾和清热利湿的食物，如莲子、大枣、山药、薏仁。

身上的汗毛好像越来越重了

暑期的时候，玲珑跟着爸爸妈妈去乡下的奶奶家住了几天。玲珑记得自己都快两年没有见过奶奶了。去的时候，爸爸妈妈和玲珑还没有走到村口，远远地就看到奶奶站在自己家的大门口朝路边不断地张望。看到他们一家三口，奶奶激动得眼泪都下来了。到了屋里，奶奶把玲珑拉到自己的怀里，让玲珑坐在自己的腿上，然后摸着玲珑的头，不停地问这问那，问她上学的时候，爸爸妈妈接不接送，又问这次考试考得怎么样，平时和同学关系处得好吗等等,不管奶奶问什么,玲珑都表现得非常有耐心。临走的时候,奶奶拉着她的手说:“我就知道我的玲珑是个好孩子,将来一定有福气,你看这胳膊上的汗毛多浓多密。”

回到家以后,玲珑问妈妈:“奶奶说得是真的吗?我真的将来会有很大的福气吗?”妈妈笑着说:“当然是真的,只要你现在好好学习,在家里做个听话懂事的好孩子,在学校做个品学兼优、全面发展的好学生,将来福气一定不小!”玲珑认真地点点头说:“嗯,我也是这么想的,本来我还觉得女孩子汗毛重挺难看的呢,现在看来,我这个有福之人肩上的担子还不小啊!”

爸妈送给玲珑的话;

你能这样想,爸妈真的感到很欣慰。看来,你真的是长大了。要知道像你这个年龄的女孩子都非常爱美,不允许自己身上有哪怕一点点不好。长得胖了的想减肥,长得瘦了的又想增肥。脸上长了痘痘,就好像觉得是到了世界末日,眼前的一切都是灰蒙蒙的。身上长了汗毛,又千方百计地想要拔掉、脱掉、剔掉,结果非但没有达到预期的效果,还使汗毛变得越来越浓密,使自己越加不可收拾。浪费了宝贵的时间不说,还让自己陷入无边无际的烦恼当中无法自拔。

爸妈真的不希望你变成那样,为一些根本不值得在意的事情,浪费宝贵的时间和精力。爸妈身上也有汗毛,但我们相互之间并没有嫌弃过对方。真实的才是最美的,敢于向别人展示真实的自己,也是一种自信的表现。况且,汗毛重对我们的日常生活并没有什么太大的影响。你现在这样,爸妈觉得没什么不好,所以,爸妈希望你不要过于苛责自己,要学会试着接受不完美的自己,只有这样,别人才会从心里接受你。

你需要了解的知识点:

1. 引起汗毛重的原因有哪些

女孩子到了青春期以后,的确有些人身上的汗毛会变得越来越重,就像个男孩子一样。之所以会出现这种情况,一种说法是跟遗传有关,随父母是天生的,即所谓的返祖现象;另一种说法是在青春期,女孩子身体发育过快,导致体内激素失调,雄性激素过多,雌性激素过少。还有一种情况,如果你曾经服用过激素类的药物,也会刺激汗毛加重。但一般来说,青春期的女孩子身上长汗毛,都是一种很正常的现象,没必要太担心。

2. 汗毛越来越重是病吗

一般认为,青春期的女孩子身上汗毛加重是一种正常现象,欧美人种比我们亚洲人的体毛还要多。如果个人非常介意,也可以到医院去做个内分泌检查,看是不是内分泌方面出现了问题。假如突然之间身上的汗毛加重,同时还伴有其他异常现象,就要考虑是否病理性的多毛症,出现这种情况,一定要及时到医院检查治疗。

2. 盲目脱毛要不得

盲毛脱毛不但会破坏皮肤的毛囊,引发皮肤病,而且一些皮肤敏感的女孩子,在用了脱毛产品之后,通常会适得其反,给皮肤带来更大的伤害。现在市面上的脱毛产品都是治标不治本,反复使用,反复发作,时效非常短。至多一个星期,毛根就长出来了。尤其是刮过以后汗毛会长得更快,而且新长出的汗毛会比没刮之前更粗、更长、更黑。

3. 学会接受不完美的自己

世界上没有哪个人是十全十美的,也没有人说长汗毛的女孩子就一定不美。外表只是一个方面,内在的东西才是最重要的。女孩子一定要有女孩子的样子,不管什么时候,都要让自己看上去很干净,要有一颗善良的心,笑起来要很真诚,这才是最最重要的。学会接受不完美的自己,正确对待自己身上的汗毛,和它们和平共处,这样别人才会更加愿意接受我们。

清洗身体,注意私处的卫生

自从萌萌来了月经之后,每天晚上临睡前,妈妈都要来问她:“亲爱的萌萌同学，小 PP 洗了吗？底裤换了吗？”每每在得到萌萌肯定的答复后，妈妈才会笑着满意地离开。有时候，萌萌心情不好或者很累，晚上实在是不想动弹，心想明天洗也一样，但妈妈就是不依不饶，非要她洗过了才能上床睡觉。萌萌知道妈妈这样做是为了自己好，也知道私处的卫生对女孩子来说很重要，但就是觉得妈妈有点太坚持原则了。有些时候，她感觉自己都快要累死了，妈妈非要把她从热被窝里拉起来让她去洗。唉，摊上这么个负责任的妈妈，真是有苦都没地方去说。

过了一段时间以后，也可能是养成习惯了，每天晚上临睡前，即使妈妈忘了问，萌萌也会很自觉地把私处清洗干净，然后再换上干净的内裤，才上床睡觉。有时候萌萌也想偷懒不洗，但不知道怎么地，翻来覆去就是睡不着，总觉得下面没有洗干净，睡下不舒服。唉，看来姜还是老的辣，怪不得人们常说习惯成自然呢，养成了习惯，就算没有人监督，自己也会自觉不自觉地跟着习惯走。

爸妈送给萌萌的话：

有时候，不是爸妈唠叨你，是因为随着年龄的增长和身体的生长发育，女孩子到了青春期以后，汗腺和皮脂腺分泌旺盛，大小阴唇皱壁部位容易积存污垢，如果不注意清洗，会造成阴部病变。所以，一定要对自己的私处卫生引起足够的重视。另外，来了月经以后，如果你不进行适当的清洗，身上可能会有一股怪味，而且，白带多的时候，如果不清洗，不仅感觉不舒服，还会引起阴部瘙痒，因此，对于青春期的女孩子来说，清洗私处非常有必要。

千万不要怕麻烦，什么都是习惯，只要养成习惯了，你就不会觉得每天清洗身体是很浪费时间的一件事。况且，适度地清洁，对你的阴部健康非常有好处，不仅会感觉不到任何不适，还不容易得上妇科炎症，会让你少了许多不必要的麻烦。再说了，女孩子天生都是爱干净的，这点事情对你来说算什么啊，你说爸妈讲得对还是不对？

你需要了解的知识点：

1. 为什么每天都要清洗私处

女孩子到了青春期以后，身体新陈代谢旺盛，汗腺和皮脂腺分泌增多，阴部褶皱部位非常容易积存污垢。另外，随着青春期卵巢功能的活跃，出现白带，再加上阴道离肛门或尿道很近，较易受到尿液和粪便的污染。这些原因，其实很容易造成女孩子外阴瘙痒，进而引起继发性感染和毛囊炎。长期瘙痒还可能造成失眠、憔悴、焦虑和高度神经质。所以，清洗阴部对女孩子来说非常重要，可以让我们远离疾病和痛苦的侵扰。

2. 清洗私处该注意些什么

首先，一定要用温水，过高或过低的水温都会刺激到阴部，给我们的阴部带来不良的反应。另外，清洗外阴的小盆、毛巾和水要做到专人专用，定期消毒。内裤要选择透气性好、吸湿性强的纯棉织品，千万不要穿别人的内裤，新买的内裤记得用开水烫过之后再穿。注意经期卫生，经期也要清洗私处。如果发现白带异常要及时去医院检查，以免引起阴道病变。不过度清洁阴部，做到一天一次就可以了。

3. 切勿乱用各种洗液

青春期的女孩子由于处女膜的保护，一般都不需要使用专门的阴部护理洗液，用干净的温水清洗就可以了，乱用各种洗液，反而会破坏阴道天然的弱酸性环境，给私处的健康带来不利的影响。另外，千万不要灌洗阴道，这一点女孩子一定要注意。如果非要用，也要用一些天然的、性质比较温和的洗液，最好让大人帮忙选购，这样才能保证有效地保护我们私处的健康。

4. 洗完不要忘了换内裤

有时候，清洗完私处以后，如果内裤看上去很干净，有些女孩子就觉得不换内裤也没什么关系，反正也没脏。其实，在穿了一天之后，我们的内裤已经很脏很脏了，上面有肉眼看不清楚的数不清的病菌和细菌，如果洗了外阴却不及时更换内裤，比没洗还糟糕。所以，女孩子清洗完私处之后，千万不要忘了换上干净的内裤，同时将换下的内裤洗干净，晾到干燥通风处。

下体感到瘙痒怎么办

以前,娜娜每个月特殊的时候,都是妈妈帮她买卫生巾。这个月快到特殊的时候,妈妈刚好出差去了,没办法娜娜只好自己去小区门口的超市买。走进超市以后,娜娜刚要开口问老板,卫生巾在什么地方,一抬头却发现超市的老板是一位叔叔。娜娜一下子愣住了,不知道该怎么跟老板说自己要买的东西。就在娜娜进退两难的时候,一个年龄比她稍大一点的姐姐手里拿着一包卫生巾,从她身边走过去了。

于是,娜娜也赶紧来到那位姐姐刚才取东西的地方,随便拿了一包和妈妈平常给她买的颜色差不多的卫生巾,付了钱,马上就出来了。打开用的时候,娜娜感觉自己买的和妈妈买的好像不太一样,妈妈一直给她买的是棉质的,而自己买的显然不是棉质的,摸上去硬硬的,还散发出一股淡淡的香味。娜娜没有太在意,心想都是卫生巾,应该不会有什么问题。却没想到自从她用完自己买的卫生巾以后,下体经常会感觉到一阵阵地瘙痒。娜娜不知道自己怎么了,在电话里跟妈妈讲,妈妈说让爸爸先带娜娜去医院检查一下。她办完事马上回来。

爸妈送给娜娜的话:

女孩子在月经期,如果不小心使用了劣质的不卫生的"卫生巾",的确会造成阴部瘙痒。不必害怕,这只是最常见的一种妇科炎症,只要吃点消炎药,同时注意阴部清洁,很快就会好的。买卫生巾千万不能贪图便宜,不能选那些消毒不彻底、质量不过关的卫生巾,一定要选大品牌、质量有保障并且没有过期的卫生巾。如果经血量不多,可以选棉质的,如果经血量多,可以棉质和网面的搭配着用,网面的通常不太透气,因此经期一定要勤换卫生巾。

另外，如果平时不注意卫生，清洗外阴不彻底，或者不勤换内裤，穿得裤子太紧，都会不同程度地引发外阴瘙痒。所以，注意个人卫生非常重要，另外，个人卫生用品最好专人专用，不要和别人混用。

你需要了解的知识点：

1. 造成下体瘙痒的原因有哪些

一般来说，造成下体瘙痒的原因主要跟我们平时的卫生习惯有很大的关系。如果平时不注意清洗私处，乱用洗液，或者用别人的盆或者毛巾，不勤换内裤，不注意经期卫生，使用了过期或者劣质的卫生巾，都会造成外阴局部瘙痒。另外，一些全身性的疾病也会导致下体瘙痒，如糖尿病、白血病、贫血病，等等。所以，出现外阴瘙痒，先要去医院检查，弄清楚病因，然后再对症治疗。千万不要盲目用药，也不要讳疾忌医，不敢告诉大人。

2. 下体感到瘙痒该怎么办

如果下体突然出现瘙痒，先不要着急，一定要在第一时间告诉父母，让父母尽快带你去医院检查，看是什么原因引起的，找准病因对症治疗，这样才能尽快解除病痛。另外，在患病期间，尽量不吃油腻、辛辣等刺激性食物，保持愉快的心情，同时勤讲个人卫生，内衣内裤勤洗勤换，不穿过紧的衣服裤子，适度清洁阴部，使阴部始终保持干爽。这样，病才会好得更快些。

3. 千万不要讳疾忌医

有些女孩子外阴出现瘙痒状况后，因为害怕或者害羞，不敢告诉父母，结果会导致病情越来越严重，不仅让自己倍受痛苦，也使家庭受到了不必要的经济损失。父母是我们最亲的人，特别是我们生了病不舒服的时候，一定要第一时间告诉父母，千万不要胡思乱想，怕这怕那，不敢或者不好意思跟父母讲，贻误了自己的病情，那样就不好了。得病最怕的就是讳疾忌医，你不说出来，父母怎么会知道呢。

4. 呵护自己的“秘密花园”

女孩子到了青春期以后，一定要悉心呵护自己的“秘密花园”，不让它受到任何侵害。除了每天用温水清洗，还要给它提供一个干爽透气的环境，裤子尽量宽松一些，避免阴部受到摩擦。同时，不乱用各种洗液，温水就是最好的清洁剂。另外，如果发现有任何异常，一定要及时告诉父母，尽早治疗，这样才会让我们的身体更加健康。

正确认识自慰

不知道从什么时候开始，豆豆见了男生，会自觉不自觉地注意他们的下体。跟男生单独在一起的时候，身体会有一种说不出的冲动。晚上做梦也会梦见自己赤身裸体地和男人在一起。那种感觉说不清楚，豆豆以前从来都没有经历过，觉得很刺激很新奇，而且身体好像有一种说不出的快感。

有时候星期天爸爸妈妈都不在家，豆豆一个人在家看电视，当看到电视里的男男女女搂抱在一起亲热，那种冲动就会变得异常强烈。感觉自己浑身上下就像着了火一样，憋得难受，只有把这种欲望彻底释放出来，豆豆才会觉得浑身都舒服。至此，豆豆发现自己越来越迷恋上这种感觉了。有时候，晚上醒来的时候一摸下面，内裤经常是湿的。豆豆不知道自己是不是就是人们眼中的坏女孩，小小年纪，脑子里尽想着一些乌七八糟、不好的事情。豆豆知道自己这样做不好，也知道这样下去，迟早都会影响到自己的学习，被爸妈妈发现，但她就是控制不了自己的冲动。

爸妈送给豆豆的话：

不管是男孩子，还是女孩子，到了青春期以后，都会出现不同程度的性冲动。其实这很正常，所以，你没必要感到害羞，也不要觉得自己有了这种念头就变成坏孩子了。其实，青春期的少男少女绝大多数都有你这样的想法，只是她们都把自己的想法藏在心里，而你表现出来了而已。中国的传统观念认为，女孩子谈性就是不知羞耻，其实，这是违背自然、违背人性的。爸妈希望你能正确认识，不要跟别人一样谈性色变。

但这并不代表爸妈同意你自慰,跟男孩子不同,女孩子自慰无论是对身体,还是生理,都会有很大的影响。据国外的一项调查表明,女孩子在青春期过度自慰还会导致不孕症。你说你控制不了自己的冲动,那是你太闲的缘故,如果你把自己的课余时间安排得满满的,多培养一些兴趣爱好,陶冶自己的情操,同时跟男孩子进行正常的交往,就不会去想那些事。所以,爸妈希望你能认真对待这件事。

你需要了解的知识点:

1. 女孩子自慰正常吗?

女孩子到了青春期的确会出现性冲动,为了排解自己的欲望就会自慰。一般而言,适度地自慰对男孩子没有什么太大的影响,但对尚处在青春期的女孩子来说非常不好。即使不频繁也会引起不良后果。或者过度沉迷于身体的快感无法自拔,耽误了正常的生活和学习;或者给自己的身体造成很大的伤害,引起其他病变,留下难以弥补的遗憾。总之,青春期的女孩子,自慰非常不好。

2. 过度自慰对身体有哪些危害

女孩子在自慰时,由于手和所用的器具不干净,常常会把病原体带入体内,引起阴道感染。另外,过度自慰还有可能引起尿道口损伤,造成尿频、尿痛等不适症状,严重时还会引起腰痛、发烧,变成慢性炎症经常发作。自慰还会引起月经量过多,造成生殖器官发炎,所以,女孩子自慰,可以说对自己的身体相当不好,虽然说排解了冲动,但留给身体的却是更大的伤害。少女在自慰时,由于手和异物的不清洁,很容易将病原体种植于体内以致引起感染。

3. 过度自慰对心理会产生什么影响

女孩子自慰以后,随着生理性的快感,很多人都会感到惊慌、恐惧、不知所措,一旦认识到自己的行为不好时,又会产生自责、羞愧、自卑、忧虑的情绪,并伴有强烈的犯罪感,觉得自己成了坏孩子。由于经常处于负面情绪当中,她们会变得越来越精神恍惚,注意力不集中,做什么事情都提不起信心,严重时还会损害身心健康。所以,对女孩子自慰的危害不可小觑,一定要及时调整自己的行为,莫造成更严重的后果。

4. 如何克服自慰的习惯

首先,要避免不良的刺激,不看色情的书籍,不沉迷于生理上的快感。树立远大的理想和抱负,培养各种兴趣爱好,尽量让自己的课余时间丰富多彩。其次,平时不要穿过紧的衣裤,按时休息,晚餐不要吃得过饱,睡觉时被褥不宜太厚太暖,尽量不吃刺激性的食物。再次,养成良好的卫生习惯,每天清洗外阴,除去不良刺激。另外,多参加群体性的活动,减少对异性的敏感程度。同时,自己也要认识到自慰的害处,下定决定改正,这样才能慢慢走出心理的阴影。

心理变化：

别让青春失去快乐

Chapter 5

第5章 爱美之心，每个女孩都渴望漂亮

爱美之心人皆有之。尤其是正处在青春期的女孩，身体仿佛一夜之间发生了变化，有些茫然不知所措，但又觉得一切都是那样地新奇，像是进入了一个全新的世界。于是，有的女孩因为相貌平平而感到自卑；有的女孩开始讨厌穿校服；有的女孩想减肥，让自己变得苗条一点；有的女孩对“班花”产生了羡慕、嫉妒的心理；有的女孩想化妆、想穿高跟鞋，吸引男生的目光……一样的青春，不一样的烦恼。每个女孩都渴望漂亮，都渴望成为异性眼中的“白雪公主”。那么，爸爸妈妈对我们的烦恼会有什么好的建议，我们又该了解那些知识呢。如果你对这个话题感兴趣，不妨随我们一起走入这一章。

相貌平平让我感到很自卑

下午放学一进门，瑶瑶就把自己关在房间里，不跟爸爸妈妈打招呼，也不写作业，一个人气呼呼地坐在椅子上，不知道谁又惹她不高兴了。妈妈赶紧上前关切地询问："怎么了，瑶瑶，出什么事了，怎么一进门就拉着一张脸，快给妈妈说说，是不是谁又惹着你了。"可不管妈妈怎么说怎么问，瑶瑶就是一声不吭。妈妈是个急性子，要不是爸爸在一旁拦着，估计电话早打到瑶瑶班主任那儿去了。

一直到吃晚饭的时候，瑶瑶才突然没头没脑地问了一句："老爸，老妈，我是不是长得很难看啊，为什么我们班的男生见了我都不说话?"爸爸妈妈听了，这才明白瑶瑶情绪反常的原因，两个人不由得相视一笑，心里的石头才算是落了地，原来瑶瑶是进入青春期了，开始为相貌自卑了。

爸妈送给瑶瑶的话：

女孩子的相貌是天生的，是爸妈给的，也因为这个原因，女孩子由丑变美的几率非常小，灰姑娘变成公主只不过是个美丽的童话故事，现实生活中基本上不会发生。所以，你一定要试着接受自己的相貌，并且学会欣赏独特的自己，如果连你自己都不喜欢自己，觉得自己长得很难看、很自卑，不敢正眼看别人，那别人还怎么和你说话呢？你喜欢的那个歌星韩红，长得好看吗？但她就敢站在那么多人面前唱歌，一点儿也不觉得自卑，人人都说她是实力派，就因为她是靠自己真正的唱功出名的，而不是靠外表吸引观众的。

爸妈希望你以后能做一个像韩红那样的实力派。虽然长得不漂亮，但咱们可以努力学习，充实自己，做一个有内涵的女孩子。同时，培养多种兴趣爱好，让自己变得多才多艺，用实力来证明自己。千万不要盲目地自卑，因为为了相貌自卑一点都不值得。一个相貌平平的女孩如果非常自信,有阳光般灿烂的笑容,又很乐观,容易和别人相处,学习上门门功课都不落后,那么又有哪个男生会不和你说话呢?

你需要了解的知识点:

1. 自卑是青春期的一种表现

你现在已经进入青春期了,很多青春期的女孩子,都会因为这样那样的原因感到自卑,并不是只有你一个,你大可不必太放在心上。青春期是青少年特殊的一个发展时期。在这个时期。男孩子和女孩子的身体都会发生变化,无论是心理上还是生理上,都会更加接近成人。所以,这时候青少年的心理问题特别多,有些青少年会觉得焦虑不安,有些青少年甚至会变得非常逆反,凡事都跟父母对着干……其实这些都是青春期的一种很正常的表现,就像平时感冒了我们会头疼发烧一样,只是一种青春期常见的现象。把它看成是很自然的一件事情,我们就不会烦恼了。

2. 怎样才能消除自卑的心理

第一,你要试着学会接受自己的相貌,学会欣赏独一无二的自己。第二,找一张纸,找一支笔,写下你所能想到的自己的优点,当你发现自己有那么多别人没有的长处的时候,你不但不会觉得自卑,还会为自己感到骄傲。第三,认真地学习,作为一个学生,没有比优秀的学习成绩更能让人刮目相看的事情了,用实力来证明自己。第四,多看一些励志的课外书,向书中的主人公学习,看他们是如何克服自卑的心理,最后走上成功道路的。第五,要时刻提醒自己,一定要自信,因为自信的女孩子才是最美丽的。

3. 怎样跟男同学正常地交往

大家对青春期男女生交往会很敏感,一旦把握不好,就会很容易成为同学们议论的对象,给自己惹来不必要的麻烦,带来诸多苦恼。所以,当你在和男同学交往的时候,一定要把握好一个度,既不能像跟女同学交往时那样随随便便,表现得很亲热,又不能见了男同学连招呼也不敢打,要表现得很自然,大大方方地、友好地和男同学交往,只要把关系控制在正常的朋友范

围内就可以了。这样既可以加深你对男孩子的了解,同时也有利于你心理的健康成长。而且,男孩子身上有很多值得你学习的地方,跟他们建立友谊,你会受益不少。

讨厌每天都要穿校服

“悦悦,你怎么还不穿校服啊?快点快点,再不穿上学可要迟到了,都上初中了还不让人省心,穿个校服也要妈妈说好几遍!”自从上了初中以后,每天早上悦悦几乎都是在妈妈的再三催促下,才极不情愿地把校服穿在身上。其实以前,悦悦是挺喜欢穿校服的。

事情要从中考过后的某一天说起。那天,班里搞同学聚会,要求每个同学都参加,悦悦也去了。可是当悦悦进去以后才发现,除了她,别的同学不管是男生还是女生,基本上都穿着生活装。甚至有些女生还化了妆,穿上了高跟鞋,打扮得相当成人化,引得男生女生像众星捧月一样,纷纷簇拥在她们身边。唯独悦悦“鹤立鸡群”地穿着蓝白校服。有一个男同学不无讽刺地说,悦悦不亏是三好学生,就连聚会也不忘穿校服,一句话惹得其他同学哈哈大笑,悦悦又气又羞,脸一下子红到了脖子根。那一刻,悦悦真恨不得有个地缝钻进去,永远也不要出来。

从那以后,悦悦再也不喜欢穿校服了。可恶的校服,让她丢尽了脸。

爸妈送给悦悦的话:

爸妈非常理解你的心情,也知道女孩子长到你这么大的时候,会一下子变得非常在意自己的外表和着装打扮。其实这都是女孩子到青春期以后非常正常的一种表现,你不必为此而感到困扰。你会有这样的想法,充分说明你已经长大了,爸妈由衷地为你感到高兴。青春期是女孩子生长发育的一个很重要的阶段,在这一时期,你的心理也会随之发生很大的变化,常常会莫名其妙地生气发火,会很在意同学对你的看法,就像你参加了同学聚会之后变得不爱穿校服了一样。别人可能只是善意地跟你开个玩笑,你却觉得别人是在嘲笑你,故意让你难堪。

在青春期,女孩子通常都会很敏感。在这里,爸妈想跟你说的是,有些时候不要太在意别人对你的看法,因为别人的看法不一定都是对的,要学会坚持自己的观点。别人的意见可以参考,但不应照单全收,那样会让你变得逐渐失去自我。就像爸妈上班穿工作服是为了让客户觉得我们很规范专业一样,作为学生,学校让你们穿校服也是同样的道理,学生只有穿着校服才看上去像个规规矩矩的学生,学校也是用心良苦。你是个聪明懂事的孩子,爸妈相信你一定会做出正确的选择。

你需要了解的知识点:

1. 你为什么会变得不喜欢穿校服

就像你所说的,以前其实你挺喜欢穿校服的,觉得穿校服干净清爽,最重要的是穿在身上很舒服。现在之所以变得讨厌穿校服,一是因为你觉得同学们都在嘲笑你还没有长大,是个十足的乖乖女。她们这样认为,你应该感到高兴才对。无规矩不成方圆,你在学校的时候像个学生,将来步入社会做什么事才会很专业。所以,千万不要受别人的影响,既然你是个学生,就要有个学生的样子,就要爱上穿校服。就像古代的时候将士们上战场之前都要披挂战袍一样,校服就是你在学校里面的战袍,它会时刻提醒你,你所肩负的学习大任。

2. 学生不穿校服有什么样的害处

其实,校服的设计是很人性化的,你看它虽然宽松,但穿在身上并不是像你想象的那样,有多么难看。之所以设计的宽松,是因为青春期的孩子正处在生长发育的高峰期,太紧的衣服穿在身上,不仅会不利于身体的正常发育,还会给你的健康造成一定的影响。《家有儿女》中的夏雪也不喜欢穿校服,偷偷地穿着她亲生母亲给她买的时装就出去了,结果却给自己惹来了很大的麻烦。事情过去以后,夏雪非常后悔。爸妈希望你健康快乐

地成长，过好每一天，不希望因为校服的事，而让你的学习和生活受到侵扰。

3. 学生为什么上学必须要穿校服

学校要求学生统一着装，是出于以下考虑，一是所有的学生都穿校服，老师站在讲台上，精力更容易集中。二是学生穿校服，整个学校的校容校貌看上去会显得非常整洁，更便于管理，也有利于学生自身的安全。三是，学生现在还是纯消费者，还没有自己的收入，爸妈除了要每学期支付你的学费，还要负责你一年四季的置装费用。现在学校统一让你们穿校服，无形当中给家里节省下了一笔开支，也顺便减轻了爸妈的负担。放假了，爸妈才会有更多的时间陪你出去玩，增长见识。所以说，你要明白，让你上学穿校服是一举多得的事情，对谁都有好处。

我要减肥，成为苗条的女生

元旦前夕，班里要排练舞蹈，好多女生都报名了，茵茵也兴冲冲地到班长那里去报名（茵茵从小就喜欢跳舞，而且舞蹈老师经常夸茵茵说，她的动作感和节奏感都很好，是块跳舞的料）。但没想到班长竟然当场拒绝了她的要求，还说什么跳舞的人数已经报够了，要她选择参加别的节目。茵茵伤心极了，她知道这段时间，同学们一直都在背后管她叫“胖胖”，她也没太在意，但现在没想到就因为她胖，居然连她最心爱的舞蹈也不能参加了。

“茵茵，你怎么不吃了，是不是今天的饭菜不合你的胃口？”吃晚饭的时候，见茵茵光吃饭不吃菜，妈妈关切地问。“不是的，妈妈，你做的菜一直都那么好吃，可是，我打算从今天开始减肥，所以不能再多吃饭了。”茵茵解释道。“原来是这样，不过，为什么突然想起来要减肥呢？”妈妈笑着问。茵茵就把班长不让她参加舞蹈节目的事一五一十地都告诉了爸爸妈妈，还说这次她下定决心了，一定要把体重减下去，变成苗条的女生，让所有的人都大吃一惊。

爸妈送给茵茵的话：

有时候，体重确实会给你的学习和生活带来不必要的烦恼，就像你说的你也想跳舞，但班长却不同意。因为别的女生都很苗条，如果把你加进去，班长觉得可能会影响了舞蹈的整体效果。说实话，这件事情也不能完全怪你们班长，一般的人都会这么想，包括爸妈也可能会有这样的顾虑。你现在能主动提出减肥，爸妈心里很高兴，也非常支持你。一直以来，我们也很为你的体重而担心，怕这样下去会影响到你的身体健康，更怕长此以往影响你正常的学习和生活，给你的成长带来不必要的波折。

但是，减肥也要讲究方式方法，要科学地控制体重，不能靠盲目地节食减轻体重。你毕竟还是学生，保持旺盛的体力和精力，无论对你的学习，还是生活都非常重要。在这个基础上，你可以适当地少吃一些富含高热量、高脂肪、高蛋白的食品，多吃一些新鲜的水果和蔬菜，慢慢地改变自己的饮食习惯。同时，养成良好的生活习惯，吃完饭以后先不要急着睡觉，在地下走上二三十分钟，等胃里的食物消化得差不多了，再休息。另外，还要加强锻炼，多跑步，多运动，这样坚持下去，你的体重就可以慢慢地减下来了，而且还不会对身体造成任何伤害。

你需要了解的知识点：

1. 减肥是一件好事

保持适当的体重，不仅有利于你的形体美，而且对你的身体健康非常重要。因为体重过重也是一种病，而且体内脂肪过多还会引发身体其他器官的病变，给你的健康带来很大的隐患，让爸妈也跟着为你担心。再加上，女孩子天生都爱美，都希望自己是窈窕淑女，可以随心所欲地穿自己想穿的衣服。但如果你的体重超标，很可能就会连这个小小的愿望也实现不了，在别人眼里特别容易的事，在你这儿就会变成一种奢望。所以，从某种程度上来

说，减肥对于你是一件利大于弊的好事。

2. 盲目减肥要不得

减肥要在健康的基础上减，千万不要为了减肥而减肥。现在报纸、电视上的减肥广告五花八门，每一个都王婆卖瓜自卖自夸，说自己的产品的效果有多么多么地神奇，其实好多都不可信。一定要对症下药，经过医生的诊断，确定自己属于哪种类型的肥胖症，再根据医生的建议，使自己的体重得到合理地控制，并且长久地坚持下去。切不可盲目地减肥，每个人的体质都不一样，对别人适用的方法用在你身上不一定会有效果。适合自己的才是最好的。

3. 要学会科学减肥

首先，一日三餐要定时定量，吃到八分饱就可以了，吃得太饱不仅容易长肉，而且还会觉得没精神。其次，减少蛋、奶、肉类食品的摄入量，饮食尽量清淡一些，饭前多喝汤；少喝含糖量高的饮料，不吃或者尽量少吃糕点、油炸类食物；多喝白开水或者稀释后的果汁、蔬菜汁，这样既能给身体补充足够的水分，同时也对健康更有利。再次，平时多锻炼，跑步或者跳绳，摇呼啦圈对女孩子来说，都是很不错的运动方式，对减轻体重有很大的帮助。

对“班花”的羡慕和嫉妒

“哼，长得漂亮就觉得了不起吗？每次都选她当领队，还说她是咱们班的班花，气死我了。”一路上欢子都在愤愤不平，觉得老天爷真是太不公平了，明明自己有绝对的优势可以当选，可最后还是因为外貌，输给了“班花”刘诗一，到手的机会就这么飞了，欢子越想越觉得自己窝囊。

回到家以后，爸爸妈妈见欢子嘴巴撅得老高不说话，问她怎么了，她也不说话，最后问得实在不耐烦了，她才气呼呼地把事情的来龙去脉说了一遍，并且再三强调她是因为长相败给别人的。爸爸妈妈听了，笑着摇了摇头。妈妈假装不明白问欢子："你怎么能确定，你是因为外貌的原因才输给别人的？"欢子一下生气了："你们不相信我说的话啊，人家都说了前面的分数我和刘诗一一直不相上下，就是在后面回答问题的环节上分数才拉开的。同学们都说，刘诗一当选是因为她长得比我好看！"妈妈又问："那刘诗一听到自己当选后，她第一时间作何反应呢？"欢子表现出一脸的不屑："她当然是假惺惺地跑来向我道歉，我才不领她的情呢？猫哭耗子假慈悲，想要我祝贺她没门。"

爸妈送给欢子的话：

首先，爸妈要严厉地批评你，你处理问题的方式欠妥当。明明是你能力不如人，还把责任推卸到自己的长相上。爸妈为什么这样说，就凭最后刘诗一当选后能在第一时间跑来跟你道歉，就算不诚恳也罢，但人家这样做了。你呢，非但不领情，还对人家冷嘲热讽，没有一点容人之量。换作是爸妈，也绝对选刘诗一，而不选你。领队代表的是一个班级的整体形象，你连自己的错误都不敢承认，同学们还敢选你做他们的代表吗？你好好想想吧。

"班花"因为长得好看，肯定会引人注目，在许多方面注定会比你和其他同学幸运，但这都是相对的，是可以改变的。虽然长得不好看，但可以加把劲，把学习成绩提上去。学生首先得保证自己的学习成绩是一流的，然后再去考虑其他方面，主次一定要分清楚。培养自己各方面的兴趣爱好，让自己变得多才多艺，对待同学要热情，要乐于助人，不在背后议论同学。这些如果你都做到了，爸妈相信，下一次你一定会当选。

你需要了解的知识点：

1. 对"班花"的羡慕和嫉妒从何而来

青春期的女孩子除了会关注异性，也会关注同性。"班花"确实长得很漂亮，吸引了诸多男生的目光，但也激起了女生们对她的羡慕和嫉妒。所以，"班花"也不好当。外表看上去光鲜美丽，内心快不快乐却没有人知

晓。再说,人的相貌是与生俱来的,相信"班花"如果知道相貌会给她带来这么多的麻烦,她可能宁愿自己长得普通一些。子非鱼,安知鱼之乐。你之所以对"班花"羡慕、嫉妒,无非是因为她聚焦了男生的目光,但爱美之心人皆有之,就连你有时候都不知不觉被她所吸引,更何况是异性的男生呢?

2. 班花身上有什么值得你学习的地方

事实证明,"班花"并不都是脑袋空空的花瓶。她们除了美貌,成绩也非常不错,而且能歌善舞,如此种种加起来,才使她们具有了较大的吸引力。三人行,必有我师,如果你想变得比"班花"更优秀,那么,就要改变对"班花"的看法,跟她交朋友,学习她的长处,不断地充实、提高自己。青春期的女孩子都渴望友谊,都希望自己能有更多的朋友,能被更多的人理解,真诚地付出,你会有更多意想不到的收获。

3. 如何把自己打造成别具一格的"花"

青春期是人的一生当中最重要的成长阶段,在这个时期,只要你把握好,不断地充实自己,培养自己的各种良好习惯,将会使你终身受益。利用课余时间,多读几本好书,不仅能扩大你的知识面,还能让你的情操得到良好的陶冶。养成运动的习惯,让自己每天都充满活力,有几样拿得出手的兴趣爱好,这些都可以增加你在同学中的人气,让你变得越来越受欢迎。谁都喜欢跟优秀的人交朋友,做不了"班花"不要紧,但要把自己打造成名副其实的"花",不但外表美丽,而且更加有内涵。

我想化妆,想吸引男生的目光

"妈妈,给我也化个妆吧?"看着镜子里的妈妈在各种化妆品的神奇作用下,变得越来越漂亮,就像换了个人似的,雯雯禁不住小声地央求着。妈妈笑了："傻孩子，你还小呢，等你再长大一点，妈妈就教你怎么样化妆好不好？""不好，人家现在就想学嘛！"雯雯开始大声地抗议了。"那你告诉妈妈，你为什么要化妆呢？"妈妈摸着雯雯的头亲切地问。"我都已经青春期了，我想……"说到这儿，雯雯一下子脸红了，她怎么能对妈妈说她化妆是为了吸引男生的目光呢，那样岂不是太丢人了，说不定还会被妈妈骂。对，不能说，坚决不能说。

"总之，我就是想学嘛，妈妈，你就教教我吧，我也想打扮得像你一样，优雅又美丽。"妈妈"噗哧"一下笑出声来："马屁精，没想到嘴还挺会说。不过，不是妈妈不想教你，是你们这个年龄根本就不需要化妆，还记得妈妈小时候教你念的那两句诗吗，'清水出芙蓉，天然去雕饰'，自然才是最美的。"雯雯说："真的吗？那为什么我们班的好多女生都偷偷地化妆呢，还说化妆能吸引男生的目光。"一说到这儿，雯雯的脸又不好意思地红了。

爸妈送给雯雯的话：

异性相吸是自然界的定律。你想化妆，把自己打扮得更漂亮一点，吸引男生的目光，可以说这是青春期女孩子很正常的一种心理。爸妈非常能理解，也支持你用正当的方式爱美，把自己最美的一面展现出来。女孩子本来就是美丽的天使。但爸妈对你用化妆来达到吸引男生的目的表示不赞成。外在的美是很肤浅的，而且很容易被模仿。你化妆，别的女孩子也会化妆，可能化得比你还要好看，这样一来，你的目的同样达不到。

真正美丽的女孩子，除了要有完美无瑕的外表，还要有深刻的内涵，这样才能经得起时间的考验。爸妈不反对你追求美，但希望你能了解什么才是深层次的美。青春是美丽的，同样也是短暂的，爸妈相信你会珍惜自己的青春时光。虽然化妆能掩盖你脸上的缺点，让你看上去显得更美，但你知道化妆品里面含有的一些化学成分会对你娇嫩的皮肤产生哪些不良影响吗？青春期身体的新陈代谢比较旺盛，皮肤又比较敏感，这时候化妆会很容易伤害你的皮肤，所以，关于化妆的事，爸妈建议你先不要着急。

你需要了解的知识点：

1. 你为什么会产生这种心理

青春期女孩子会一下子变得爱漂亮，同时也非常在意异性对自己的看法，对自己的性别开始产生了不一样的感觉。于是，迫切地想把自己的女性美表露出来，这就是为什么在青春期，好多女孩子都喜欢把自己打扮得比较成人化的原因。这种心理其实很正常，女孩子不必为此感到害羞，也不要觉得自己是不是变成坏女孩了。我们之所以会产生这种心理，是因为我们已经长大了，认识到男女有别了。

2. 化妆对你的皮肤有哪些影响

大多数化妆品里面都或多或少地含有一些化学成分，用久了会对我们的皮肤产生一定的影响，这就是为什么晚上睡觉前我们必须得把妆完全卸干净的原因。女孩子在青春期，身体各方面都在发育，皮肤非常地敏感娇嫩。如果我们盲目地为了美丽，吸引男生的目光，频繁地把各种各样的化妆品涂在脸上，久而久之，就会给我们的皮肤带来很大的伤害，不仅会破坏我们皮肤的正常功能，而且让我们看上去很庸俗，给我们的美丽减分。

3. 吸引男生的目光另有他法

不管是在学校，还是在外面，漂亮的女孩子总是能够更多地吸引异性的注意，但那些品学兼优、德才兼备的女生，更能引起优秀异性的关注。比如，你长得不漂亮，但琴、棋、书、画样样精通，而且学习成绩门门优异，那么你完全可以不用担心会没有男生注意到你。漂亮的外表通常会引来更多华而不实的追求者，就像爱花的人，有真正懂花的，但也有仅仅只被花的外表所吸引的一些人。而这些我们一般人很难分辨。只有内在的美，因为经得起考验，才会让人保持长久的注意力。

高跟鞋会让美丽的脚丫变形

离“十一黄金周”还有半个多月的时候，爸爸妈妈就商量好了，等放假以后带着可儿一家人去北京旅游，观故宫、颐和园，游八达岭长城，顺便也让可儿提前领略一下清华北大的名校风采，说不定还会对她以后的学习和成长有很大的帮助。可是，爸爸妈妈不知道，可儿和班里要好的几个女同学也已经商量好了，国庆节哪儿都不去，正好趁着大人都不在家，充分享受一下长大的感觉。

这不，临走前爸爸妈妈拗不过可儿，只好把她交给爷爷奶奶代为照看。爸爸妈妈前脚刚走，可儿就迫不及待地换上了用攒下的零花钱买来的行头：一条碎花吊带裙和一双鞋跟又细又高的防水台凉鞋。穿上后，可儿左照右照，觉得还不过瘾，又用妈妈的化妆品给自己煞有介事地化了个妆，之后才美滋滋地出了门，爷爷奶奶跟在后面紧拦慢拦愣是没拦住。谁知还没走到约定的地方，可儿的脚就疼得受不了了，她没想到穿高跟鞋会这么受罪。但平生第一次装扮成大人的样子又让她觉得很刺激，所以也顾不了那么多了。直到晚上回到家脱了鞋，可儿才发现脚底上不知什么时候起了好几个血泡，一碰就疼，而且两条腿也又酸又疼。就这样，在剩下的几天里，可儿不得不每天老老实实待在家里，哪儿也去不了。心里一个劲儿地后悔当初没有听爸爸妈妈的话，跟他们一起去北京。

爸妈送给可儿的话：

你长大了，知道爱美了，爸爸妈妈真的很替你高兴。俗话说爱美之心人皆有之，尤其你还是个正处在青春期的女孩子。这个时期的女孩子都非常爱美，特别在意自己的外表，想穿得时尚一点儿，像个真正的女孩子一样。同时，觉得自己已经长大了，也会自觉不自觉地想尝试一下当大人是什么样的感觉。爸妈非常理解你的这种心情,也支持你把自己打扮得漂漂亮亮的,像个美丽的公主一样,爸妈看着心里也特别高兴。

但别忘了自己还是个学生,学习才是第一位的。一个人不管在什么时候,做任何事情一定要分清主次,知道什么事在目前来说是重要的,什么事是不那么重要的,只有这样,你才不会给自己的成长留下任何遗憾。比如,你可以在学习之余,了解一下如何化妆、如何有品位的着装,这些爸妈都不反对,因为它会让你的生活变得更加丰富多彩,也会让你的青春与众不同。但你现在还处在发育阶段,骨头还未完全成形,穿高跟鞋会让你美丽的脚丫变形,所以,爸妈不支持你穿高跟鞋。

你需要了解的知识点:

1. 追求美丽没有错

谁都有追求美、爱美的权利。这个世界之所以这样美丽,处处都有风景,就是因为我们身边的每个人都怀着一颗爱美的心。你能大胆地按照自己的想法,尝试着改变自己,这些都充分说明你已经长大了,有自己独立的思想了,知道自己为自己做主了,也知道对自己负责了,爸妈真的对你刮目相看。所以,你不必为自己的行为感到自责,因为你的想法和做法都是正确的,值得肯定的,只不过中间出了一点小纰漏。

2. 穿高跟鞋的危害

穿高跟鞋会让女孩子看上去亭亭玉立、婀娜多姿,这是不争的事实。也正因为这个原因,才有那么多的人对它趋之若鹜,又爱又恨。但是,由于你现在还处在青春期,生长发育还没有完成最后的定形,所以,现在还不到穿高跟鞋的时候。在这之前,你不但要注意自己的饮食,还要给身体创造一个良好的成长环境。因此,爸妈建议你先不要急着穿高跟鞋,等你长到25岁骨骼定形以后再穿。现在穿,只会损害脚丫的健康成长,一旦导致脚丫变形,以后恐怕你想穿高跟鞋都穿不了了。你一定要想清楚这个问题。

3. 呵护美丽的脚丫

脚对我们的身体很重要,所以一定要保护好它。平时穿合脚软硬适中的鞋子，不要走太多的路。袜子要穿棉质的，因为棉袜不仅穿着舒适、柔软、透气，还不容易形成脚气。睡觉之前，最好能泡个脚，边泡边给脚做个简单的按摩，揉一揉，捏一捏，消除疲劳的同时，也让我们的脚丫得到了最好的呵护。尽量不要光脚，更不要光着脚在潮湿的地方走，这对女孩子的身体很不好。也不要在脚趾甲上涂指甲油，指甲油里面含治癌物质，同样会对你的健康不利。

Chapter 6

第6章 躁动不安，我的情绪为何这么不稳定

进入青春期以后,女孩子的心会不知不觉地变得躁动不安。有些女孩子会莫名其妙地多愁善感,一点点小事也会让她难过半天;有些女孩子会陷入顽固的忧郁中而无法自拔,觉得做什么事情都不顺;有些女孩子会很在意别人对自己的看法和评价,别人的意见就是她心情的晴雨表;有些女孩子最怕当众做了出丑的事情,被别人看笑话;有些女孩子会莫名的心情烦躁,感觉看什么都不顺眼,心里老有一股无名火想要发泄出来;有些女孩子会不服父母的管教,冲父母发脾气;有些女孩子甚至想和老师大吵一架……这就是青春期女孩子的烦恼。她们常常觉得自己已经长大了,却常常不自觉地犯着小孩子的错误。如果你对此还心存疑惑,这一章的内容将帮助你甩掉青春期女孩子的怪脾气。

我变得多愁善感

这几天，晓晓不知道自己是怎么了，老是动不动心里就感觉莫名其妙地难受，常常有一种想哭的冲动。那天，家里养的两条红鲤鱼，昨天都还好好的，第二天晓晓给它们换水的时候，就见其中一条浮在水面上一动也不动，怕是再也活不过来了。而另一条好像对同伴的离去并不感到难过，依旧欢畅地在水中游来游去，时而吐几串水泡，时而秀一个漂亮的华丽转身。看着这截然相反的两种生命场景，晓晓的眼泪不知不觉就流了下来。

晓晓觉得自己好像一下子变成了《红楼梦》中的林黛玉，落花伤春，落叶悲秋，眼泪特别得多，就像水龙头一样，稍微碰一下，眼泪就出来了。总之，人变得非常敏感，有时候别人无心的一句话，或者有意无意的一个眼神，晓晓都会琢磨上大半天，然后再想当然地欷歔感慨一番。由于思绪比较繁乱，晓晓经常静不下心来学习，学习成绩几乎是直线下滑。就连以前恨不得一天不吃不喝都要看完的小说，现在看上两行晓晓就感觉已经到极限了。晓晓不知道自己该怎么办，该如何尽快地从多愁善感中走出来？

爸妈送给晓晓的话：

女孩子到了青春期，基本上都会出现多愁善感的情绪。有些女孩子性格比较开朗，心里有什么不痛快会及时地说出来，跟别人沟通，让别人为她排忧解难，再加上她们平时大大咧咧，不拘小节，不在乎别人的看法，多愁善感对她们来讲，可能也就是一时半会儿的事，根本构不成什么大的威胁。而一些性格内向的女孩子，由于什么话都喜欢藏在心里，自尊心又特别强，所以，会不自觉地陷入多愁善感的情绪中而无法自拔，最后使自己的学习和生活都受到了很大的影响。

可见，在青春期，你一定要正确看待自己多愁善感的情绪，既不能放任自流，任其四处蔓延，也不能深陷其中不能自持。到了青春期以后，少年不识愁滋味的无忧无虑就会渐渐地离你远去，你也会有这样那样的心事。因为，在青春期这一特殊的阶段，无论从心理上，还是生理上来说，你都变得越来越接近成人了。想的事情多了，考虑的问题也多了，自然就会出现一些负面的情绪。而这一切都标志着你已经长大了。

你需要了解的知识点：

1. 我为什么会突然间变得多愁善感

女孩子到了青春期以后，生理上和心理上都会出现很大的变化。很多女孩子对发生在自己身体上的变化一时之间没法接受，有些惊慌失措，有些害羞，甚至还会出现排斥的心理。这都是因为女孩子对青春期还不太了解的缘故，只要你稍微花一点时间了解一下，就会明白这一切其实都再正常不过。你之所以会突然变得多愁善感，也正是因为你已经到了青春期了，而这只不过是青春期比较常见的一种现象，没什么大不了的。

2. 多愁善感对学习生活有哪些影响

多愁善感会让你的心思变得更细腻，同样也会在小事情上浪费你宝贵的时间，有时还会让你看不到生活的美好和前进的方向。你为阴天落泪，就无法畅快地享受温暖的阳光；你为飘落的黄叶难过，就会错过春来时绿荫满枝头的生机盎然。季节更替，春华秋实，本来就是自然界不为人的意志所转移的规律。所以，一千多年前的范仲淹说过：“不以物喜，不以己悲。”只要你的心境平和，以平常心对待身边的一切，就不会受到外界的干扰。多愁善感只会让你变得越来越消极，看不清事情的真相。

3. 如何合理地调整自己的不良情绪

当你的心里感觉难受的时候，最好不要一个人待在房里，独处只会让你更加难受。可以把这种不好的感觉讲给父母听，让父母帮你分析、开导。或者转移注意力，做自己喜欢做的事，出去找好朋友打几场乒乓球，或者舒服地躺在沙发上晒个太阳，或者逗邻居家的小猫小狗玩玩，都会有效缓解你多愁善感的情绪。另外，针对自己的性格，多交几个爱说爱笑的朋友，可以把

心里的烦恼讲给她们听，同时，她们的开心乐观也会感染你。

陷入顽固的忧郁中无法自拔

也许是爸爸妈妈一直不在身边的缘故，小敏从小性格就很忧郁，清澈的眸子里总有一丝挥之不去的淡然和忧伤，感觉不像个天真烂漫的孩童而像个小大人。

上中学以后，家里的情况好转了，爸爸妈妈为了更好地照顾小敏的学习和生活，把小敏接到了自己的身边，一家人终于在一起了。小敏很喜欢和爸爸妈妈住在一起，这是她一直以来都渴望得到的温暖。爸爸妈妈和小敏久别重逢后，出于这些年的愧疚，对小敏可以说是宠爱有加。不管小敏提出什么要求都尽量满足她，给她提供最好的学习生活条件。但是不知道怎么了，小敏最近感觉自己越发忧郁了，心里没有一点安全感，一天到晚老是担心这个那个的。从小学一年级到六年级，小敏的成绩一直都名列前茅，这次居然破天荒地没考及格。拿到成绩单那天，小敏哭得非常伤心，觉得自己太丢脸了，但又不知道该怎么跟爸爸妈妈解释，爸爸妈妈会相信自己说的话吗？

爸妈送给小敏的话：

在这里，爸妈想跟你谈谈什么是忧郁，从大的方面来说，忧郁就是心情不好，思想很消极，看问题很悲观，容易走极端。结合你的表现来讲，就是心里缺乏安全感。有些人的忧郁是天生的，大多数人的忧郁都是受周围的环境影响，或者是遇到了一些挫折和打击。你从小不在爸妈身边，缺少关爱，所以才形成这样的个性。爸妈知道你一直都是个听话的好孩子，学习很努力，这次没考好，咱们下次努力，一定会考出好成绩的。

现在你长大了，已经步入青春期了。青春期有很多烦恼，但也有不少快乐。就像你所说的你陷入了顽固的忧郁中无法自拔，这其实也是青春期的一种表现。你不用担心,只要把它看作一件很平常的事来对待就可以了。当然,爸妈也希望你尽快从忧郁中走出来,快乐地度过青春期的每一天,不管发生什么事,爸妈都会和你站在一起。青春期是美好的,但也是短暂的,爸妈希望你把握好,让自己度过一个无悔的青春。

你需要了解的知识点:

1. 我为什么会无法自拔地陷入忧郁

人们都说青春期的女孩子像雾像雨又像风,时而迷茫,时而忧伤,时而张扬,让人捉摸不透。你之所以会陷入忧郁,是因为你正处在青春期,青春期的女孩子本来就很敏感,就像受惊的小鹿,外面的一丝风吹草动都会引起你的高度警觉。你既想品学兼优,又想多才多艺,想引起老师和同学的关注,想让所有人都认可你。要知道这每一项做起来都不那么容易,人不可能一口吃成个胖子,凡事要循序渐进,只要自己努力了,就算没有达到预期的目的,也没关系。给自己的压力太大只会让你更加忧郁。

2. 忧郁对你的学习生活有哪些影响

有一句话是这样说的:乐观的人像太阳,照到哪里哪里亮;悲观的人像月亮,初一十五不一样。忧郁的人看问题很悲观,总是看到事情不利的一面,轻易对自己失去信心,认为自己做什么都做不好。青春期的女孩子由于经历比较少,很少受到真正的打击,因而会想当然地认为,只要自己努力了,就没有办不到的事。把结果想得过于美好,最后往往会受伤的。忧郁会让我们对学习和生活失去信心,对周围的人和事失去信心,这样下去是很危险的。

3. 如何使自己很快走出忧郁的泥淖

首先,要有意识地调节自己的心理,比如凡事换个角度想,多想想好的方面,多想想自己的优点,对人对事不必锱珠计较,宽容一些,自己给自己找快乐。这样坚持一段时间,你就会发现不知什么时候,你已走出了忧郁的泥淖,变成了一个快乐的女孩。其次,把你的苦恼说出来,和爸妈分享,或者讲给最好的朋友听,看看他们有什么好的建议。再次,多读一些思想健康、内

容积极向上的课外书，这样也会帮助你很快摆脱忧郁。最后，跟性格开朗的同龄人多接触，试着和她们交朋友，学习她们身上乐观的精神。

他人的评价和看法会影响我的心情

前两天，班主任说教室后面的学习园地要重新更换，让每个同学都准备一幅作品。晶晶用心地画了一幅诗配画交了上去。那天，教室后面的学习园地刚一换上，一下课同学们就都围了上去，边看边对每个同学的作品评头论足。晶晶没想到自己的诗配画会被班主任贴在最为显眼的地方，而且还受到那么多同学的热切关注。晶晶的心里一时间又惊又喜，觉得自己好像一下子成了班里的名人，就连同学们看自己的眼神都跟平时不一样了。

此后，每当晶晶听到有同学说她的诗配画是所有作品中最为优秀、最富有创意的一幅作品时，她打心眼里想到特别地高兴，就像刚刚获了大奖一样。而当有同学对她的作品持不同意见，说她的作品还略显稚嫩时，晶晶就会觉得说话的那个同学非常讨厌，不懂得欣赏还乱讲话。总之，那几天，晶晶的心情好像完全被别人的评价左右着，时而欢喜，时而沮丧，时而兴高采烈，时而垂头丧气，可以说别人对她的看法就是她心情的晴雨表。

爸妈送给晶晶的话：

青春期的女孩子一般都不会客观地评价自己，你们所谓的自我评价，实际上不是来自于爸妈，就是来自于老师、同学。别人说你很优秀，你便想当然地觉得自己很不错，扬扬自得，也不去细想别人到底说的是真话还是假话。总觉得自己的一切都是好的，爱听漂亮话，别人稍有微词，就觉得别人很讨厌。不喜欢听不同的意见，凡事都想由着自己的性子来，以自我为中心。这就是青春期女孩子的心理写照。

因此，如果你想不受他人的影响，不被他人的评价左右，首先就要学会正确地评价自己。客观地看待自己的优点和缺点，知道哪些方面你确实比别人强，哪些方面不如别人，还需要不断地向别人学习。只要清楚了这一点，爸妈相信以后你肯定不会再像以前一样，老是被别人牵着鼻子走。不管别人说什么，都不要太放在心上，有则改之，无则加勉，随她们去说吧。

你需要了解的知识点：

1. 为什么自己的心情会被别人左右

女孩子在青春期，由于生理和心理都处于不断发展完善的阶段，心情常常起伏不定，一波三折，跨度比较大，不知道该如何评价自己，也不知道评价的标准是什么，对自己没有一个很好的认同。于是，别人的意见和建议，往往会让自己产生一种错觉，觉得那就是真正的自己。别人说自己好，你便觉得自己好，别人说你不好，你便生气、愤怒，对自己的认可度很低，心情完全被别人掌控。一切的一切都是因为，你正处在青春期。

2. 如何正确看待别人对自己的评价

女孩子往往更在意别人的评价，希望自己做什么都可以得到别人的认可。而事实上，现实总是不尽如人意。同样的一件事，有些人会表示支持，有些人则坚决反对。这个时候，你不能过于相信个别人的说法，有时候个别人的看法只能作为参考，凡事还得自己拿主意。要有自己的主张，只要你自己认为好，管别人说什么呢。

3. 怎样才能让自己的心情好起来

有时候，别人的评价的确能影响你的心情。如果实在没办法原谅别人，那么就把别人的风言风语化为自己前进的动力，只要你表现得够出色，那样说风凉话的人自然就没话可说了。积极正面的评价可以引导我们不断地前进，但也容易让我们变得骄傲。所以，对于一个青春期的女孩子的健康成长来说，正面负面评价都要有一些，这样才会让你的每一步都走得特别稳健，才不容易摔跟头。

最怕做了当众出丑的事情

灵灵永远忘不了那天早晨。她在校园里背英语单词回来,一进教室就看见好朋友雪儿和王小思,用很复杂的眼神定定地看着她,灵灵没有多想,边往自己的座位上走,边还跟她们轻松地开玩笑说,看什么看啊,我又不是外星人。

谁知灵灵刚一坐下,就见班主任李老师从她身边走过来。灵灵尴尬极了,脸一下子涨得通红,恨不得马上钻到地底下去。她终于明白雪儿和王小思为什么一直盯着她了,天哪,她居然没看到教室里有李老师,还说出那样的话,真是丢死人了。李老师走出教室以后,灵灵一个劲地埋怨雪儿和王小思,为什么不告诉她李老师在教室里,害得她闹了这么大一个笑话。雪儿很无辜地说:“李老师站在那儿,我以为你看见了。”王小思也附和着说:“是啊,我也以为你看见了,况且李老师在我们面前呢,你让我们怎么告诉你啊。”灵灵知道这件事情都怪自己,谁让自己不长眼睛呢,看来这次又要被同学们当成笑话了。

爸妈送给灵灵的话:

其实,这件事没你想象得那么严重,老师顶多觉得你说话比较可笑,好玩罢了,况且你又不是故意的。再说你也没说出什么太过分的话啊,爸妈觉得是你自己太多虑了。同学们笑话就让她们笑话去吧,不必放在心上,偶尔闹个笑话,调节一下紧张的学习气氛也挺好的。在生活中,有些名人都免不了闹笑话。出丑不可怕,怕的是你太在乎这件事,时时把它记在心上,老是觉得别人都在笑话你。而事实上,别人很可能早就忘了。

你之所以害怕当众出丑,爸妈知道,你是怕别人嘲笑你,看不起你,实际上那样的人很少。大多数人都是善意的,看到你闹了笑话,哈哈一笑就过去了，不会对你有什么不好的看法。还有，你可能觉得闹了笑话以后，不知道该如何收场。这就需要有一点自嘲的精神了，找个合情合理的理由，自己先把自己笑话一番，巧妙地说明自己出丑的原因，既能很好地解除自己的尴尬，还会给别人留下了非常好的印象。

你需要了解的知识点：

1. 谁都有过当众出丑的经历

女孩子本来就很敏感，到了青春期以后，由于慢慢地有了自我意识，对自己的要求也会相应地提高，总是希望自己做什么事都尽善尽美，尽量不要出错。而实际上，越紧张压力就越大，反而更容易出错。所以，越在这种时刻，你越要学会给自己减压。就算当众出丑了也不要太当回事，从此否定自己。因为谁都有过当众出丑的经历，有些人可能闹得笑话比你还大，但人家并没有害怕以后就不敢做事，所以，你要正视这件事。女孩子爱面子谁都知道，但既然事情已经发生了，你就要学着接受不是吗？

2. 把出丑看成是美丽的误会

一些幽默大师经常故意当着观众的面出丑，逗得大家哈哈大笑，从而给观众带来开心和快乐，由此可见，出丑也并不完全是一件坏事。最起码你出丑的时候，给别人带来了短暂的欢乐。所以，不要太把当众出丑看成是多么丢人的一件事，而要把出丑看成是一场美丽的误会，一次特殊的经历，是加快你成长的一堂课。

3. 如何巧妙地从尴尬中脱身

当众出丑以后，女孩子的第一反应就是觉得特丢人，脸一下子红了。其实，只要你正确认识了出丑这件事，不管别人的第一反应是什么样的，是笑话你，还是看不起你，你都要把它当成一件事情去解决。巧妙地给自己解围，既给别人有力的还击，又能让别人对你刮目相看。其实这也是对你的一次考验，考察你的心理素质，同时考察你的反应能力和口才，只要你沉着应对，就没有解决不了的难题。

莫名的烦躁让我很苦恼

“你怎么才下来呀,把我的嗓子都喊破了。”看着小雅慢吞吞地从楼上走下来,杨海蕊忍不住埋怨。“我又没说让你等我,是你自己要等的。”小雅不冷不热地说。杨海蕊一下子愣住了,她没想到小雅会说出这样的话,一气之下转过身走了。两个形影不离的好朋友就这样从此成了陌路。

小雅其实话刚一出口,心里就一下子后悔得不行。她也不知道自己最近是怎么了,老是有一股无名火压在心里,稍不留神就说出特别伤人的话。她很想叫住杨海蕊,向她诚恳地道歉,但强烈的自尊心让她把已经到嘴边的话生生地咽了下去。算了,就算自己向杨海蕊解释,她会相信吗?还是等自己的心情恢复平静了再说吧。

之后的好几天,小雅都没有听到杨海蕊叫自己去上学的声音,她知道这次杨海蕊是真的生气了,不打算再原谅自己了。如果自己再不主动一点,恐怕两个人的友谊就会这样无声无息地结束了。

爸妈送给小雅的话:

女孩子到了青春期以后,心情的确会有一些烦躁,说不上是什么原因,就是觉得心里很不爽,控制不住地想对别人发火。你就属于这种情况,并不是针对某一个人,而是自己也觉得对别人发脾气不合适,但就是没办法控制自己的情绪。别人语气稍微一不对,你的火就腾地上来了,本来很小很平常的一些事,你可能一笑置之就过去了,但偏偏你就忍不住,跟人家针锋相对。偏要把好朋友气走了,你才开始后悔。

不管什么时候,都要学会很好地驾驭自己的情绪,做情绪的主人而不要受情绪的支配,这样乱发火在得罪人的同时,还给自己惹来不必要的麻烦,何苦呢?情绪不好的时候,要学会自己调节,比如你可以跟好朋友说说,听听她们的看法；或者听听音乐，在音乐的海洋中忘掉所有的不快；或者读几则笑话，上一会儿网，把不良的情绪转移出去。不要什么事都一个人憋在心里，憋久了坏情绪会越积越多，最后就会像火山一样爆发，想制止也制止不住了。

你需要了解的知识点：

1. 我为什么会感到莫名的烦躁

说不上是什么原因，就是觉得心里很烦，浑身都不舒服，憋得难受，老是想和别人吵架。还以为自己生病了。这种现象说明你已经到了青春期。女孩子到了青春期以后，由于身体骤然发育，再加上生理上的影响，很多人都会一下乱了方寸，不知道该怎么处理，更怕别人知道了会笑话自己，懵懵懂懂，一切还在摸索当中。由于心理远没有成熟，心情不好了也不知道该怎么样调解，会不知不觉地犯很多错误。这其实都是青春期正常的表现。

2. 烦躁对我的学习有哪些危害

心情烦躁的时候，人一般什么都不想干。虽然心里急得冒火，但就是不想动，不能集中精力，即使勉强学习也不会有太好的效果。上课听不进去，老师布置的作业不想写，做什么事都好像是为了完成任务，不管做得好不好做完就行了。以这种心态对待学习，学习成绩怎么能提高呢？碰到难题没有耐心，看一眼找不到解题的思路，就索性放弃不做了。所以说，烦躁的心情会给我们的学习带来很大的危害，如果不及时调整，我们的成绩就很难提高，而且还会养成很多不好的习惯。

3. 如何从烦躁的情绪中走出来

当我们了解莫名的烦躁只是青春期的一种特殊反应的时候，就会以一颗平常心对待，不把它看成敌人一样必除之而后快，而只把它当做必然发生的一件事，顺其自然地去接受。引导它向积极的方向发展。暂时不想学习，我们可以出去走一走，感受一下大自然的美丽，也可以做一些自己喜欢做的事情，丰富自己的课余生活，或者交几个新朋友，畅谈理想，互相鼓励，大家一起好好学习，天天向上。这些方法都挺好的，不但会让我们的心情尽快摆

脱烦躁,还会给我们带来更多的收获。

我开始会对父母的管教发脾气

星期天早上,都快10点钟了,麦心还没有起床。妈妈喊了好几遍,麦心都假装没听见,最后嫌妈妈吵,她索性把头用被子蒙了起来,继续呼呼大睡。妈妈气极了,掀开被子,在麦心的屁股上没轻没重地打了两下。麦心一个骨碌爬起来,对妈妈大声地嚷嚷:"干什么,干什么,不就多睡了一会儿懒觉嘛,打得我这么疼!今天就不起了,你们看着办吧!"说完,又蒙着头睡下了。把妈妈气得眼泪直在眼眶里面打转。

妈妈出去以后,麦心就后悔了,觉得自己刚才做得太过分了,但又不好意思马上起来去跟妈妈道歉,因为自己刚才说了,今天不起床的。可就在麦心心里七上八下、左右为难的时候,爸爸在外面说,他和妈妈要出去一会儿,中午饭已经做好了,让麦心别忘了吃。然后就听门"砰"的一声,爸爸妈妈好像出去了。麦心赶紧起来,洗漱完毕后把自己的房间收拾得整整齐齐,然后才去吃饭。虽然吃的都是她平时最爱吃的菜,但麦心却觉得今天的饭好像吃到嘴里,少了那么一点点味道,麦心也说不上来具体少了什么,心里突然之间变得空落落的。

爸妈送给麦心的话:

爸妈知道你对自己的行为感到后悔,也不打算再责骂你。女孩子到了青春期,的确会有那么一点叛逆,觉得自己已经长大了,可以有自己的生活空间了,而大人却还把你当成小孩子一样看待,这让你没有办法忍受。以后,爸妈会尽量把你当成大人,凡事都征求你的意见,但你也要表现得像个大人一样,说话做事要注意方式方法,不能还像以前那样动不动就耍小姐脾气。爸妈相信你一定可以做到。

就像那天早上，你睡到10点钟了还不起，不管妈妈怎么叫你，你都假装没听到不吭一声，这种行为首先就是不对的。你口口声声说爸妈不尊重你，可你尊重爸妈了吗？要是你跟爸妈说话，爸妈也装作没听见，不做出任何回应，你的心里会是什么感受，一定也觉得非常不好受是不是？当然，爸妈知道你现在处于特殊时期，也就不跟你计较了。但你也要学会控制自己的情绪，生气之前先想一想，你这样做对不对？

你需要了解的知识点：

1. 为什么会不服父母的管教

随着年龄的增长，觉得自己已经长大了，无论是知识，还是生活常识，都比以前增加了不少，有些时候，甚至可以给大人出谋划策了。但不管你表现得多么能干，爸妈虽然口头上经常表扬你，心里却并不把你当成大人。有时不管你愿不愿意，最后都得按照着我们说的去做，这可能让你非常反感。所以，你才会忍不住对我们发火，希望我们重视你。

2. 父母为什么会严厉地管教你

父母批评你的时候，他们心里其实比你更难受。小时候，你不明白这个道理，总觉得父母批评是因为不喜欢你，或者你不是我们的亲生女儿。你现在渐渐长大了，也懂事了，应该明白，爱之深，责之切。很多时候，父母都是恨铁不成钢，想让你变得更优秀，想让你的人生更加顺利一些，所以才会严厉地管教你。总之，不管怎样，父母都是为了你好，以后你要学会理解父母。

3. 怎样跟父母心平气和地沟通

既然你已经长大了，做事就要像个大人，顶撞父母绝对不是一个成熟的人该做的事。有不同意见，心里有什么想法，可以跟父母心平气和地提出来，征求父母的意见，同时表明自己的看法，只要你说得在理，相信父母会支持的。比如，早上不想起床，妈妈叫的时候，可以好好地跟妈妈说，说明你不想起床的原因，而不是故意不说话，惹妈妈生气。父母一直都为你操心，你不但不领情，还对他们大吼大叫，怎不让父母寒心吗？

我甚至想和老师大吵一架

每次上政治课,米露都感觉特别无聊,她也想认真听讲,但就是打不起来精神。政治老师一讲课,她就想睡觉。为了不让自己睡着,她只好在政治课上偷偷地看小说。

有一次政治课上,米露看小说正看得十分投入的时候,同桌小雨用胳膊肘儿轻轻地捅了她两下,随之递过来了一张纸条,上面写着:老师已经发现你在看小说了,小心。米露感激地看了小雨一眼,然后赶紧拿起桌子上的小说悄悄地往桌肚里面塞,谁知道由于太紧张了,手上一滑,小说竟"啪"的一声掉到了地上。一时间,全班同学前后左右纷纷转过来紧盯着地下的小说。政治老师听见了动静,也从讲台上走了下来。米露尴尬极了,脸一下子涨得通红,愣在那儿不知道该怎么办。走到米露跟前,政治老师弯腰捡起地上的小说,大声地问:"这本书是谁的?给我站起来!"米露战战兢兢地从座位上站了起来,低着头小声地说:"老师,是我的。""上课时间看小说,放学之前写一篇深刻的检讨交上来,否则以后的政治课你就不用上了,回家看你的小说去吧。"说完政治老师又开始接着讲课,也没有说让米露坐下,就这样米露一直站到了下课。下课以后,看着政治老师远去的背影,米露真想冲上去跟他大吵一架。

爸妈送给米露的话:

在这儿,爸妈要严肃地指出来,这件事首先是你做得不对。就算你再怎么不喜欢听政治老师讲课,也不能明目张胆地在课堂上看小说,这是对别人的不尊重。试想一下,如果换做你是老师,学生在你讲课的时候不好好听讲而看课外书,而且还影响到了其他学生,打乱你上课的思路,你会怎么办?恐怕你当场就会把这个学生赶出教室。这样看来,你的政治老师做得还不算过分。另外，你敢站出来承认自己的错误，这一点非常好，知错就改，再不能犯同样的错误。

当然，在这件事上，政治老师也有处理欠妥当的地方。比如在你已经承认错误以后，他就不应该再说出让你“回家看小说”之类过激的话，更不应该对你罚站。当然，也有可能是他太生气了，没有充分考虑到他这么说话的后果，会给你带来多大的伤害。爸妈还是那句话，想要别人怎么对你，你就先要怎么对别人。这件事情因你而起，你就要勇敢地承担起自己的责任，主动找政治老师认错，请他原谅你。

你需要了解的知识点：

1. 我为什么会出现这种念头

青春期的女孩子，觉得自己已经长大了，开始有了独立的思想，就不会再凡事都征求家长的意见，经常想擅自做主，更不想一辈子都躲在父母的翅膀下，让父母为你遮风挡雨。你不会再像以前一样对老师言听计从，把老师奉为圣人，也不再觉得老师说的话都是金科玉律。在这样的一种心理作用下，你会变得很叛逆。情绪积压久了，你就会觉得老师在故意整你，自然你会想跟他吵架。其实这是青春期的叛逆心理在作怪。

2. 我这样做的后果会是什么

你跟老师吵架，且不说同学们会怎么看你，其他老师又会怎么看你。单是跟政治老师之间，你就是有理也变成没理了。想想看，本来就是你有错在先，而政治老师只是依据惯例让你写检讨，他这样处理也不算太过分。但是你公然和老师吵架，别人说会你以下犯上，不懂礼数，没有教养。更重要的是，其他老师可能因此会对你产生看法，从此在学习上有意无意地忽略你，最后吃亏的是你自己。

3. 有不同意见如何跟老师沟通

平日里，不管是跟老师沟通，还是跟同学交流，有不同意见一定要保持冷静，不要动不动就发火，养成先听听别人怎么说的习惯。比如你不喜欢上政治课，平时也没好好听讲，有很多问题肯定没搞清楚。下课后，你可以找

个机会单独去向政治老师请教,老师都喜欢爱问问题的学生,有问题就证明你听讲了,他会很乐意为你解答的。当然,你也可以把自己的意见婉转地告诉他,并让他帮你拿主意,这样岂不是两全其美。

Chapter 7

第7章 青涩萌芽，渴望和男生接触的心思

青春期的女孩子就像一枚青苹果，酸酸的，散发着青春特有的清甜气息，有点坏脾气，又有点说不出口的小心思。比如，会不好意思让男孩子发觉我们身体上的变化；觉得很害羞，不敢大大方方地抬头看男孩子；有些女孩子会变得喜欢帅哥明星，房间里到处都贴着自己偶像的照片；会渴望得到异性的关注，偷偷地暗恋一个男孩子，并希望那个男孩子能明白自己的心；同样，经常会有自己不喜欢的男孩子缠着自己，让自己不胜其烦，不知道该怎样拒绝他；有些女孩子甚至会喜欢上学校里的男老师；有些女孩子和男孩子开始了甜蜜的早恋，但却尝尽了苦果。关于这些问题，爸妈会对他们说些什么，她们又需要了解什么，这一章的内容将详尽地为你解答，希望对你会有所帮助。

不好意思让男生发觉我们的变化

星期一早上，珊珊突然对去学校产生了一种恐惧感，她真的不想让同学们知道她“倒霉”了。可偏偏星期一早上最后一节课是体育课，她该怎么跟体育老师解释她不能上体育课的原因呢？就在珊珊左思右想，不知道该如何有惊无险地度过这个特殊时期的时候，就听好朋友明子在后面大声地问：“咦，珊珊，你怎么站在教室外面不进去呀，这么冷的天！”珊珊不好意思地回头看了她一眼，笑着说：“我在等你一起进去呢！”

虽然之前妈妈给珊珊讲了很多女孩子青春期发育的事，并告诉她不要紧张，每个正常的女孩子都会经历这种事。但珊珊还是觉得很难为情，坐在座位上一动也不敢动，生怕一不小心被同学看出了破绽。看珊珊神色不对，一下课明子便过来问她怎么了，珊珊本来不打算告诉明子，但又一想，明子早就和她一样了，再说她们是好朋友，就算明子知道了也不会告诉别人的。于是，珊珊跟明子说了自己来“倒霉”的事。明子一听就急了，低声说：“你怎么不早告诉我呢，像你这样一直坐着是不行的，要适当地进行活动；还要勤上厕所，去的时候你叫我，我陪你去，放心吧，别的同学不会知道的。”听了明子的话，珊珊一下子感觉不那么紧张了，神情也恢复了自然，也不再担心上体育课了。

爸妈送给珊珊的话：

在青春期，女孩子的身体由于处在生长发育的高峰期，都会发生一些变化，只是时间上不同罢了。比如月经初潮，大多数女孩子都出现在 12 ~ 14 岁，但也有一些女孩子受遗传因素和营养状况的影响，月经初潮年龄会提前或者推迟一两年，这都是很正常的。来月经是一个女孩子生理成熟的重要标志，是身体发育的必然，就像随着年龄的增长你的个子会长高一样，是非常顺其自然的一件事，所以，你不必感到害怕，也不要觉得不好意思。只要是正常的女孩子，迟早都会经历这种事情，爸妈相信你一定会处理好的。

接下来，爸妈再跟你聊一聊在经期你该注意些什么。首先，要注意保暖，穿厚一些，避免接触凉水，尤其不能让小腹着凉，免得引起痛经。其次，尽量不参加运动量大的体育活动，不要长时间地骑车和走路，以免身体过度疲劳导致抵抗力下降，诱发感冒等疾病。另外，还要注意休息，保证充足的睡眠时间，多吃一些清淡而富有营养的饭菜，不吃太冷太冰的东西，多喝热开水。等你以后适应了，你就会发现这种特殊时期和平时并没有什么太大的区别。

你需要了解的知识点：

1. 身体发育是必然的一个过程

一般来说，女孩子的身体从10岁以后，都会出现一些生理上的变化。比如有些女孩子胸部会感觉到涨痛，有些女孩子体重会一下子增加，这其实都是身体发育造成的，也是必然的。一开始出现这种情况的时候，大部分女孩子都会感觉到害羞、惊恐、烦躁，不知道自己怎么了，又不好意思跟爸妈讲。于是，心理上变得无助不安，不想去学校，怕被同学们发现了自己的小秘密。这是因为你事先没有做好充足的心理准备，当你知道这些事情其实都很正常的时候，你就不会觉得不好意思了。

2. 男生其实和你的想法差不多

在你发育的同时，男孩子也在发育，身体同样也出现了一系列的变化，比如说话的声音会一下子变得低沉浑厚，喉结会变得很凸出。以前他们可能很爱讲话，喜欢说说笑笑，打打闹闹，现在却一下子变得不那么爱说话了，其实他们也怕被同学们笑话。在青春期，由于生理和心理的剧烈变化，男孩子也一样会出现害羞、惊恐、烦躁的情绪，面对身体上发生的变化，他们同样也会觉得手足无措，同样也会烦恼。其实，只要你们正视成长这种事情，一切真的没什么大不了的。

3. 正确看待自己身体上的变化

你觉得胸部变大了,说话的声音也突然之间变得又细又尖,而且还每个月都会来月经,这一切都让你觉得不好意思。实际上可能有些女同学还羡慕你比她发育得早,成熟得早呢,所以,你要学会正确看待自己身体上发生的变化。首先要从心理上接受和认可这个现实,告诉自己这不是一件丢人的事,而是一件值得你庆祝的事,因为这一切都标志着,从此以后你将不再是个小孩子了,你已经长大了。

不敢大大方方地抬头看男生

在暑假里,珠儿感觉自己好像一下子长大了。伴随着月经初潮的到来,她的胸部也变大了,需要戴文胸了。有一天,妈妈带她去商场选购文胸,以前她也经常陪妈妈买内衣,没觉得有什么不好意思的,但不知怎么,今天脸红得像个苹果似的。她在试衣间试文胸的时候,她甚至都不敢抬头正视镜子里面的自己。珠儿没想到,女孩子长大了会有这么多的麻烦。

开学第一天,珠儿发现好多女同学都和她一样,见了男生感觉挺不好意思的,不敢大大方方地抬头看男生。既怕男生忽略了她们的变化,又怕男生发现她们的秘密。而且珠儿还细心地发现,过了一个假期之后,好多女生都像她一样戴上了文胸,下课如厕也开始结伴而行了,总是三三两两的。看到这种情形,珠儿心里一下子觉得不那么孤单了,心理也平衡了许多,原来并不是她一个人才有青春的烦恼,而是每个青春期的女孩子都要经历这种痛苦的蜕变。

爸妈送给珠儿的话:

你内心的惶恐不安和害羞,爸妈都能理解,因为我们也是从你这个年龄段走过来的,和你一样,也经历过青春期的困惑不安、烦躁等种种情绪。妈妈那时候还常想,自己要是个男孩子该有多好,做女孩子真是太麻烦了。然而，当妈妈后来跟一些男同学聊天的时候，却听到他们说自己要是个女孩子该有多好，就不用上体育课了。呵呵，开个玩笑。爸妈之所以这样说是希望你能明白，既然你已经是个女儿身，就要学着接受自己的性别。没有什么是最好的，男孩子有男孩子的性别优势，女孩子也有做女孩的好处。以后你慢慢就会明白的。

明白了这一点，从心理上接受了自己身体上发生的变化，爸妈想你以后可能再见到男同学就没有那么害羞了。你要知道，成长必然伴随着你要告别童年，步入青少年，身体上的生长发育是必然的，不可逆转的，它不会因为你害怕就不会到来。爸妈相信你不是个怕事的孩子，你会欣然接受这一份礼物的对吗？你现在已经长大了，一定要正确看待你身体上的变化，善待自己的成长，让你的身体发育得更好，这对你以后的学习和生活都有好处。

你需要了解的知识点：

1. 我为什么突然间害羞

当第一次面对自己身体上突然出现的变化时，大多数女孩子都会觉得很害怕，不明白这是怎么回事，这个时候，一定要第一时间告诉爸爸妈妈，既不能怕害羞，隐瞒实情不说，也可能擅作主张自己处理。虽然说你已经长大了，但成长对于你来说，还是一件全新的事。害羞是很正常的，青春期的女孩子由于身体上发生了翻天覆地的变化，一时间自己都感觉不能接受，有些应付不过来，更何况每天还要去上学，还要面对那么多的异性同学，想想都觉得可怕。

2. 正确看待自己的变化

就像上面爸妈说的，成长不会因为我们害怕恐惧就不会到来。既然成长是必然的，是每一个青春期的女孩子都必须经历的一件事，那么我们就要正确看待自己的变化，呵护好自己的身体。让妈妈帮忙选购合适的文胸，不懂的问题向妈妈及时请教，在经期注意个人卫生，不过度劳累，不参加剧烈的体育运动，不沾凉水，不提重物，不做伤害自己身体的事，让自己健健康康地成长。作为一个青春期的女孩子，一定要像初升的太阳一样，朝气蓬勃。

3. 怎么样克服羞怯心理

正值青春期的女孩子,之所以不敢大大方方地抬头看男生,就是害怕男生发现我们一夜之间长大了,胸变大了,说话声音变尖了,而且每个月都有那么特殊的几天,不得不向体育老师请假,让我们不能跟男生一样在操场上又跑又跳。其实,只要我们克服羞怯的心理,平时多跟男生交流,慢慢地,我们的胆子就会变得大起来。大多时候,是我们自己在吓唬自己,也许男生根本就没有注意到我们的变化,即使注意到我们的变化又何妨,成长是一件多么美好的事啊!

我喜欢帅哥明星不能自拔

星期天早上,妈妈在厨房里做早饭,玉玉也跑去帮忙,妈妈还一个劲地夸她说长大了、懂事了,知道心疼妈妈了。谁知,刚夸完没一会儿,玉玉的狐狸尾巴就露出来了,“妈妈,周杰伦又出新专辑了,我们班好多同学都买了,我也想买,你能不能赞助我点经费啊!”玉玉嘻皮笑脸地说。妈妈又气又可笑,故意说:“不好意思,最近国库紧张,实在没有多余的经费赞助给周杰伦同学。”玉玉一听急了:“妈妈,求求你了,我就是喜欢周杰伦嘛,他长得又帅,歌唱得又好,听同学们说,他这次的新专辑里有几首歌特别好听,买来我们一起听好不好。”

妈妈故意卖关子:“你既然这么喜欢周杰伦,那你知道他是怎样进入歌坛成为新生代偶像的吗?”这一问把玉玉给问住了。虽然她的房间里贴满了周杰伦的海报,自称是周杰伦的铁杆粉丝,但对于周杰伦成名前的经历她真的不了解。见玉玉低着头不说话,妈妈笑着说:“妈妈可以赞助你,但你要答应妈妈,向周杰伦学习,做个勤奋向上的人好不好?”玉玉小声地说:“好。”回房间以后,玉玉上网查了一下,原来周杰伦成名之前吃过那么多的苦,就是因为他始终不放弃自己心中的理想，才一步步坚持走到了今天。想起爸爸妈妈平时对自己的教诲，玉玉一下子明白了妈妈的良苦用心。

爸妈送给玉玉的话：

你能从这件事明白爸妈的心，爸妈真的觉得很欣慰。你现在已经长大了，开始有自己的思想了，爸妈知道再不能像小时候那样凡事都管着你，该给你适当的自由了。每个时代都有每个时代的偶像，就像你现在喜欢周杰伦，觉得他长得帅，歌唱得好，所以你买他的海报，买他的专辑，想要更多地了解他一点。这些爸妈都不反对。爸妈像你这么大的时候，也有自己喜欢的偶像，甚至现在也有自己喜欢的明星，不管哪个年龄段，追星都是很正常的。

因为那些明星身上有值得我们学习的地方，有吸引我们的地方。只有不断地学习别人的长处，我们才会进步。就像你非常喜欢周杰伦，自认为对周杰伦已经非常了解了，但你还是说不出来他成名前的经历。就像歌里唱的：不经历风雨，怎么见彩虹，没有人能随随便便成功。在现实生活中，的确是这样，如果周杰伦在打工的时候，放弃了自己的音乐梦想，那么今天在你房间里贴的可能就不会是他。机会永远是留给有准备的人的，爸妈希望你记住这句话。

你需要了解的知识点：

1. 追星是一种非常正常的行为

青春期的女孩子对异性会突然之间变得特别关注，其实这很正常，说出去也没什么丢人的。在这个阶段，女孩子通常会喜欢那些长得帅的男孩子，而男孩子则会格外注意那些长得漂亮的女孩子，所谓爱美之心人皆有之。对于青春期的男孩子、女孩子来说，对于异性的了解一般都是从外貌开始的，总觉得长得好看的，什么都好。就像女孩子往往会自觉不自觉地喜欢那些长得帅的男明星一样，觉得他们有一种说不出来的吸引力，其实道理都是一样的。

2. 我喜欢帅哥明星的真正原因

你为什么会特别喜欢这个男明星，是因为他的外表，还是别的什么地方吸引了你，让你深陷其中无法自拔。青春期的女孩子已经长大了，凡事要多问几个为什么，要根据自己的成长学会取舍。要知道，你喜欢的男明星在你这个年龄，不是被妈妈逼着练钢琴，就是在为自己的理想而努力。如果他们也像你一样盲目地追星，不重视自己的学业，那么今天站在台上的也许根本就不会是他们。所以，追星也要会追，要学习明星身上的优点，来不断地充实自己。

3. 帅哥明星在生活中也是普通人

站在舞台上的明星总是英气逼人，阳光帅气，所到之处镁光灯闪个不停，总是能在报纸娱乐版的头条寻到他们的踪影，生活很让人羡慕。其实在生活中，明星也是个普通人，也有自己的烦恼。由于他们是公众人物，往往要承受比普通人更多的压力，就连逛个街也不能尽兴，稍微有个风吹草动就见诸报端，没有多少自己的隐私。而且，好多男明星还有许多恶习，这都是你所有不了解的。

我渴望异性能够关注我

小蕊是个自卑的女孩。她常常觉得自己就像个丑小鸭，学习成绩不上不下，人又长得不漂亮，也没什么朋友，除了同桌诗语经常关心她，跟她玩，让她觉得友情的可贵，其他人真没什么可说的了。有时候，小蕊真的很羡慕那些长得漂亮的女生，男生总是围着她们转，为她们服务，给她们写情书。而自己，几乎从来没有被哪个男生关注过。算了，不想了，还是好好学习吧。灰姑娘一夜之间变成公主，那只是童话故事中才可能发生的事，自己还是不要再做白日梦了。

这样想过之后，小蕊彻底静下心来学习，再也不去理会身边发生的人和事。有付出就有回报，期末考试成绩一公布，小蕊从20名一下子进入了前5名，一时间老师表扬，同学羡慕，小蕊对自己一下子有了自信心，见了男生也敢大大方方地打招呼了，同学们都说她变了。小蕊真的很庆幸自己没有一直陷入自卑沉沦下去，而是抛开私心杂念心无旁骛地学习，才最终让自己走出了困境。现在，每天课间，都有男生找她聊天，她终于如愿以偿地引起男生的关注了，但她却不想和他们有进一步的发展，只想和他们做个简简单单的好朋友。

爸妈送给小蕊的话：

你能自己调节自己的情绪，爸妈真的感到既心疼又高兴。我们的女儿终于长大了。原来你一直都为自己的外貌自卑，都怪爸妈不好，太疏忽了，居然不知道你的心事。爸妈真的不怪你，也不认为你渴望得到异性的关注就是个坏孩子。青春期的女孩子情窦初开，有跟异性接触的心理非常正常。爸妈在你这样的年龄，也曾有过朦朦胧胧的情怀。只要你把握好自己，处理好，不要让它影响到你的学习和生活，其实没什么大不了的。

你做得很好，和异性同学交朋友，其实对你对他都有好处。女孩子形象思维发达，语言能力强，男孩子通常抽象思维发达一些；女孩子做事细心，男孩子胆子大，执行力强，敢作敢当，这些都是值得女孩子学习的地方。跟男生交往其实并不没有你想象得那么可怕，男女生正常的交往，不但能满足你对异性的好奇心，让你更加了解异性，而且还有利于你们身心发展。只要你们大大方方地在一起，思想健康向上，那么这样的交往对你对他，其实都是利大于弊。

您需要了解的知识点：

1. 这种心理是正常的

女孩子进入青春期，基本上都渴望能够引起异性的关注，得到异性的肯定，这种心理是很正常的。你一定要正确看待这件事，异性的关注能让你变得更加自信，同时来自异性的友谊，能让你变得更成熟，人格更完善。女孩子一般胆子小，做事循规蹈矩，而男孩子恰恰相反，胆子大，说话做事不走寻

常路，跟他们交往，会不知不觉改变你的思维习惯，让你体会到更多的学习和生活的乐趣。所以，出现这种心理，你自己先不要紧张，要以一颗平常心来看待。

2. 让自己变得更优秀

吸引男孩子的目光，不仅仅是长得漂亮就可以了。其实，如果你是一个学习认真踏实的女孩子，同样也会引起男生的关注。所以，如果你长得不漂亮，也不要灰心，你还可以认真学习，让学习成绩来证明自己，如果你实在学不进去，有一两样拿得出手的兴趣爱好也可以，比如画画得好，歌唱得好，或者舞跳得好。实在不行，你也要学会微笑，因为一个常常面带微笑的女孩子在异性的眼中，同样很特别。只有当我们各方面都非常优秀的时候，才会为我们吸引更多的异性朋友。

3. 跟异性正常地交往

跟异性同学正常地交往，不仅可以转移我们的注意力，而且对我们的成长非常有帮助。那么怎样跟异性交往呢？首先，态度要真诚自然，以一种很平常的心态跟对方交往，既不要过于紧张，也不要过于亲密。其次，要尊重对方，尊重对方的人格，不强迫对方做他不愿意做的事，尤其是不能打扰异性的生活和学习。交往要有原则。再次，在交往的过程中，要学会自尊自爱，珍惜自己的名誉，尤其是女孩子一定要懂得保护自己，对于对方的无理要求，要学会拒绝。这一点非常重要，女孩子千万要记住。

偷偷地喜欢上了一个男生

芸芸发现自己喜欢上马云飞了，和马云飞的每一次接触她都牢牢地刻在了脑海里。怕时间长了，自己有一天会忘记，她还特地买了一本带锁的日记本，把关于马云飞的点点滴滴都详细地记录了下来。

某月某日阴，放学以后，马路上车水马龙，人和车特别的多，但我无意中看到马云飞和他们班的几个男生还在蹬车子，真的很为他担心，希望他好好的，不要有任何事！

某月某日多云，马云飞今天来我们班找人，和我几乎擦肩而过，第一次和他距离那么近，我感觉自己的心都快跳了出来，虽然最后他要找的人不是我而是别人，但见到他我还是很高兴。

某月某日晴，今天是个值得纪念的日子。我和马云飞，还有其他几位同学代表学校去参加"市小学生作文竞赛"，比赛完以后，带队老师不仅带我们去吃好吃的，还带我们去公园玩，最重要的是，我可以和马云飞大大方方地在一起，虽然两个人没怎么说话，但我依然感觉好幸福。坐公交车回学校的时候，我和马云飞靠得非常近，几乎能感觉到他的体温。他好像有点发烧，后背滚烫滚烫的。我真希望公交车，不要停下来。然而，学校很快就到了，我的梦破灭了。

爸妈送给芸芸的话：

女孩子到了青春期以后，心里都会有一个或者几个自己特别喜欢的异性。其实这是很正常的，爸妈不会嘲笑你，更不会因此就认为你是个坏孩子。不怕你笑话，爸妈像你这么大的时候，也有过自己特别喜欢的男同学、女同学。这些同学通常学习成绩都非常突出，各方面都很优秀，可以说是学校里的名人，用你们现在的话来说就是那种属于偶像级别的，老师同学见了他们几乎没有不认识的，可以说他们是全校的榜样。爸妈不知道你喜欢的男孩子是不是这样的。

其实，在学生时代，找到一个能让你奋发向上的人是一件好事。他的优秀就像灯塔一样，不断地指引着你前进的方向，使你学习起来更加有动力，更加有信心。他是那样的光彩照人，你为了能更接近他，必须不停地努力。有一天你和他一样优秀了，才有可能让他也喜欢上你。而在这个奋斗的过程中，你已经不知不觉长大了、懂事了，明白学生时代的爱是不成熟的，也是不理智的。这个时候，你会反过来感谢他，如果没有他，你很可能会就此沉

沦下去。

你需要了解的知识点：

1. 我为什么偏偏对他有好感

其实，学生时代的爱是很单纯的，也是很纯洁的。女孩子喜欢的男孩子，一般都是那些学习成绩比较好的男生，他们因为成绩突出而倍受关注，老师器重他们，同学羡慕他们，自然而然他们也就成了许多女孩子暗恋的对象。还有就是那些有特长的男生，或者踢球踢得好，或者口才非常好，或者唱歌好听，或者说话特别搞笑，总之，他们有一些与众不同的特点，让女孩子觉得他们跟别人不一样。其实，说到底，你喜欢的很可能是他身上的优点，而不是他这个人。

2 莫让喜欢影响了你的学习

喜欢一个人可以，但如果这种喜欢已经严重影响到了你的学习，那就太得不偿失了。感情是一件非常美好的事情，之所以美好，就是因为它能唤起你身上所有的优点，把你的潜力全部挖掘出来。不管你以前什么样，它都能把你变得更优秀。美好的感情是催人奋进的，你会为了喜欢的人做你想都不敢想的事，一次次挑战自己的极限。否则，那只能说明不是你喜欢错了人，就是那个男生根本不值得你喜欢。

3. 如何把喜欢就成正常交往

因为你是学生，首要任务是学习。如果你不顾一切，冲动地把你对那个男生的喜欢公开化，不但会给他带来困扰，而且你和他都会成为同学眼中的笑话，老师也会对你们产生看法，而这些都会对你们的成长极为不利。所以，你要学着把这种喜欢变成普通的朋友关系，和那个男生像好朋友一样正常地交往，学习上互相帮助，生活上互相关心，这样，对你对他，其实都是最好的结果。

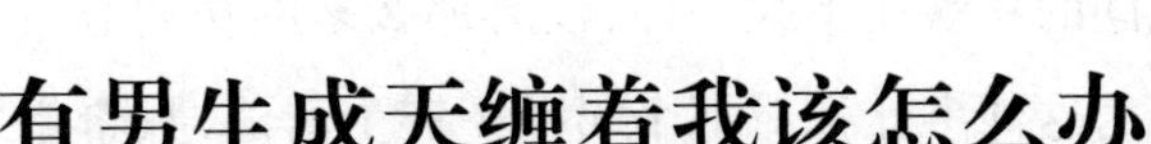

有男生成天缠着我该怎么办

有一段时间，慧慧不管是上学还是放学，总是感觉屁股后面跟着一个男生。她停下不走，对方也停下不走，她一走，对方又跟上来了，像个影子一样跟在她的身后。除了跟踪她，那个男生还隔三差五地给她写情书，一时间搞得班里人尽皆知，谁都知道那个男生在追慧慧。慧慧不知道那个男生到底想干什么，自己又不喜欢他，甚至还有些讨厌她，他还一个劲地在那儿自作多情，打扰自己的学习和生活，真是气死人了。慧慧决定第二天就把这件事情告诉班主任。

那天下午放学，那个男生照例跟在慧慧后面，还得意地吹着周杰伦的《简单爱》，慧慧一下子忍不住了，转过头大声地说："我警告你，你要是再敢跟着我，明天我就把这件事报告给老师，看你怎么办?"那个男生一听当场愣住了，等他再回过神来的时候，慧慧早已经走开了。第二天早上，慧慧一下楼就看到了那个男生，慧慧没有理他，径直走开了。快走到校门口的时候，慧慧才放慢了脚步，那个男生赶紧追上来，对慧慧说："我保证以后再也不骚扰你了，但你能不能不告诉老师!"慧慧狡黠地笑着说："可以啊，但那得看你以后的表现了。"从那以后，那个男生再也没有打搅过慧慧。

爸妈送给慧慧的话：

你能不依靠外界的帮助，独自把这件事情处理妥当，爸妈真的很高兴。以前爸妈总认为你还小，任何事情我们都要过问都要管。有时候你可能会觉得爸妈有些烦，其实那是因为爸妈不放心你，现在看来，是爸妈多虑了，你真的已经长大了。爸妈像你这么大的时候，如果碰到这种事情，都不知道该怎么处理呢，还是你头脑比较清醒，知道该怎么做既能达到自己的目的，又不伤害到别人，说实话，爸妈都挺佩服你呢。

其实，青春期的男孩子、女孩子之间互相喜欢是一件很正常的事。这种喜欢跟大人之间的喜欢还不太一样，没有那么多的功利心，只是比较单纯。爸妈不希望因为这件事让你对那个男孩子产生看法，只希望以后你们还是好同学，事情过去就过去了，不要再为难人家。

你需要了解的知识点：

1. 先跟对方心平气和地讲清楚原因

尽管对方之前的莽撞给你造成了很大的伤害，让老师和同学对你产生了误解，使你的学习和生活受到了一定的影响，你心里非常气愤，也觉得很委屈，已经警告过对方不要再来骚扰你了，可对方依然不管不顾，乐此不疲，甚至把纠缠你当成了一件乐事。对待这种男生，如果你好话说了对方还是不听，必要的时候可以请同学作证，请老师帮忙处理。一般情况下，你只要跟那个男孩子心平气和地讲清楚原因就可以了。

2. 让对方明白他对自己造成的伤害

其实，很多时候，青春期的男孩子是抱着一种玩的态度来试探身边的女孩子。他只是觉得心里很空虚，对感情这件事觉得很新奇，觉得追女孩子很刺激、很好玩，你越是躲避，越是怕他，他越表现得肆无忌惮。要么你不跟他正面说，让身边的同学谴责他，要么你一开始就态度坚决地拒绝他，不要给他继续纠缠你的机会。正所谓当断不断，必受其乱。摆事实，讲道理，要让对方明白他这样做会给你和他带给什么样的后果，造成极大的伤害。

3. 自己能处理最好不要再找其他人

如果纠缠你的这个男孩子平时胆子比较小，只是出于一时冲动和好玩，才天天打扰你，一般你只需要把事情的利害关系跟他讲清楚，他就不敢再来骚扰你了，因为他本来就没想把事情闹大。而如果对方胆子比较大，又纯粹是那种死皮赖脸、没有羞耻心的男孩子，碰到这种男孩子你就要注意了，首先不要一个人上学，其次把这件事情尽快告诉爸爸妈妈和老师，让他们帮你出主意，千万不要怕大人知道了此事而怪罪你，就把事情一个人扛下来，一定要学会保护自己。

我喜欢上了男老师

这学期，学校里新来了好几位老师。娜娜听同学们说那个长得最帅的男老师，好像岁数最小，估计最多25岁，而且目前还没有结婚，是个典型的单身贵族。学校安排他这学期给娜娜她们班代数学课。娜娜和她们班的女生听说了，个个都非常高兴，胆子大一点的还买来饮料庆祝。

盼星星盼月亮，终于在娜娜和同学们的一致期待下，那位最帅的男老师来给她们上课了。他自我介绍说他叫刘依凡，以后同学们可以叫他刘老师，当然不介意的话，也可以叫他依凡哥。依凡哥果然不同凡响，不但课讲得深入浅出，板书也很漂亮，而且最重要的一点是，特有幽默感，在上课的时候，常常逗得同学们哈哈大笑。时间长了，不仅女生越来越喜欢他，一下课就围着他叽叽喳喳地问这问那，依凡哥长依凡哥短的。就连男生也喜欢和他聊天，跟他一起探讨问题。娜娜的数学成绩以前一直上不去，这学期因为刘老师的缘故，她的成绩提高得很快，刘老师几次在课堂上表扬她。娜娜本来一开始就对刘老师有好感，这下，她更加喜欢刘老师了，时常在梦里梦见她和刘老师在一起谈笑风生。

爸妈送给娜娜的话：

女孩子在青春期对异性产生好感是很正常的一件事，爸妈不会笑你，更不会怪罪你，不会觉得你喜欢男老师就变成坏孩子了。像刘老师那样风度翩翩又富有学识的男老师，爸妈也很喜欢，和你一样都喜欢刘老师身上的优点。你接触到的只是工作中的刘老师，他的确长得又帅，对学生又好，又极富幽默感，在你和同学们的心目中，他简直就是完美的化身，而他在生活中究竟是怎么样的，谁都不知道。

喜欢一个人没有错，但无规矩不成方圆，在不合适的时间做不合适的事

就是错误的。打个比方，这就好比你做数学证明题，各个条件必须都具备了，最后结果才能被证明出来是对的。爸妈希望你能明白，人生分好几个阶段，每个阶段都有最重要的事情要我们去做，只有把每个阶段该做的事情都做好了，你的人生才是成功的。爸妈不想你在该学习的时候，因为感情的困扰而荒废了学业，后悔莫及。爸妈希望你能慎重对待这件事，把对老师的爱恋化为学习的动力。

你需要了解的知识点：

1. 我为什么会喜欢上男老师

的确，对正处于青春期的女孩子来说，比起那些同龄的莽撞无知的男同学，学校里年轻的男老师，似乎更具有杀伤力。一般来说，学校里的男老师都受过正规的高等教育，学识修养自不必说，再加上有些男老师性格开朗，为人正直，对学生们非常好，自然而然就会受到学生的普遍欢迎。青春期的女孩子情窦初开，在第一次选择自己爱慕的对象时，往往会倾向于自己平时比较信任或者对自己比较好的人，那么，喜欢给自己代课的男老师自然也就在情理当中了。

2. 喜欢男老师后果会是什么

经常会在报纸或电视上看到这样的新闻，女学生和男老师谈恋爱，被女学生的家长发现以后告到了学校，男老师不仅受到了严厉的处分还被调走了，而女学生也被迫转了学。这就是师生恋最后的结果。还有一个版本是这样的，女学生向男老师表明爱意后，男老师鼓励她要她好好学习，等她将来考上大学以后再给她一个承诺。于是，在爱情的诱导下，那个女孩子拼命学习，终于高中毕业考上了不错的大学，然而，就在这时候，老师却告诉她他要结婚了。由此可见，不管是哪一种师生恋，结果都是苦涩的，切勿轻易尝试。

3. 如何把师生恋化为师生情

青春期的女孩子情绪波动比较大，对异性缺乏了解，各方面还没有定性，比如昨天还挺喜欢班里的一个男孩子，今天可能又会转移目标，喜欢上其他男生。这并不是说她们小小年纪就很花心，而是这个年龄段的女孩子喜欢异性，就像喜欢物品一样，常常觉得这个很好，那个也不错。明白了师生恋的危害，你就要控制自己感情，避免让自己和老师都受到伤害，要把师生恋转化为师生情，把对老师的爱转化为感激。

看似甜蜜的早恋会令你尝尽苦涩

和马泽涛交往以后，薇薇突然觉得自己是世界上最幸福的女孩子。她知道班里的女生在背后对她说三道四，她一点儿也不在乎，吃不到葡萄就说葡萄酸，她才懒得跟她们计较呢。马泽涛喜欢她，她也对马泽涛有好感，为什么互相喜欢的两个人不能在一起？况且，马泽涛长得那么帅气，就算成绩不如她，但从认识到现在，马泽涛一直对她非常好，有时候甚至比爸爸妈妈对她还好。不但经常变着花样给她买各式各样的小礼物，还常带她出去玩，逗她开心。

由于背着爸爸妈妈经常和马泽涛出去约会，薇薇的学习成绩一落千丈，期末的时候，好几门功课都没有考及格。看着圈子上数不清的红叉叉，薇薇真是又伤心又后悔，不知道回家该怎么跟爸爸妈妈解释。问马泽涛，马泽涛也说不出个所以然来。爸爸妈妈每天那么辛苦，都是为了自己，而自己竟然考出这样的成绩。薇薇越想越生气，第一次和马泽涛在教室里吵了起来："都是你，要不是和你在一起，我能考这么差吗？"谁知马泽涛一听也十分生气，大声地说："是你自己愿意的，又不是我强迫你的，本想和你在一起，能提高我的学习成绩，没想到你现在也变成差生了，我们分手吧！"薇薇一下子愣住了，她没想到马泽涛和他在一起，并不是因为喜欢她，而是另有所图。现在，成绩这么差，又被马泽涛给耍了，薇薇觉得自己彻底完了。

爸妈送给薇薇的话：

任何时候都不要放弃自己，现在你能明白早恋的危害还不晚。爸妈不怪你，其实爸妈早就知道你和马泽涛的事，我们之所以对你的行为不管不问，一是在当时那种情况下，我们说的话你根本就听不进去。那些日子，为了不让你受到任何伤害，每天上学放学爸妈只好轮流跟着你；二是我们希望你最好能自己明白过来。别怪爸妈狠心，爸妈是希望你通过这一次的教训，能彻底地清醒过来，脱胎换骨重新做人。吃一堑，长一智，只有你真正地感觉到痛了，才会记住以后不会再犯同样的错误。

让我们庆幸的是，马泽涛是个不错的男孩子，他并没有伤害到你，只不过使你的学习受到了一点影响。经过这件事，爸妈相信再不用多说什么，你也知道自己以后该做什么，不该做什么。功课咱们好好努力，一定能赶上，但爸妈希望你能主动原谅马泽涛，向他当面说一声对不起，从此以后两个人能像朋友一样相处。他的学习成绩不好，你可以适当地帮帮他，同学之间，没有什么过不去的事。过去的就让它过去吧，以后的路还长，一切都还来得及。

你需要了解的知识点：

1. 早恋会给你造成哪些困惑

女孩子在青春期对异性产生好感，是很正常的一件事。但我们千万要把握好一个度，因为早恋不仅会影响你的学习，还会给你的一生留下阴影。青春期异性之间互相吸引，其实根本算不上是爱恋，真正的爱恋是建立在一定的基础之上的，除了相互喜欢，还要有物质基础，必须要对对方和自己负责，这样的爱才称得上是真正的爱。所以，不要把自己单纯的好感看成是甜蜜的爱恋，这样会让你尝尽苦涩。

2. 我拿什么东西为对方负责

爱是一种责任。作为一个纯消费者，我们的学费都要爸爸妈妈来掏，根本没有任何经济能力，在这个时候奢谈爱情，不仅伤了父母的心，也是一种对对方的不负责任。尤其是女孩子，当面对男孩子的甜言蜜语糖衣炮弹时，头脑一定要清醒。轻易做出的承诺不算承诺，如果一个男孩子真的喜欢你，他就不忍心伤害你，宁可自己承担一切痛苦。不要把对方的好感扩大化，因为对于一个在校生来说，我们真的没有能力承担起这份责任。

3. 如何把早恋转化为纯友谊

如果一个男孩子喜欢你，你也喜欢这个男孩子，其实两个人完全可以成为好朋友。青春期多和异性接触，非常有好处。千万不要一朝被蛇咬，十年怕井绳，被一个男孩子伤了，就觉得所有的男孩子都是坏人。多和不同性格的男孩子接触，不仅可以让我们的好奇心得到满足，而且还能使我们的心灵得到净化，认识得到提高，只要你和对方在一起的时候自然大方，心中没有任何私心杂念，同样会收获友谊。

学会拒绝男生的追求，简简单单做朋友

"可以和你有进一步的交往吗？酷酷的鱼"。这几天，清雅总是隔三差五地收到这样的小纸条，不是夹在语文课本里，就是放在文具盒里，上面写着一些让人看了耳热心跳的话语。她不知道那个写纸条的人到底是谁，也不知道自己接下来该怎么办？又不能对爸爸妈讲，清雅简直都快烦死了。

因为有了心事，清雅上课的时候头脑老是开小差，幸亏老师发现了以后没说什么，只是提醒她注意休息。清雅真的恨死那个写纸条的人了，不但搅乱了自己的心情，还影响了自己的学习，使自己不能再像以前那样全神贯注地听老师讲课。如果任由对方再这样继续写下去，还不知道会出什么状况呢。于是有一天，清雅也给对方写了一张纸条，放在自己的文具盒里。"酷酷的鱼：谢谢你这段时间对我的关注。在我的心目中，学习永远都是第一位的，所以，我想请你以后别再打搅我，因为你已经严重地影响到我的学习了。"自从那天以后，清雅再也没有发现那些烦人的小纸条了。少了外界的

干扰,清雅的学习成绩直线上升,期末的时候,还被学校评为"三好学生"。清雅心里别提有多高兴了。

爸妈送给清雅的话:

男孩子、女孩子到了青春期之后,心理的确会发生微妙的变化。具体表现:会特别在意某个异性,并希望和对方之间的关系能够更近一步。对于男孩子来说,女孩子的一颦一笑都会牵扯到自己的神经,你快乐,他也会跟着快乐,你难过,他比你还要难过,他甚至觉得枯燥的学习生活,因为有了你的存在,好像一下子变得生动有趣多了。终于有一天,他决定把自己的心事告诉你,希望你能明白他的心。这就是青春期的男孩子,在面对喜欢的女孩子时的心路历程。

了解了这一点,再遇到类似的事情,爸妈相信你一定能处理得更好。在青春期,不管是男孩子还是女孩子,都有一颗水晶般的心,晶莹剔透,不含一丝杂质,但也容易把什么事情都想象得太美好了,最后导致希望越大,失望越大,一旦受到挫折,心理上往往承受不了打击。你能把学习放在第一位,爸妈真的很欣慰。你对待那个男孩子的方式,爸妈也非常赞同。对一个还在上学的女孩子来说,学会拒绝男生的追求,把心思全部放在学习上,简简单单地和男生做个朋友,不管是对你还是对那个男孩子来说,其实都有处好。

你需要了解的知识点:

1. 对方欣赏你,你应该感谢他

不管男孩子出于何种目的,关注你、追求你,首先你都应该感谢他。你能引起他的注意,让他鼓足勇气大胆地向你表白,肯定是你身上具有某种吸引他的特质。或许是你的微笑让他感觉像阳光一样温暖,或许是你努力学习的背影深深地打动了他。总之,别人喜欢你肯定有他的理由,而这些特质就是你自信的资本。能够被别人欣赏总是一件好事,只要我们端正自己的态度,让对方了解我们的所思所想,一切都会迎刃而解。

2. 拒绝男生的追求要注意方式

无论出于何种理由，被别人拒绝，心里总是会有那么一些不舒服。换了谁都一样。尤其是感情方面的事，一旦处理不好，不但会给对方带来伤害，在对方的心里留下阴影，说不定还会给你带来不必要的麻烦。所以，你在拒绝男孩子的追求时，一定要注意方式方法，说话要委婉含蓄一些，不说伤害对方、侮辱对方的话，不当着其他同学的面拒绝对方，不要把事情扩大化。总之，要在不伤害对方自尊的前提下让对方明白你的意思并接受这件事。

3. 和对方做个简简单单的朋友

青春期的友谊是最纯洁、最真挚的。拒绝对方的追求，和对方简简单单地做个朋友，这对于受伤的男孩子来说，多少也算是一种心理上的补偿。不管在什么时候，人总是需要友情的。和男孩子做个朋友，两个人在学习上互相鼓励、互相帮助，生活上互相关心、共同成长、共同进步。在相处的过程中，做个有心人，多学习对方身上的优点，弥补自己的不足。这样做，无论是对你，还是对那个男孩子来说，都是成长过程中值得收藏的一段经历。

Chapter 8

第8章 悸动的心，青春期女孩的“爱”幻想

性一直是人类生活砂可分割的部份，进入青春期后，很多女孩产生了对异性了解与认识的强烈愿望。性的成熟也随之会给青春期女孩带来许多心理问题和困扰，甚至表现出一系列心理行为，如对性知识的兴趣，对异性的好感，性欲望，性冲动，性幻想和自慰行为等等，这些都是不容回避的事实。此时，身为父母应该做好孩子的第一任且是最好的性教育老师，应及时、恰当地帮助孩子了解青春期的性知识，解除女孩的这些困惑，孩子才能拨开心中的疑云，健康、快乐地成长。

青春期的你要对性有正确的了解

小燕是一个13岁的女孩，进入青春期的她出现了各种性特征成熟的现象。她的音调开始变细变高，乳房逐渐增大，骨盆也开始变得宽大。胸部、肩部、臀部皮下脂肪逐渐增多，并长出阴毛与腋毛。更重要的是她不再像小的时候与男生划“三八线”，而是对男生有着一种好奇，很多时候不是排斥而是想要接近异性，喜欢寻找机会和他们交流，和他们一起活动。在一些活动中若是不经意地碰到对方或者被对方碰到，这时她的内心会泛起波澜，一种非常害羞的感觉会涌上心头，甚至使她不知所措。青春期是一个缓慢而连续的过程，会出现很多心理变化。这是每个人人生中的关键时期，尤其是在对性的认识上对一个孩子的健康成长都是非常重要的。于是母亲想通过适当的方法对小燕进行性心理教育，但一提到这些敏感的话题，小燕就害羞地跑掉，凡是涉及性的话题就要想尽各种办法逃避。可是，母亲很想知道女儿目前的心理状况。

爸妈送给小燕的话：

在这里，爸妈想和你聊聊关于青春期和性方面的知识，因为这是你走向成熟的过程中必须要知道和了解的知识，这对你的健康成长很重要。爸妈在你的这个年龄对性的认识也是朦朦胧胧，是在你的爷爷奶奶、外公外婆的教育下才有了一些初步的了解，这也是爸爸妈妈能够健康成长有一个良好心理的重要原因。现在，你正处在青春发育的关键时期，你的身体、心理会发生一些变化，这些变化会使你充满好奇心，但是你要明白这些都是很正常的事情。

女孩子到了青春期，心理会发生变化，尤其是对性的好奇，或者是羞涩，这都是很正常的。不过，现在社会发展迅猛，我国青少年性成熟比20世纪六七十年代出现提前的倾向，性成熟的提前带来了性心理的提早出现。再有随着媒介的快速发展，关于性的信息也是成倍增多，人们的性观念也随之受到了极大的影响而有所改变，这对处在青春期的少女更是有着会强烈的刺激，这必然会影响到你们性心理的发展。然而，现如今复杂的社会生活又给你们的心理成熟造成了推迟。所以，这个阶段，在你们心理并不成熟的时候，对性心理的科学理解是很必要的。

不要对性心理感到奇怪或者羞耻而躲避和父母交流，只有你说出心中的想法，爸妈才能正确地帮助你，使你健康地成长。

你需要了解的知识点：

青春期是生殖器官发育时期，随着生殖器官进入成熟阶段，心理也发生了很大的变化，很多孩子产生了性意识，这时你一定会产生很多好奇和随之而来的疑惑，那么你需要注意一些问题：

1. 很多女孩在青春期觉得出现性心理是一种丑恶的行为，于是产生强烈的羞耻感和罪恶感，还有的会把自己看做下流的人，其实这都是不科学的。不要把与性有关的东西想成与“羞耻”和“坏”等同的东西，因为性是人类最为自然的一种生理特征，要用正确的态度去了解和对待，科学地接触和了解。

2. 父母是你最贴心的人，不要觉得害羞就不和父母说，不懂的问题要及时问父母，不要和陌生人随意交流，不要轻易听信他人有关性的诱导，以免上当，从而形成不健康的、畸形的性心理，这对你的成长是百害而无一益的。

3. 要注意生理卫生，要勤换洗，尤其是内衣要干净，保持身体的清洁卫生对你的健康是非常重要的。这对你的心理健康发展是很必要的。

4. 要有适当的户外运动，但不要太剧烈，例如广播操、乒乓球、羽毛球等活动，不宜时间过长。户外运动本身就可以使你的心理得到一个放松的状态，这样能够对你的心理发展起到一个辅助作用。

有“幻想”其实是一件很正常的事情

珍云是一名高一的女生，是班里的文艺委员，平时喜欢看小说，尤其是言情小说，她能够着迷到抱着书看一天不和他人讲一句话。这样的现象很常见，但是她并未感到有什么不好，可是最近一段时间，她开始有一种心理上的负担，这都和她的一个梦有关。然而，她不知道怎么开口和父母说，心中很压抑。最终珍云选择了一个合适的时机向母亲道出了心声：“在初三那年我做过一个梦，梦见自己乘车去外婆家，途中发现我们班的男班长也和我在同一辆车上，和班长打过招呼之后，车停了下来，上来了一个外班的男生，自己也认识他，他坐到了我前面座位上，然后就开始和我聊天，这时我发现班长似乎很不高兴的样子，后来我就下了车，但是发现班长在跟着我……再后来，我梦见班长在吻我的鼻子，然后我和班长就……接吻，忽然我那个外班认识的同学站在我们面前大声说：‘真不害臊！’，我一下被惊醒了。”

爸妈送给珍云的话：

首先，爸妈想要和你说的是，你做的梦是你这个时期性成熟的一个反应，属于一种正常的生理现象。因为不仅仅是你一个人会出现这种“幻想”，处于青春期的少女都会做这种梦，因为生理的变化，才会对异性的好奇心增强，而且会有爱慕的渴望。当你在一些杂志或者电视中看到一些情爱的镜头和一些片段，这样就为你虚构出与自己爱慕的人在一起的想象，性幻想的基础就存在了。

其次，青春期的你正处在发育的旺盛期，你的体内性激素分泌开始增多，这让你产生了性意识。尤其是在看到了一些影视镜头或者小说中描绘的内容之后，你往往会不自觉地通过某种途径去发泄这种冲动，于是性幻想也随之产生了。

最后,梦中现象是正常的生理反应,说明你在逐步成熟,所以你不要有太多的心理负担,不要觉得自己是个没有道德的人。要正确地认识这个现象,摆正你的思想,把主要的精力放到现在应该做的事情上,那就是学习。慢慢地,随着你的年龄增长,这些问题你会有更加清楚的认识,从而不再幻想。

你需要了解的知识点:

1. 性幻想是可以理解的,因为它是青春期心理需求的正常表现,没有什么副作用。但是要将自己的注意力放在学习上,不要沉溺于性幻想,否则会使自己无心投入到工作、学习、生活中,这也是有害于身体健康的。

2. 现在的你正处于最为朝气蓬勃的阶段,对于性,你还是很懵懂,所以可以借助父母了解一些性知识和性道德、性文明,使自己的好奇心得到缓解,也使自己更加理智和理性。

3. 要做到自重、自爱、自控。生理上的发育变化会引起心理上的一系列变化,性幻想就是其中之一,所以不要焦虑,不要把性幻想太当回事,有时候想想就也就罢了,别自责,这样会使你对性幻想的态度冷淡一些。当然,也不要不管不顾,要能够用一种理性的态度去对待这个问题。

4. 青春期是人生的黄金时期,要知道自己现在要做的事情很多,而且对你今后的发展意义重大,因此一定要将自己的注意力放在学习和其他丰富多彩的活动中。避免接触黄色淫秽书刊,那种东西对你身心健康发展不利。

5. 人的大脑有一个特点,那就是同一时间只有一个兴奋的中心,这也是一心不可二用的由来,所以当你不知道怎么减少性幻想的时候,就激发自己做其他事情的兴趣,这样性幻想自然而然就离你而去了。

性早熟和性晚熟是指什么

卓丽是一个长相甜美的女孩,8 岁的她就已经是一个人见人爱的小公主了,每次与妈妈一起出门,都会有相识的或者不相识的人向她投去喜爱的眼光,与妈妈交流的叔叔阿姨更是夸她漂亮。然而,有一件事情让她自己感到有些苦恼,那就是她的乳房开始变大,并开始长出阴毛,她起初有点害怕,但是觉得应该没有什么,于是就没有和妈妈讲,可是 9 岁那年突如其来的月经让她大惊失色,迫不得已和妈妈讲了。妈妈也是吓了一跳,因为孩子才 9 岁,怎么会来月经呢?于是妈妈带她去了医院,经医生诊断才知道是“性早熟”。

青青是一名高中生,和其他的女生一样,她正处在青春期发育阶段,平时也接触了一些性知识,接受过一些科学的性教育,可是让她感到疑惑的是,这些青春期应该出现的变化似乎一点都没有在自己的身上发生过。她今年 16 岁,可是乳房还没有隆起,阴毛还没有长出来,更让她感到奇怪的是,她还没有来过月经。无奈之下,她找到了母亲,并和母亲一起来到了医院,经过检查,医生告知为“性晚熟”,并没有大的问题,这才让青青和母亲放下了一颗悬着的心。

医生送给卓丽和青青的话:

性早熟和性晚熟都不是正常的发育现象,就性早熟来说,孩子的发育年龄一般早于 8 岁。性早熟有一定的坏处,例如,由于性早熟的孩子青春期和生长期都提前,骨骺提前闭合,骨骼提前终止生长,所以会对孩子的身高产生不利影响。也许在发育初期会比同龄的孩子高,但是成年后身高却往往达不到遗传身高或者平均值。另外,生理上发生的改变可能会影响到心理发育,也可能会由于发育过早而使孩子的心理受到影响。所以如果发现有性早熟现象,家长应该在医生的指导下及时干预治疗。

性早熟的原因很复杂，不过一些化学物质的刺激是很重要的一个原因，这个原因也是很普遍的，因为很多家长为了让孩子美，把一些含有大量雌性激素的化妆品给孩子用，以为这会给孩子更多的营养，结果却适得其反。另外，环境中的污染物摄入，也会导致自己的性早熟，所以，一定要注意对化学物品谨慎对待。

那么性晚熟则是发育年龄被推迟的现象，如果女孩子 14 岁乳房不见隆起，15 岁不长阴毛，16 岁还不见月经，那就是性晚熟。不过，性晚熟并没有大的坏处，不需要治疗。因为，女大十八变，性晚熟几年不会影响孩子的爱情和婚姻。造成性晚熟的原因大体是因为营养不良，可以通过改善营养来改变。

你需要了解的知识点：

1. 如果发现自己有性早熟的趋向，那么要和父母沟通，在父母和医生的指导下适应自己身体的变化。不要慌张，要冷静地分析，然后配合医生治疗，相信自己能够健康地成长。

2. 当今市场上有名目繁多的营养品，然而这些营养品里多含大量的激素，这些激素对人的副作用是很大的，很可能会导致性早熟，所以不要乱用营养品，要对自己的身体负责。

3. 性早熟不要自己随便吃药，有些孩子自作主张，吃一些抑制发育的药物，是非常错误的，这会给健康带来很多问题。

4. 对于性晚熟，不要着急，把你的注意力放到学习上，只管去做那些在这个年龄段需要做的事就可以了。平时要注意营养的搭配，使自己能够获得一个健康的体魄。

5. 无论是早熟还是晚熟，都不要慌张，要冷静，和家长进行良好的沟通，从而使自己能够从容地应对眼前的问题，这是健康成长非常必要的一环。

性爱还不属于你这个年纪

周丽今年高二，她平时喜欢看杂志，也喜欢看言情小说，很多杂志和小说中都提到了性爱，尤其是一些小说描绘到性爱情结时，周丽就会感到脸红心跳，但是她非常想继续看下去，可是每次看完后心里就会有种罪恶感，这也为她增添了一些心理负担。平时学习中，她会时不时地想起那些情节，这让她无法集中精力。但是她认识到自己有必要去了解一些这方面的知识，以避免自己出现一些问题，然而她的父母都是非常保守的，很少和她去谈论这些问题，所以他也不知道该如何向父母讲，于是她找到了学校心理咨询室的老师询问性爱到底是怎么回事，还询问了自己这个年龄有性爱是不是正常的。

爸妈送给周丽的话：

其实爸爸和妈妈并不是不想和你讨论这个问题，而是正在寻找一个合适的机会和你说，现在你出现了这个问题而且很迷茫，那么我们觉得很有必要和你讲述一些这方面的知识和需要注意的问题。

现在的你就像含苞欲放的花蕾，十分稚嫩和娇弱，是需要父母精心呵护的。因为在这个阶段，你的身体发生了一系列的变化，特别是心理上，性意识的觉醒让你开始躁动，这都是很正常的。因为在青春期来临之前，女孩的性腺是沉睡着的。在 11 ~ 15 岁之间，女孩子的性腺在激素的刺激下苏醒过来。然后，性腺开始正常工作——分泌性激素，你的身体也开始发生变化，例如乳房隆起、阴毛长出、出现月经等，心理也随之发生变化。

由于国内外文化的差异，在国外，初潮作为女性成熟的标志是需要大张旗鼓地庆祝的，而在中国则好像是一件见不得人的事。不过无论是哪一种，爸爸妈妈都要向你讲述如何正确对待性爱。性爱是爱情的必然组成部分，也是人类最自然的一个特征。通过性爱,人们才可以繁衍后代。但是问题是你现在谈性爱还为时过早,一方面是因为你的心理还不够成熟,很多问题是无法面对的;另一方面,性行为过早对女性的危害是很大的,包括生理和心理上的伤害,所以要知道如何保护自己。

你需要知道的知识点:

1. 英国哲学家伯特兰·罗素曾经说过:“回避绝对自然的东西就意味着加强,而且是最病态地加强对它的兴趣。”所以不要刻意地回避有关性爱的问题,可以适当地了解,这样能够减少你的好奇心,从而使你能够以一个正确的态度来看待这个问题,也会减少你因为这种事情出问题的几率。

2. 选择适合自己成长的环境,如果父母没有意识到,那么可以提醒我们为自己做些必要的工作。尤其是自己无法避免与一些充斥着淫秽信息的媒介接触时,要请父母帮忙,从而使自己与那些不健康的信息隔离,这样对自己形成一种健康的性爱观是非常必要的,对以后的情感和婚姻也是非常重要的。

3. 不要“谈性色变”,如果是正常的性教育,那么自己要有一个正确的态度,要抱着一颗获取知识的心态,落落大方。如果自己心中遇到有关性爱的问题无法自我解答时,要记得向家长或者老师求助,毕竟他们是成年人,能够用正确的方式对你进行疏导。

女孩儿,要把自爱放在首位

小倩在上网时无意中浏览到一条新闻,这条新闻的大体内容是讲一名刚上高一的女孩在一次偶然的机会中结识了一名社会上的男青年。这个男青年很英俊,比女孩大 7 岁,但是还没有找到稳定的工作,然而两人在经过了一段时间的相处后产生了恋情。女孩的学习成绩开始下降,精力根本无法

集中在学习上。女孩在瞒着父母和男青年恋爱了一段时间便后发生了性关系,不久后她又发现自己怀孕了,惊慌之余女孩在男青年的劝说下做了人工流产。然而祸不单行,男青年之后再也没有出现过,手机号也都变成了空号。这件事情被父母知道后对女孩大加责骂,女孩的精神接近崩溃。在心理医生对她进行了长达3年的治疗后才恢复正常。小倩今年也刚刚上高一,正处于青春期的她对什么事都充满了好奇,她拿着这条新闻去和自己的父母讨论。

爸妈送给小倩的话:

新闻中的这个女孩是很可悲的,她本来是可以避免自己受到伤害的,但是她没能把握住自己,作为一个女孩子是要自重自爱的。通过阅读一些文章和接触一些影视作品,你也许会感受到像美国那样的西方国家会对于性很开放,不怎么回避,所以给人们一种中国人的处女情结是封建束缚的感觉。其实这都是错误的想法。

影视作品给你的印象并不是完全的,也就是说你通过影视作品认识的西方社会并不是真的那么不在乎贞操,恰恰相反。西方发达国家,例如美国,真正上层社会,有教养的人,都相当传统,家庭观念很重,对贞操也同样重视。性解放潮流兴起于"二战"以后,虽然是人的一种解放,但是社会上的很多问题都是和性解放密切相关的,例如夫妻关系紧张、家庭失和、子女教育失败等,问题家庭的问题孩子长大以后,人格又不健全,进一步造成各种社会问题。所以,和青春期的女孩子讲自爱,不是束缚她们,而是为了保护她们。

所以,女孩子要知道怎么爱护自己,要树立正确的人生观,要能够做到为自己的长远发展着想,而不能因为图一时的快乐或者被诱惑就放弃了自己的原则。

你需要了解的知识点:

1. 青春期的自己会感到莫名的烦躁,觉得生活没有乐趣,父母很聒噪。虽然,这些心理都是可以被理解的,但又是需要不断纠正的。因为,自己要学会换位思考,要能够做到自省,这对一个人的健康成长是很有必要的。

2. 不知不觉中发现自己越来越喜欢打扮了,希望能够引起别人的注意,尤其是异性同学,并想让自己在他们面前表现得很好,自己还常常为此感到害羞。其实,这也是没有必要的。和异性相处要落落大方,但是要时刻告诫自己不能失去自己的原则,要时刻注意自爱。

3. 切记不要疏远自己的父母,尤其是感情上,要时刻保持亲密状态,因为这会使你大大减少误入歧途的机会。处在青春期的女孩很容易感情用事,不知道如何控制自己的情绪,很多情况下会导致和父母关系的紧张。在这一点上,一定要注意维护自己和父母的关系。

梦里的画面不好意思说出口

今年高二的卓卓平时喜欢看电影,特别是有爱情故事的电影,尤其是对那部经典的《泰坦尼克号》百看不厌,里面那荡气回肠的爱情深深地吸引着卓卓。通过不断地接触这些爱情影片,卓卓的内心对爱情充满了期待和渴望,尤其是电影中那些情爱镜头更是给卓卓留下了深刻的印象,成为了她不断幻想的对象。

一天晚上,她做了一个梦,然而她怎么都不好意思开口和别人讲梦的内容。她甚至因为自己的梦觉得自己是个下流的人,她也因此在心理上产生了极大的负担,学习也受到了影响。无奈中她找到了学校心理咨询室的老师,道出了心中的秘密。原来,那个晚上,卓卓梦见她和外班的一个自己喜欢很久的男生手拉手在街上走,心中很是高兴,后来两个人来到了一片树林中,自己开始和那个男生接吻,之后两个人发生了性爱,这时自己醒了,发现内裤都湿了,她心中无比害羞,但是又非常纠结。

爸妈送给卓卓的话:

首先，这是一个梦，不要有太大的心理负担，因为梦不是一个人主观意志所决定的，是一种潜意识，所以要对自己的人品有一个正确的评价，不要轻易否定自己，这样对自己去认识这个错误是很不利的。

其次，要知道你现在正处于青春期，开始具有了性意识，开始对异性感到好奇，会出现很多的性幻想，这都是正常的。但是要注意一些问题，那就是你现在不是该有性爱的时候。你的心理还不够成熟，对性爱了解得不够，如果你过早地接触性爱，就会产生各种各样的问题，其结果都是不利于你健康成长的。

最后，把你的主要精力放到学习上，你现在最主要的任务就是把学习搞好，通过不断地学习知识，你会对你和你周围的世界有更加全面的了解。这样，你现在面临的问题就会迎刃而解，再回想起这个过程，你才会觉得更加有意义。

你需要了解的知识点：

1. 要对自己有一个正确的评价，不要因为一个春梦就否定了自己。要在精神上不断丰富自己，这里最好的途径就是学习，用知识来丰富自己的头脑，来使自己更加完善。

2. 有话要选择适当的方式，找合适的人倾诉，不要一直憋在心中，否则会使自己的心理发生扭曲。最好的倾诉人就是自己的父母，所以平时要注意和父母保持沟通，使父母能够及时了解自己的情况，避免出现一些难以解决的问题。

3. 要注意自己的生理健康。例如，选择安全的卫生巾，要有质量保证，不要用廉价的、不知名的，尤其是那些黑心商贩用“黑心棉”制造的，会危害健康。要勤洗澡，但是不要用冷水，注意保持衣物和毛巾的清洁。多吃蔬菜和肉类，补充各种维生素和蛋白质，增强体质。只有生理上有了保障，心理上才能够进一步得到保障，为良好的心理发展提供一个好的基础。

4. 学会转移注意力。当你的注意力在一些让你非常感兴趣，但又不适合你在这个年龄段去了解的内容时，要知道如何让自己不再去关注，使自己避免陷入到一个不能自拔的境地。很多女孩之所以会误入歧途,就是因为她没有理性地去对待一些问题,结果使自己沉迷于其中,最后产生了一个让自己可悲、让家人无奈的结果。

学会坚定地拒绝男孩的不合理要求

今天是小芹的生日,她像往常一样,早早地来到学校。奇怪,抽屉里有一盒巧克力,会是谁送的呢?细细想来,肯定是他送的。因为这些天自己常常去看高年级男生打球,还为他们做啦啦队员。对那个穿12号球衣的男生有点崇拜,自己过于热情和有点疯狂的举动一定令他误解了。想到这里,小芹有点不好意思地脸红了。怎么办?既不想伤害他的感情,又想能够表白自己的态度。在和朋友讲了这些心中的想法后,朋友为她想了一个合适的办法。在朋友的帮助下,小芹退回了巧克力,并消除了那个男生的误解。青春期女孩比较敏感,青春期男孩也会想入非非,所以要谨慎对待异性之间的交往和情感交流。

爸妈送给小芹的话:

把巧克力送回去的做法很明智,因为你应该知道现在自己最需要做的事情是什么,任何会干扰你做这件事情的事都该被拒绝或者被排除掉,只有这样你才能够在今后获得自己的成功,才能够真正地体验和感受美好的感情。因此,现在除了学习,什么事都是其次,只有掌握了文化知识,你才能够做一个心智健全的人,这样对你做出判断都是非常有利的,不会让自己感到盲目。

德国著名作家、诗人歌德曾经说过:“萌动的春情所以美好,就在于人既意识不到它的存在,也不考虑它的终结,它是那么快乐而明朗,竟觉察不到它有时也会酿成灾祸。”在这里,歌德说出了萌动的青春是美好的,但是更强

调了它会酿成灾祸。这是为什么呢？这是一个值得你去思考的问题。因为，在这个阶段，无论是你的身体还是心理都处于一个激烈生长变化的阶段。在心理上你还没有具备独立的能力，在经济物质上更是依赖家长。很多女孩子面对着这样或那样的诱惑不能够坚持自己的立场，最后到了所谓的“坠入爱河”的阶段，结果学业被耽误，心理被扭曲，之后的人生路途更是充满了曲折，这都是教训。所以说恋爱在你的这个阶段是不现实的，合理地拒绝男生不合理的要求是绝对必要的，也是非常明智的。

你应该知道的知识点：

1. 青春期正是积累知识、增加对社会的认识的重要阶段，应该分清主次，要知道学习才是现阶段的主旋律。如果，你在面对诱惑时不能够保持清醒，那么就扪心自问：“我把美好的青春花在这个人身上值不值得，学业重要，还是这个人重要？”一个人要目光长远，要知道未来还会遇到更多优秀的男孩，人生肯定会更美好。

2. 青春期的女孩对人生和社会的看法很简单，甚至很幼稚，容易感情用事。所以，要学会提高自己的观察能力，不要只是单纯观察表面现象，一个人如果能够看到事物的本质，那么思考就会变得理性，不至于轻易陷入一些困境。

3. 不要觉得自己没有在这个阶段经历一些感情的事是件非常遗憾的事情，因为你很可能最终发现这是一段可悲的经历。都说青春期孩子的世界是一个多彩的世界，那么这个时候你把感情都投入到恋爱中，色彩就变得单调了，你的眼睛就看不到其他的东西了，所以女孩子要懂得珍惜自己现有的，懂得拒绝，这样才能慢慢地成熟起来。

如何防止遭遇性侵害

小瑾的同学孙甜甜今年15岁，是一名艺术生，平时除了喜欢画画外，还喜欢玩网络游戏，因为里面的色彩令她十分着迷。平时在网络上玩游戏，难免会与网友有交流，在这个过程中她认识了一个姓韩的男青年。两个人在网上聊得火热，韩某是一名22岁的男青年，不久后，他提出了与孙甜甜见面的要求。孙甜甜出于对对方好感，再加上正处于青春期的她有强烈的好奇心，她很痛快地答应了。之后两个人在一家餐厅吃饭饮酒，结果孙甜甜不胜酒力，几杯酒下肚便觉得晕晕乎乎，结果韩某将其拖入一家宾馆并与之发生性关系。后来孙甜甜家人将韩某告上法庭，韩某因涉嫌犯强奸罪，被判处有期徒刑3年。

爸妈送给小瑾的话：

女性青春期一般在11岁到18岁，这是由儿童到成人的一个过渡期，是一个人生理、心理迅速发育和成熟的时期，更是一个人性格、体质和智力发展的关键时期。这个阶段，被称为女孩的“花季、雨季”，是一个敏感又会发生很多事情的阶段，但是也是美好浪漫的阶段。你们在无声无息中慢慢成长，一些神秘和困惑在这个过程中逐渐被发现和了解，从而变得成熟，有一天你们会发现自己少了几分稚气，多了很多成熟。

然而，女孩子要想平稳地度过这个阶段，还是需要花费一定的工夫的。首先，一个女孩在与异性的交往中，要知道自己的底线和原则是什么。在这个年龄段，由于性激素的刺激，生理和心理都会发生激烈的变化，性意识开始萌动，然而，这种尚不够成熟的萌动会使你在与异性交往的过程中产生矛盾、困惑、好奇、焦虑、冲动等感觉，同时这个年龄段也是极易产生行为偏差的一个时期。所以，在与异性交往中一定要把握自己的原则，避免发生问

题。其次，要听从家长的话，也许你会觉得很烦，但是冷静下来好好思考一下，已经具备一定辨别能力的你不会体会不到其中的道理。最后，要和自己的老师保持好的沟通，老师的科学引导对青春期的你也是非常重要的，至少可以避免你走很多弯路。

你需要知道的知识点：

1. 自己要知道什么是性侵犯，这样才能知道怎么防范性侵犯。在外出时，要对环境了解和熟悉，尽量在安全路线行走，避开陌生和荒僻的地方。尤其是晚上出行，要注意结伴而行，不要一个人独来独往。外出时，不要打扮得过于张扬，切忌轻浮。要提高警惕，防范以恶意出现的坏人，更要防范以“善意”出现的“好心人”。

2. 和家人保持联系，家长不许可的要体谅，因为家长毕竟出于对你的安全考虑，不要一气之下离家出走或者与家长失去联系，这样是非常危险的。

3. 不要单独和男子在家里或者宁静、封闭的地方会面，要选择那些人多或者离自己的父母和家人近的地方，尤其不要轻易到男子的家里去。

4. 不要随便接受陌生人的食物，遇到色情录像和书刊要远离。自己单独在家时要关好门窗，不要轻易给陌生人开门。不要轻易和网友见面，即使聊得很投机，也要提高警惕，不可轻易行事。

5. 不要随意饮酒，尤其是与异性交往时，以免酒后行为失控。不要随意与异性在外过夜。一个女孩子，要学会自重、自爱，要知道怎么保护自己，使自己免受性侵害，从而健康顺利地度过青春期——人生最重要的一个阶段之一。

学会理智地对待两情相悦

刘倩是高二(3)班的班长，学习成绩好，人也长得漂亮，是年级各个老师一致喜欢的一名同学。然而刘倩的心中一直埋藏着一个小秘密，那就是她一直暗恋着班里的一名男生，这个男生的确很帅，学习也不错。然而直到有一天，她再也按捺不住心中的小秘密，因为那天这个男生悄悄地向刘倩传了一张纸条，纸条上写的内容让刘倩的心中久久不能平静。纸条上的大概意思就是表达自己对刘倩的爱慕之情，刘倩一时慌了神，心中忐忑不安。然而，刘倩还是够理智的，她把这件事告诉父母，在父母的开导下，她能够正确地认识这个问题，并且和那个男生表明了自己的态度，一切都像没有发生一样，两个人还是好同学、好朋友，后来两个人都考上了理想的大学。

爸妈要对刘倩说的话：

青春期的孩子对感情都有一种朦胧的感觉，说懂也不懂，说不懂还有点懂，所以这个时候更需要有一个正确的方向作为指导。然而，这个时候，正是孩子叛逆的时候，家长说的多了，或者家长的意见和你的想法不统一你可能就会发脾气，甚至做出离家出走之类的举动，结果是自己吃到了苦头才回头。

理性是人和动物的根本区别，所以青春期的女孩子要学会自爱，更要有理智和意志力，要保持冷静。虽然你会对异性感兴趣，但是这一时期的思想、心理、智力、认识能力却远远未达到社会意义上的成熟。这个时候如果放任自己，被自己的欲望左右，那么很可能会作茧自缚，不但会荒废学业，更有可能会为自己的行为付出沉痛的代价。

因此，你要学会驾驭和克制自己的感情，和异性交往的时候能够以一种坦然的态度对待异性，落落大方，自然又有分寸，这样不但能够建立一种健康的人际关系，而且还能把自己的精力放在学业上，能够在知识的海洋中遨游，也就能够收获丰硕的果实。

最后，爸妈要告诉你的是，人生的路上有很多美丽的风景，不要因为一处或者两处美丽的风景就停下了脚步，这样也许会耽误你前方的一大片美丽风景。所以第一朵花也许会让你心动，但是它不一定是最好的，要将自己的眼光放长远一些，放开视野，你就会接收到更多的信息，这样才能走得更远，前途才会更加广阔。

你需要记住的知识点：

1. 记住一句俗语："冬天酝酿，春天播种，夏天成长，秋天收获。"在适当的季节做适当的事。花季是个让人羡慕的季节，但绝对不是成熟和收获的季节，所以现在正是打基础的时候，只有肥沃的土壤和充足的养料才能够培养出真正茁壮的感情。

2. 与男生交往，要学习他们的长处，在学习上进行交流，体现自己良好的素质和道德修养。要稳重大方，保持距离，不要超越你们的界限，不要过于亲热，不要显得轻浮。

3. 接受异性送的小礼品要区分它的理由和原因，要理智地谢绝异性的追求和爱慕。自身要保持一个良好的风度，待人接物、举止谈吐潇洒大方，端庄文雅，诚恳谦逊。

4. 多学习一些生理保健知识，选择健康科学的生活方式，要能够驾驭和控制自己的情绪，树立正确的人生观和价值观。

5. 加强与父母和老师的交流，不要以为自己已经很成熟了，就疏远与父母的关系。与长辈多沟通，能够得到长辈们的帮助，从而能够得到更多的经验，可以帮自己避免走入歧途。

Chapter 9

第9章 正视误区，别让灵魂走偏太远

处在青春期的女孩正处于人生的岔路口，她们有着敏感的神经，并且对周围的每一件事情都有了自己的想法，一旦想不通，就会走入死胡同，产生困扰、自卑、不安、焦虑等心理问题，甚至产生不良行为。但是作为父母，决不能用言语暴力去激化矛盾，而应该在女儿的这一极端时期扮演“消防员”，该放下架子，主动和女儿聊天，了解她们的心理状况，如果发现问题，最好以建议的方式引导她们，通过关爱她们给予女儿稳定感，帮助她们走出青春期的种种误区。

女孩要懂得珍惜自己,体现自我价值

刘颖的朋友艳艳今年18岁,本是充满阳光、充满生机活力的年龄,却让她承受了很多她这个年龄本不应该承受的事,这棵含苞待放的花蕾还未来得及展现自己的艳美就匆匆凋谢了。一件发生在她16岁那年的事,不仅造成了她生命的转折,也造成了一定的悲剧。

16岁那年,艳艳刚刚进入青春期,她的身体开始有一种冲动让自己蠢蠢欲动,自己似乎很难控制,这种冲动总会不经意中使其茶不思饭不想。然而更令她感到羞涩的是,每当这种冲动在体内发生的时候,她总是想和异性在一起。再加上平时她看的影视剧中,很多人都会在酒吧中结识自己的白马王子,于是她大胆地来到一家迪斯科舞厅,那昏暗的灯光、狂乱的舞步使她更加无法自拔,就在那天她结识了一名非常帅气的男生,两个人在一起喝了几杯后,艳艳就醉了,这名男生乘机和她发生了性关系。两个人的关系维持了两个月后,事情就被人揭穿了,艳艳不知道如何去面对老师和父母,最后选择了辍学。然而,她并没有得到同情,而是被家人骂,就连平日里特别疼爱她的哥哥也骂她贱,艳艳每天都在挣扎着,十分痛苦。

爸妈送给刘颖的话:

你朋友艳艳的经历绝对是一件让人惋惜的经历,如果能够正确地对待男女关系,能够很好地将自己的注意力转移到学习上,或者能够正确地对待异性的吸引,那么就不会发生这个悲剧了。

女孩子要懂得珍惜自己,体现自我的价值。异性的吸引在女孩的青春期是很显著的一个特征,但是这个时期的孩子对爱情的真正含义缺乏全面和正确的认识。她们往往会由于被异性吸引而迷惑,错把异性之间的一些好感当成爱神降临,然后心中充满了期待和憧憬,结果一步步步入一个危险的情网。

女孩子要特别注意自己在这个方面的问题，由于这个时期，性生理的发展日趋成熟，性意识逐渐觉醒，在心理上开始强烈意识到男女相互吸引，从而在心理上产生一种戒备，但是又不可避免地产生了一种对异性朦胧的好奇心。于是在自己的仪表、谈吐方面都希望能够引起异性的注意，同时也希望异性能够对自己有好感。可以说这种情况是非常正常的，但是并不是说可以任其发展，更不能当成爱情去盲目地追求，从而坠入情网。对于这种心理上的变化，一定要理智，要知道道德和法律是自己言行的最佳规范。所以，要在男女交往活动中要以学习为主题，能够相互促进，建立纯真的友谊，这才是男女同学间应该建立的关系。

你需要掌握的知识点：

1. 要理性地对待自己的情感，尤其是要知道人和动物的区别就在于人的行为受到理智的控制，当自己心理上有不正确的趋势时，要能够意识到，自觉抵制淫秽、低级、下流的不良刺激，拒绝接触那些不良的书刊和影像资料。

2. 交友要慎重，要有选择，不要与那些作风不正、道德有问题的人交流。每天作息要有规律，要养成健康的生活习惯。

3. 远离不适合自己的场合，例如酒吧、歌舞厅等。在学校多参加集体活动，与异性建立一种健康的心理交往。

4. 要懂得珍惜自己，要知道如何体现自己的价值。作为一名青春期的女孩子，要知道体现自己价值的途径是学习和孝敬父母，要多去了解科学文化知识，这样才会对得起自己宝贵的青春。孝敬父母，促进和父母的交流，让父母心中感到高兴，这样才能建立和谐的家庭关系。

攀比之心损害者你的心理健康

小璐今年初二，最近和母亲的关系很紧张。经过了解发现她最近一直在拿自己与别人作对比，只要自己不如别人的地方就会与母亲产生一些摩擦，然而，这些不如别人的地方多是物质上的。小璐经常闹着和母亲说："我要手机，我的同学都有手机，为什么我没有？"后来母亲给小璐买了手机，小璐又开始闹着说："我要最新款的，我要比其他同学的好。"母亲听后很犯愁，一直在问："你为什么总是关注物质上的，为什么不和别人比比思想，比比学习？"小璐听后就不说话了，在一旁生闷气。

爸妈送给小璐的话：

人们生活在社会群体当中，与周围的人比较并不都是坏事，因为比较才能知道自己哪里不足，哪里应该努力改进。这种与别人攀比的现象以青春期的孩子尤为明显。这个时候的孩子开始注意身边的人和人们的生活，可是并不能以一种理性来看待，而是比较盲目。这个时期的孩子总是以别人拥有的东西自己能不能有来作为比较的对象，而不是去分析自己是不是需要这个别人有而自己没有的东西。这种略显迷茫的心理让孩子看起来更像是在和别人盲目攀比。

青春期的孩子还有一个特点，那就是会在他心中有一个认同的对象，也是自己模仿的对象，这个对象可以是亲人、朋友，也可能是偶像。这些人有的东西，例如着装、吃的、用的，都会成为他自己想要摹仿并拥有的。这些东西一旦拥有，会使他们觉得和这些自己的认同对象站在同一高度，从而使他们在内心产生一种优越感，一种内心的满足。

另外，孩子们的攀比还有一种心理造成了他们这种特点，这种心理就是怕被排斥。如果自己拥有与别人一样的东西，那么就有了一种共同的话语，这种话语可以使自己与大家融为一体;而当自己没有那种东西,就不会拥有这种共同的话语,从而被排斥出这个群体。这种感觉是非常不好的,因为他们要不断地追随周围人的脚步,表现出来就是盲目攀比。

虽然这种攀比心理还算是正常的,是有情可原的,但是家长要予以正确的引导,这样才能够避免孩子的心灵遭到扭曲。孩子爱攀比,说明他们有竞争意识,但是这种攀比应该被引导到学习上,这样才能够激发孩子的上进心,才能够使孩子步入正轨,避免掉入盲目攀比的陷阱。

你需要了解的知识点:

1. 攀比不是不可以,但是要把攀比的重点放到能力上,而不是物质上。在这个阶段,你的物质都是父母给予的,所以你没有必要去攀比,别人也同样没有理由去炫耀,因为这都不是靠自己的能力得来的。如果对方炫耀的是凭借自己的能力得到的,那么你完全有必要去试着比一下,从而证明自己的能力。

2. 攀比学习很必要。在这个阶段,比什么都没有比学习来得正。学习就像记者应该去采访,建筑工人应该去搭脚手架,医生应该给病人看病。学习在这个阶段绝对是学生应该尽全力去做的,学习好是绝对值得表扬的。要知道,一个学生,学习不好,即使有再多的才能,有再丰富的物质,也绝对算不上一个好学生,将来也未必成为人才。

3. 要能够体谅父母,能够理性分析问题。当你闹着向父母要一些别人有而自己没有的东西时,要想想自己是否真的需要那个东西,并且要知道父母挣钱是非常不容易的。也许你现在还不能真切地体会到其中的苦处,但是随着你的年龄的增长,特别是你将来建立新的家庭后,你也会体会到这种心情的。到那个时候,你会为你自己当初体谅父母而感到高兴,你的父母也同样会以你为骄傲。

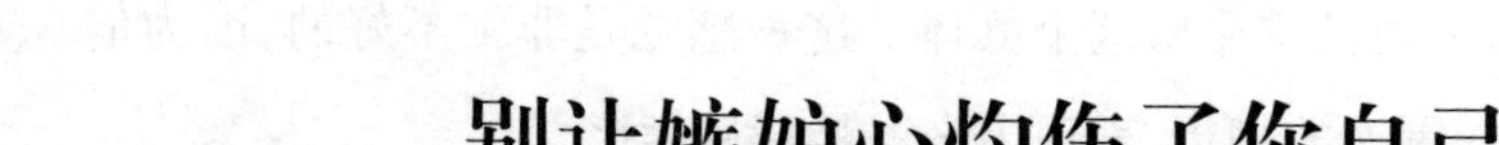

别让嫉妒心灼伤了你自己

小时候的杨月是一只丑小鸭，每次出去玩都会有小朋友笑她，这使她很不高兴。然而毕竟是童年，在家人的精心呵护下，她健康快乐地成长着，女大十八变让大家都没有料到的是，17 岁的杨月已经有了一双水灵的大眼睛，五官清秀，身材也非常好，让大家刮目相看。她也成为了班里同学羡慕和嫉妒的对象，她的同班同学李丽曾是大家夸赞的对象，然而现在一切都变了，李丽已经不是人们眼中的焦点，取而代之的是杨月，李丽对杨月的嫉妒之心与日俱增。李丽想尽各种办法在同学面前炫耀，从而引起人们的注意，向人们展示自己才是最美的、最有吸引力的。由此，李丽还想过幼稚的想法——不惜毁掉杨月的面容。然而，她知道如果那样做将会给杨月造成人身伤害，是违法犯罪的，所以，在自己的强忍之下才肯收手，但是，那颗嫉妒的心仍在作祟。

爸妈送给李丽的话：

关键时刻你能够告诫自己，没有做出出格的事是值得肯定的，因为那样做是非常错误的。但是你现在心中的嫉妒之火并没有熄灭，反而在愈加旺盛，这是很危险的一种事情。你现在应该冷静下来思考一下自己这样做是否值得，你觉得嫉妒别人能不能提高自己，你觉得是继续这样嫉妒好，还是提升自己的能力，超越别人好。

现在独生子女越来越多，每个家中都有一个小皇帝、小公主，家长百般疼爱，娇惯得厉害，这就造成了孩子在青春期产生很多心理问题。首先青春期的少年容貌、体格、姿态、语言都开始发生变化，自己对一些自身的缺点和弱点很敏感，尤其是在与别人的优点做对比时，往往会因为自己不够优秀而产生一种嫉妒心理，这样的心理通常会引导孩子去抱怨，感到心里不平衡，更有甚者会产生一些心理障碍。所以这个时候的心理问题是需要家长或者老师进行疏导的，一方面要能够使你们感受到社会、周围环境和身边的人的肯定与尊重，另一方面，要端正态度，要意识到自己的心理发展与现实的发展是有差距的，从而使你不要盲目嫉妒，更重要的是让你能够知道一些嫉妒心理是没有必要的，是错误的。

青春期的成人感让你们的独立意识强烈了起来，你们在逐渐向成人的生活方式靠拢，很想摆脱父母的羁绊，但是你们在面对一些问题时，解决问题的思考方式和行事方式还远未达到大多数成人的水平。所以，出现一些诸如嫉妒的心理问题是很正常的，也是非常需要及时进行引导的，以免这种嫉妒之火灼伤了你们自己。

你需要知道的知识点：

1. 嫉妒心理不是解决问题的正常心理，如果看到别人比自己好，那么最好的办法是努力提高自己并超越他，而不是想办法去阻碍别人，因为这样不但不能提高自己，反而会因没有更高的标准要求自己，从而使自己的上进心大打折扣，也会使自己的心理发生扭曲，不能健康地成长。

2. 青春期的挫折感和成就感会随着学习生活的继续而继续，那么如何面对挫折，如何用成就感去战胜挫折感是很重要的。因此，要能够做到胜不骄败不馁，这样才不会因为别人比自己强而去嫉妒他人。

3. 嫉妒是自己前进的巨大阻碍，嫉妒是在为自己的弱势找理由，不能正确对待自己的弱势，其实这是很可悲的一件事。所以，不要自暴自弃，也不要盲目嫉妒，要理性分析，从而找到解决问题的正确方法。

4. 在自己有嫉妒心理的时候，不妨和自己的嫉妒对象聊一聊天，增加对其的好感，这样往往能够使自己的心理健康地发展。

5. 多参加集体活动，多和自己的知心朋友谈谈心，把憋在心中的话说出来，这样往往会使自己更加豁达，看问题更加全面，从而使自己更加理性。

不要太自我，否则会失去朋友

晶晶在班里的学习成绩一直名列前茅，是同学们学习的榜样，更是班主任和家长教育学生和孩子的活素材。中考，晶晶以优异的成绩考上了本市最好的高中，可以说前途一片光明。然而，上了高中后的晶晶却在心理上发生了很大的变化。无论在什么事情上，她都要周围的人听自己的话，对别人的话也听不进去，从不在乎别人在做什么，只在乎自己，也觉得自己在众人面前最为闪耀是理所当然的，颇有点唯我独尊的感觉。尤其是在集体活动中，晶晶总是指挥别人，对别人的意见和建议都置若罔闻，不闻不问。时间长了，晶晶的这种举动引起了同学们的反感，很多同学都开始议论她，并对晶晶的行为表示不满。晶晶几乎陷入了孤立，好像没有人愿意与她做朋友。

爸妈送给晶晶的话：

你在班里的学习成绩一直很好，说明你是个努力的好孩子，很值得肯定。但是我们现在的学习生活是在一个集体中进行的，在班集体这个大家庭中，每个人都是平等的，每个人也都希望被尊重和平等地对待。哪怕一个人学习再不好，也要在人格上对其尊重，所以一个人不能只管自己，不要太自我。

以自我为中心的意识容易使人变得自私，会使一个人变得不受欢迎。一个人如果有强烈的自我意识，那么他就会把与自己有关的事情看得非常重，而与自己关系不大的则不管不顾。这样的人比较自私，对自己的时间和金钱都是倍加珍惜，而对别人的金钱和时间则可以任意挥霍。换位思考一下，相信你也不会喜欢这样一个人的。

太过自我的人心灵也是丑陋的，这样的人多会牺牲别人的利益来换取自己的利益。其实，他本身也是高压力的群体，他会非常在乎自己的利益，

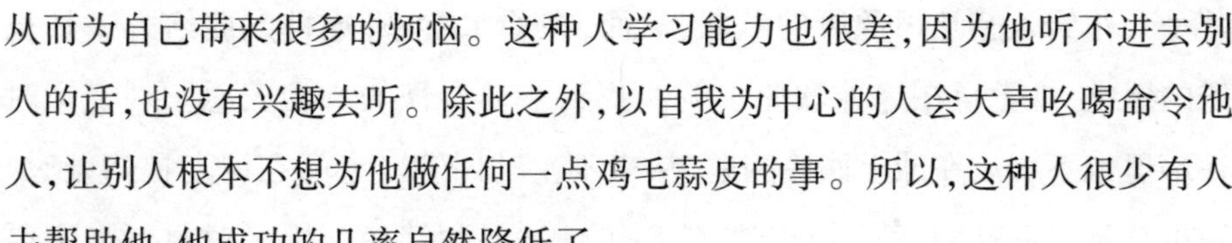

从而为自己带来很多的烦恼。这种人学习能力也很差，因为他听不进去别人的话，也没有兴趣去听。除此之外，以自我为中心的人会大声吆喝命令他人，让别人根本不想为他做任何一点鸡毛蒜皮的事。所以，这种人很少有人去帮助他，他成功的几率自然降低了。

你需要知道的知识点：

1. 要及时检查自己的人格，通过各种渠道检验自己的自我中心意识到底有多强。在这个自我评估中，对相应的指标要做出相应的调整，使自己能够在正常的状态下学习和生活，使自己能够更加轻松和充实。

2. 要注意倾听别人的意见，尤其是别人在表达自己的见解时不要打断别人的说话，最好能够在最后给予一定的评价，这样才能够激发对方心中的一种与你交流的欲望，从而使你身边的朋友越来越多。

3. 理清自己的人格，不要做让别人讨厌的事；多想想别人的想法，这样才能为自己下一步行动做好参谋，使自己每进一步都会有相应的准备，从而才能步步为营，稳扎稳打，能够走得更远。

4. 自己拿不定的主意可以咨询一下别人，不要总是自作主张，这样能够让别人感受到被重视，从而愿意与你交往。这样一来，你就不会过于自我，成为一个能够接纳别人意见的人，一个谦逊和高尚的人。

5. 不要将自尊心和以自我为中心混为一谈，因为这两者是完全不同的，一个有自尊心的人不但会去爱别人，还会爱自己。更重要的是她会毫不自私地去关心别人，从而使他人感到温暖。这样的人，你不想与她成为朋友吗？

颓废的感觉似乎很酷

刘宁是一名年仅16岁的女孩，她平时很喜欢听一些比较缓慢的歌曲，尤

其是一些给人感觉很颓废的歌曲，然而，在刘宁看来，这种歌曲给人一种很酷的感觉，她觉得在这种歌曲中能够找到一种奇怪的心理安慰。刘宁平时在班里也不喜欢在课上回答问题，从来不主动回答。老师在课上提问她时，她也总是以一种“很酷”的感觉，然后说话也是很简短。她平时也不爱多说话，也不怎么参与集体活动，就连一些评选“三好学生”、“优秀学生干部”等活动，她总是不愿参与。但她有很多比较特殊的爱好，比如喜欢在雨天漫步，喜欢在昏暗的灯光下喝一杯咖啡。父母平时和她说话，她也总是以一种声音很小、说话很短的方式回应，问什么问题也总是三言两语就完了。虽然她在学习上很有上进心的，学习成绩也不错，但是，这样的行为还是让刘宁的父母十分担心。

爸妈送给刘宁的话：

青春期的女孩子同样会有一种叛逆和颓废的心理，这种问题已被人们广为关注，但是很多时候却无法正确地对待这种心理。很多家长却觉得这种心理会严重危害孩子的健康成长，于是总是非常着急地去呵斥，但是这是一种并不适当的方法。

首先，要对这种现象有一个正确的认识，这种心理往往是要表现她已经不是小孩子了，她要求别人像对待成人一样对待自己，自己要受到应有的尊重。他们自己也认为自己有了追求属于自己的梦想的权利，从而这是一种内在动力外化的表现。其次，他们对未来还是模糊的，另外再加上一些青春的自我意识，从而使他们多少有些自我塑造。一些偶像的模仿，或者一些自我思考，或者一种无法解释的自我追求，貌似低调的奢华，所以才会出现一种类似颓废的状态。

不过在大多数情况下，这种消极的状态多是因为没有明确的目标，或者因为一些挫折，而使自己的信心遭到了打击，从而表现出一种与世无争、偏安一隅的状态。再有就是一些文化原因和社会影响。例如一些非主流的文化对孩子的影响，使他们觉得很酷，然后盲目去模仿，形成一种自己的特点。你基本上属于这种情况。

你需要知道的知识点：

1. 要知道你的自我意识觉醒，对自己内心世界的察觉，都是你形成这种心理的一个基础，那么这种玩酷要把重点放在什么地方是一个很重要的因素。如果将这种酷放到了一些电子游戏或者烟酒嗜好上，那无疑是一种错误的做法。然而，你将这种酷的注意力放到了学习上，平时也许说话不多，但是成绩总是名列前茅，那是不是也很酷呢？每种酷都有它合适的年龄阶段，那么在青春期年龄段，学习成绩优异，无疑要比穿着打扮更酷。

2. 颓废似乎很酷，也许你爱上了这种酷酷的感觉，可是这又能有什么意义？很少参加集体活动，很少与你的同学、老师、父母交流，你失去的不仅仅是这些机会，还有这些机会带来的获取一系列经验的捷径，这些捷径也是能够避免自己走过多弯路的有效途径。所以不是反对你酷，而是要知道交流的重要性，这对你形成完善的人格是非常必要的。

别让虚荣心毁坏了你的前途

唐英今年15岁，正处于青春期的她心中总是十分躁动，她总觉得周围的人都在注视着她，再加上现在她的自我意识萌芽，使她非常在乎自己在别人眼里的形象，于是非常注意自己的打扮。每次出门她都要在镜子前好好打量一番，直到自己满意为止。因为，她觉得如果自己穿得不好就会招致别人的嘲笑，觉得这样会很丢脸，所以一些衣服穿上一旦被她认为不好看，她就会不停地换上一遍又一遍。

唐英的家里并不富裕，父母都是普通工人，工资仅够维持家里的正常开销，所以很少在穿着上给唐英过多花费。然而，在她接触过社会上的一些人后，就开始追求时髦了。家里没有钱，她甚至不惜借钱去买高档的衣服。她的衣服价格不菲，同学们看了都大为赞叹，这让唐英更加得意忘形了，心中

有一种满足感。父母教育她不要有虚荣心，可是她不但没有听，而且还变本加厉，甚至还借钱去买了项链、戒指来炫耀，博得同学们的羡慕和夸赞。直到后来家里来了很多要债的人，同学们才明白了事情的原委，从此大家都很瞧不起唐英，这种结果也让她陷入了一种苦恼的境地。

爸妈送给唐英的话：

你现在处在最为敏感的青春期，这个时期的心理活动十分活跃，虚荣心也会在这个时候出现。虚荣心男女都会有，它是自尊心的过分膨胀、扭曲化的心态。总的来说，女性要比男性强。而且，这种虚荣心带给女性的痛苦也会比男性多很多。

虚荣心很强的人往往会表现为好面子，在表面上很风光，让人羡慕，但是内心里却是无比空虚与脆弱，是非常心虚的。这种人会在内心与表面上发生激烈的思想斗争，这个过程就像拉锯战，有时这一方占上风，有时另一方有优势。在这个过程中，这个人总是唯恐自己的真实一面败露，总是因内心充满恐惧处在一种被折磨的状态，内心痛苦异常，这样的生活怎么会有幸福可言呢？

所以，在青春期这个特殊的阶段，一定要注意自己的注意力调节，不要有太强的虚荣心，要知道自己内心在想什么，做什么事要切合实际，要务实，不要总是追逐那些虚无缥缈的东西。

你需要知道的知识点：

1. 不要徒有虚名，要有真才实学，要追求真善美。只有树立了正确的目标，才能使自己朝着正确的方向前行，而不会寻找机会和办法通过不正当的手段来炫耀自己。

2. 不要盲目攀比，和别人比较是一个找到自己缺陷、寻找进步方式的好方法，但是这需要有正确的对比对象，比如学习就很不错。如果选择错了比较的对象，那么无疑是给自己找麻烦，因为跟别人比较心理总会存在不平衡，内心的不平衡更会激发虚荣心，不利于自己的成长。所以，可以在纵向上和自己比较，拿现在的自己和过去的自己比较，看看自己的各个方面前后有哪些变化，是进步了，还是倒退了，这样才能有目标去改正，从而使自己进步。

3. 要珍惜自己的人格，要用高尚的人格作为自己努力的方向，这样才能克制虚荣，不给虚荣心在自己内心抬头的机会。

不要认为自己什么也不行

已经16岁的小樱长得并不漂亮，以前还没有觉得，就连小的时候小朋友指着说自己好丑，她心里也都没有大的波动，然而现在她觉得好难过。看着镜子里的自己，她想起了班里很多男生都会主动找女生说话，却没有一个男生主动找到自己聊天。并且很多女生在谈到漂亮与否时，也会因为她在旁边而讳莫如深地不再继续说话。这还不够，她还因为自己经常做不好事而感到烦恼。作为班里的学习委员，有几次班主任交给了一些班里的工作她都没能很好地完成，虽然班主任并没有责怪她，甚至还鼓励她，但是她的内心瞬间泛起一种自卑感，觉得自己做什么也不行，自己很逊色。小樱给自己的内心戴上了沉重的枷锁，这让她每天都很难高兴起来，大家也都很担心她。

爸妈送给小樱的话：

小樱，你要看到自己的长处，不能只看到自己的不足。你的确不算漂亮，但是你知道自己很懂礼貌吗？阿姨和叔叔们总是夸你懂事，他们都说你言谈举止落落大方，遇事能够做到镇定自如，从容不迫，这都是你的长处，你完全不必因为自己的一些缺点去钻牛角尖。你能够通过自己的努力做到很优雅，很有气质，就可以使你鹤立鸡群。

另外，你的学习成绩在班中一直处于上游，你是同学们学习的榜样，所以你要知道你这个榜样要健康向上啊，可不能让别人觉得你很不自信，从而

也以你为榜样，这样大家都变得不自信了。

所以，不要因为自己的一些缺点和不足就急于否定自己，要让自己的青春变得精彩。也许和别人比起来你有很多不足的地方，这也不是什么坏事，你可以更加清楚地了解自己，从而能够在相应的地方下手，完善自己，做到更好。

再换个角度看，如果你是完美的了，大家都来夸赞你，你的生活就一定美好了吗？真正完美的生活正是充满缺憾的生活，这样的生活才有挑战性，才能让你感受到自己的价值和生存的意义。

你需要了解的知识点：

1. 不要只看到自己的短处，要全面了解自己。知道自己的长处在哪，并把长处发挥到极致，你同样可以散发出更为耀眼的光芒。

2. 平时多注意积累，你的知识体系的逐步完善是一个积累的过程，平时打开电视、电脑不要只看电视剧、电影，要多看看新闻、科教节目，多关注一些政治、经济和科技发展动态，这样会让你的视野更加开阔，从而获取更多的经验，让你更加与众不同，更加出众。

3. 当然，当你把自己的优点发挥到博得众人的喝彩的时候，不要忘记提醒自己要谦虚。因为一个人如果太清高同样是会遭到众人鄙视的，所以不要在两个极端做事。

4. 在安全的前提下多接触，尤其是在和父母一起去哪里玩或者出席什么活动的时候，要尝试着和各种人进行交流，拓展自己的视野，这对你的成长很有帮助。

5. 没有人什么都行，即使是名人，也都有自己的缺点，所以，人无完人。要有一个好的心态，把主要精力集中在学习上，学习才是现在最为主要的任务。

丢掉依赖，女孩更要懂得独立

刘青青从小就是让母亲给穿衣服，吃饭也是让母亲给准备好了一口一口喂，不过那时她还小，这些事情当然要有母亲帮她完成，对母亲的依赖是必不可少的。可是，今年已经初一的青青却仍然非常依赖母亲。每次回家之后，都是母亲把饭做好把她叫到桌前才肯吃；晚上睡觉了，也是躺在床上喊妈妈关灯；每次上学前还是母亲给收拾书包，很多时候自己都不知道该带什么书。青青对这个事情似乎没有什么意识，但是母亲却一直有些担心，总是怕女儿受委屈或者觉得自己照顾不到，而娇生惯养她的母亲一直担心她不能独立。

直到有一天，她回家向妈妈哭诉班里的人都不给自己倒水喝，也不帮她拿东西。母亲看教育的机会来了，于是给青青讲了一个故事：有一年，很热的夏天，一队人出去漂流。女孩在玩水的时候，不小心把拖鞋掉下去了，沉底了。于是，女孩儿就向别人寻求帮忙，可是每人只有一双拖鞋。女孩心里很不爽，因为她习惯了向别人求助，而只要撒娇就会得到满意地答复。可是这次却没有。她忽然觉得这些人都不好，都见死不救。后来，有一个男孩将自己的拖鞋给了她，然后自己赤脚在那晒得滚烫的鹅卵石上走了很久的路。女孩表示感谢，男孩却说：“你要记住，没有谁是必须要帮你的，帮你是出于人情，不帮你也是理所应当。”女孩记住了男孩的话，自此以后学会了对施以援手的人铭记在心，并给以更大的回报。

很多时候，我们总是希望得到别人的好处。一开始，还感激不尽，可是久了便成为习惯了，一旦习惯了别人对你的好，便认为这都是理所应当的。若是有一天不再是这种状况，你便觉得怨恨。其实，不是别人不好了，而是我们的要求变多了，习惯了得到，便忘记了感恩。

爸妈送给青青的话：

我们祖国本身就有儒家文化的传统，重视孩子的教育，重视对孩子的培养。但是有些家庭对孩子有溺爱的现象，在满足了孩子的基本生存需要外，百般呵护，生怕孩子受了委屈，使孩子减少了认识自己的机会。当她们的需要不能达到时，她们宁愿停留在那个低层次，表现出一种拒绝向上、不思进取、一种颓废的态势。

现在很多家长都抱着"不能让孩子低人一等"、"宁亏自己不苦孩子"的心态，结果反而害了孩子。青春期应该是一个由依赖走向独立的过渡期，这个时期的确充满着风险和考验。他们像刚刚长出的嫩芽，非常容易受到伤害，需要家长和老师时时进行关注，精心照料，但是也要让他们适当感受风雨来袭的感觉，要让孩子学会独立，得到锻炼这样他们才知道如何"生长"。

你需要掌握的知识点：

1. 学会正确认识自己，尤其是感情的变化，要能够有所控制，从而知道自己该怎么管住自己，这是很必要的一步。

2. 尝试在没有父母帮助的情况下做一些家务或者一些力所能及的事。

3. 专心学习科学文化知识，这对你能够真正成熟、走向独立是最为必要的，因为每一个人毕竟都要在最后建立自己的家，那个时候你的知识和能力对你的家庭是非常有用的。

“四面楚歌”：

看待成长的烦恼

Chapter 10

第10章 亲情沟通，家庭中的烦恼细心对待

对于处于青春期的孩子们来说，跟家长畅通地沟通似乎觉得非常艰难，同时也感觉到非常的痛苦，甚至不敢回家，害怕见到自己的爸爸妈妈。最亲近的人成了最害怕和逃避的人。为什么会出现这种状况呢？究竟如何解决父母和孩子之间的这个问题呢？在这一章，我们做了详细的介绍，如果你正和父母在闹别扭，正在为他们的不理解而痛苦时，不妨认真地看一看，或许对你有很大的帮助。

我不知道怎么和父母沟通

青春期女孩子的困惑:我没有办法和父母沟通怎么办?

“妈妈,这个周末我约了好朋友一起去踏青,你说我穿哪件衣服比较好啊?”周末的晚上,小慧这样问道。听到小慧的话,妈妈惊讶地说:“什么,你们要去踏青?踏什么青啊?”“哎呀,妈,你真老土,连踏青都不知道。就是春天来了,我们一起去郊外感受一下。”

“什么?还要去郊区?你们可真够没劲的,不就是看看绿色吗?还整出个‘踏青’来。要想看绿色,去公园啊,那里有花有草的。干嘛非要跑到郊区去啊?我可告诉你啊,不准去。几个小姑娘,骑着自行车,跑几公里外的郊区去,多危险啊。”妈妈摆出一副工会主席的样子,传达了指令。听到这话,小慧急了,她说:“我们出去,不仅仅是为了看看绿色,更主要的是挑战自己,磨炼自己的意志。”妈妈白了一眼说:“闲的没事做了?几个人骑着自行车遛膘去?”

小慧气呼呼地说:“哎呀,妈,你怎么就不明白呢,你们当年也是这样一步一步长大的,我们也需要成长,你怎么就不理解我啊!”妈妈针锋相对地说:“我没有让你不成长啊,相反尽做长肉的食物给你吃,让你快快地长大,你怎么说我不让你成长呢?”小慧无奈地说:“你以为成长就是长个头、长身体啊?”没等小慧把话说完,妈妈抢过话头说:“那么,你告诉我,你想要成长是想长啥?”小慧急得都快哭了,她气氛地说:“简直跟你没有办法沟通!”

爸妈送给小慧的话:

在这里,爸爸妈妈要跟你一聊和家长无法沟通的问题。对于很多处于青春期的孩子们来说,跟家长没法沟通是个非常痛苦的事情,觉得大人们不理解自己。事实上,爸爸妈妈的想法和观点与你不相同是再正常不过的事情，因为大人生活的年代和经历的事情，对于你来说，一样没有办法理解。所以，你为什么又苛求父母必须得理解你呢？但是，爸爸妈妈是爱孩子们的，基于这个基础，作为女孩子，要想尽一些办法和父母进行交流和沟通。

你需要了解的知识点：

很多孩子们和父母沟通的时候，动不动就会发生争吵，这让父母觉得孩子越来越不听话，让孩子觉得父母简直是不可理喻。那么，究竟如何跟父母进行良性的沟通和交流呢？如何才能让父母认可你、支持你呢？这是困扰着很多孩子们的难题。在这里，爸爸妈妈和孩子们一起来讨论这个问题。

1. 不要抱怨父母

由于父母和孩子们所经历的生活年代不同，对生活中的一些事物有认识的分歧是正常的。对于孩子们来说，其认识可能要前卫一些，可是对于父母来说，其认识要保守一些，这样，很容易在交流的时候发生隔阂。这时候，作为儿女，千万不要抱怨你的父母，觉得他们太保守、没文化，这样会伤害父母的心。即使再有意见，也不要和父母争吵。

2. 学会理解他们

对于父母来说，他们所认为的一套价值体系就是正确的，与他们的认识不一样的就是错误的。可是社会的发展，认识出现了多元话。孩子们年轻，接受的是新鲜的。这一点，作为孩子，一定要明白。多站在父母的角度上去想问题，对他们的一些想法和做法打心眼里去理解和接受。这样一来，你和父母之间的隔阂便会越来越小了。

3. 改换表达方式

很多孩子在和父母进行沟通的时候，总是不断地强调自己是正确的，自己的想法是对的。可是对于父母来说，你就是太过叛逆呢，自然会对你严加管束。事实上，你并没有错。这就要求孩子们在表达的时候要换一种方式，从父母的角度出发，把你的想法说得温暖人心，这样，父母自然就没话可说了，理解你、支持你也是理所当然的事情了。

爸爸妈妈,请你们理解我

青春期女孩子的困惑:爸爸妈妈为什么不理解我呢?

“翘翘,刚才英语辅导班的老师打电话给我,说你已经好几周没有去补习了,这是怎么回事呢?”这天下午,王翘翘刚进家门,妈妈就叫住了她,问道。翘翘便随口编了个理由说:“学校有活动,没有时间啊。”妈妈一脸严肃地说:“学校里在搞什么活动。”没想到妈妈并不好糊弄,这一下,翘翘开始紧张起来,只好把谎言继续说下去,她说:“学校在举办运动会,我被选中参加了开幕式的排练。”

妈妈没有再追问,正在翘翘暗自庆幸的时候,妈妈拨通了班主任的电话。几分钟之后,妈妈气急败坏地出现在了翘翘的面前,吼道:“老师说根本就没有选中你,你为什么要说谎话骗我啊?”翘翘委屈地说:“妈妈,我真的不想去补习了,我现在业余时间都被安排得满满的,没有时间休息和玩,我感觉特别的累。”

妈妈说:“你有什么可累的啊,我和你爸爸整天累死累活的,为的是什么,不就是希望你能好好学习,将来能有出息吗。可给你花了钱,你怎么不知道珍惜的呢。”翘翘哭着说:“妈妈,我知道你和爸爸很辛苦,可是我真的不想去补习了,我想把更多的精力投入到学习中去啊。”妈妈说:“你的同学们都在补习加班呢,你不补习,就会掉队的。”翘翘说:“妈妈,我真的不想去,求求你了,你就不要再逼着我去了吧,行吗?”“不行,这事没得商量,明天晚上你乖乖地去给我补课。”

爸妈送给翘翘的话:

在这里爸爸妈妈要跟翘翘聊一聊不被父母理解的问题。事实上,很多时候父母总是把很多的爱倾泻在孩子的身上,但是有些时候却不是孩子想要的，这样就会让孩子觉得非常的痛苦，觉得爸爸妈妈不理解自己。事实上，爸爸妈妈是爱孩子们的，怎么可能不考虑孩子们的感受呢？关键在于作为孩子们是否会跟父母交流和沟通。在这方面，孩子们要多下点功夫。

你需要了解的知识点：

很多孩子总觉得爸爸妈妈不理解自己，总是用自己的想法来代替父母的想法。把所有的责任都归结在父母的身上。事实上，关键在于你是否会和父母沟通、交流。那么，孩子们究竟如何才能让父母理解自己呢？在这里，爸爸妈妈要跟孩子们一起探讨和沟通。

1. 要懂得及时向父母撒撒娇

很多时候，当孩子们觉得父母没有办法理解自己而被迫顺从的时候，作为孩子不妨利用父母疼爱你的心理，适当地在父母面前撒撒娇。很多时候，动之以情、晓之以理不能让父母支持你，可是你撒撒娇却能起到一定的效果。作为女孩子，在和父母之间的博弈中，要应用好撒娇的本事，适当的时候达到获取父母支持的目的。

2. 用真情表达你内心的想法

很多孩子往往觉得父母不理解他们，究其原因不是父母不通情达理，而是因为孩子总是不跟他们交心，总是跟他们闹情绪，跟他们对着干。如果孩子能坦诚地敞开心扉，用真情表达你内心的真实想法，我想，作为父母一定能理解你。因此，对于女孩子来说，要想让父母理解你，那么就要把心扉打开，给你的爸爸妈妈一个了解你的机会。

3. 用事实证明一次你是对的

如果你每次的想法都被爸爸妈妈给否定了。那么不妨找个机会，用事实向他们证明你是正确的，你并没有错。这样一来，爸爸妈妈便能理解你的用心良苦了。当然，你所做的事情必须是安全、正确的。否则，爸爸妈妈不但不会理解你、支持你，还有可能更加地埋怨你。

日记被父母偷看怎么办

青春期女孩子的困惑:日记被父母偷看了怎么办?

“真是太奇怪了,为什么我昨天刚刚在日记里写了想吃牛肉饺子,今天妈妈就做了牛肉饺子给我吃呢?难道妈妈跟我有心灵感应吗?”这天晚上,思茵躺在床上胡思乱想着。“可是,这怎么可能呢?如果真是这样的话,为什么以前没有,现在有了呢?”想着想着,思茵慢慢地进入了梦乡。

第二天下午,思茵回到家里,拉开抽屉,准备取出日记本写日记。突然,她感觉到抽屉里好像被人动过。顿时,思茵明白了,不是她和妈妈之间有了心灵感应,而是妈妈在趁她上学的时候悄悄地偷看了她的日记。

为了验证自己的猜测,思茵在当天的日记里写了,自己想要吃鸡肉,而且在写日记的当页,用毛线放了一个自己才看得懂的图案,只要一翻动日记本,图案就会乱。第三天放学后,思茵迅速地拿出笔记本一看,果然图案乱七八糟的不成形,而且厨房里传出来了扑鼻的大盘鸡的香味。

思茵没有找妈妈去理论,也没有像有些孩子那样给日记加锁,或者藏起来。而是依旧装作什么也没有发生。不过她在日记里写了很多这几天发生的事情,写了自己的猜测,但是她并没有写出自己得出的结论。其中她还表达了对偷看日记的鄙视和痛斥。从那以后,妈妈再也没有偷看过思茵的日记。

爸妈送给思茵的话:

在这里,爸爸妈妈要跟思茵谈一谈日记被父母偷看之后该怎么办?事实上,任何人都有自己的隐私,都不希望别人偷窥,尤其是女孩子,更是无法忍受,哪怕是自己的父母看了也不行。可是父母毕竟是长辈,当你发现他们在偷看你的日记的时候,千万不要和他们争吵,因为他们只是想多了解你,只不过用错了方法。如何把你的不满巧妙地传达给父母，是孩子们需要思考的问题。

你需要了解的知识点：

父母偷看孩子们的日记是不恰当的，有的孩子却因此而跟父母产生隔阂和矛盾，甚至敌视和对抗父母，让父母和孩子之间的鸿沟更深。这让做父母的很心寒。那么，遇到这种情况，作为孩子，究竟怎样做才能既表达你的不满，又不至于伤害父母的情感呢？在这里，爸爸妈妈要跟孩子们一起来聊聊这个话题。

1. 在日记中表达对父母的不满

有些孩子得知父母看了自己的日记后，便又哭又闹，跟父母闹情绪，让父母心寒。事实上，父母这么做完全是为了更好地了解儿女。作为女儿，这时候不妨在日记中多表达对偷窥日记行为的斥责，但是不要明说已经知道了。这样，在父母和子女之间并没有形成对抗的情绪，也能巧妙地批评了父母，又维护了他们的脸面，可谓是两全其美。当然，父母在偷看的时候自然看得到了。

2. 坦诚跟父母谈一谈你的想法

当你发现你的爸爸妈妈在偷看你的日记之后，不妨主动坦诚地找他们谈一谈。或许他们为了面子不会承认，或许他们会抵赖。因为他们觉得自己做错了，会惹你不高兴。这时候，你不妨委婉地告诉他们。说话的时候不要带情绪，表达得真诚一些，这样父母以后想了解你会直接跟你谈，而不是偷偷摸摸地看日记了。

3. 努力跟父母进行良好的沟通

父母之所以偷看你的日记，无非是想知道你内心之中的真实想法。那么，作为孩子，如果要想让父母不再偷窥你的日记，那么不妨在平日里多和他们进行沟通和交流，让你们之间能够互相了解。这样一来，把你的心思全告诉父母，父母也没有必要再偷看你的日记了。

其实我也想多做些家务

青春期女孩子的困惑:为何我就不能多做一些家务?

“柳丝,快起床,都七点半了,在我走之前得把屋子打扫干净。”妈妈一边收拾屋子,一边招呼着柳丝起床。柳丝伸了个懒腰,望着匆忙的妈妈说:“妈,你上班去吧,我来收拾吧。”妈妈忘了一眼,不屑地说:“我看还是算了吧,你从来没有收拾过屋子,收拾起来我不放心。”柳丝不高兴地说:“妈,你别看不起人,我也是大姑娘了,会收拾屋子了。”

妈妈一边干活,一边说:“知道自己是大姑娘了,就该懂点事,在学习上多用点心思,你学习学好了,将来考上好的大学,我和你爸就算多吃点儿苦也值了。你要是不专心读书,我们的心血可就白费了。”柳丝一听妈妈又开始对她进行政治教育了,急忙说:“哎呀,妈,我知道了,我只是想帮助你做家务,你看看你又扯到哪里去了。”

这天下午,妈妈从单位匆匆忙忙地赶回来做饭,一进门,她被眼前的景象惊呆了,原来饭已经做好了,并端到了桌子上,柳丝正在忙着打汤呢。看到妈妈来了,柳丝笑嘻嘻地说:“妈妈,我把饭菜已经做好了,你过来尝尝,我的手艺怎么样?”妈妈拉下了脸,瞪着柳丝说:“作业做完了没有?今天去补习功课了吗?”柳丝仍笑嘻嘻地说:“作业晚上再做,这周的科目我学校里已经学了,没去补习。”

妈妈气呼呼地说:“那你这一天在家里干了什么?瞎玩了一天。”柳丝见妈妈的脸色很难看,于是说:“没有啊,妈妈,我今天学会做饭了,而且非常的丰盛。”妈妈气愤地说:“不吃!以后你给我记住了,家务不用你做,你的任务就是给我好好学习。”

爸妈送给柳丝的话:

在这里爸爸妈妈要跟柳丝谈一谈做家务的事。对于每一个父母来说，宁可自己苦一些累一些，也不会因为做家务而让孩子们的学业受到影响。父母的想法是在表达一种爱，可是却让孩子感受到非常压抑，有了负罪感。作为孩子，要明白父母的一片良苦用心，不要因此而对父母产生误会，甚至对抗的情绪。受伤害的不仅仅是你，还有你的父母。

你需要了解的知识点：

对于孩子们来说，想做点家务，减轻父母的压力是值得肯定的，但是，作为父母，他们在孩子们身上给予了更高的期望。他们担心孩子们做家务会花费时间，影响他们的学习。那么作为孩子，如何能让父母明白你的一番苦心呢？在这里，爸爸妈妈要跟孩子们一起来探讨和研究这个话题。

1. 让父母知道你很理解他们

孩子们随着年龄的增大，开始考虑问题了，也能明白父母倾注在他们身上的爱。正是因为如此，孩子们才想着多做点家务。可是对于父母来说，可能觉得是孩子不听话，没有把注意力放对地方。因而，孩子们要让父母明白，你做家务完全是为了减轻父母的负担，也是一种爱的表达，这一点做父母的没有权利阻止，否则孩子们也不会接受他们的爱。

2. 证明做家务并不影响学习

父母之所以不允许孩子们做家务，主要是因为他们担心做家务会花费时间，会对孩子的学习造成一定的影响。作为孩子，如果能让父母明白，做点家务并不影响到学习，那么父母便没有理由再拒绝孩子做家务了。作为学生，学习是第一要务，只有抓紧时间，提高学习效率，才能有抽出空闲时间来做点家务。

3. 告诉父母你有做家务的责任

在父母的眼里，孩子永远都是小孩，都需要被人照顾。事实上，孩子们已经长大了，同样，他们也有做家务的责任，这一点，在很多父母的眼里并没有意识到。所以，他们不会轻易让孩子们做家务。作为孩子，你要让你的爸爸妈妈明白你是这个家里的一员，做家务是你的责任。这样，父母也会给予

你应该有的尊重和地位。

父母忙于工作，与我没有共同语言

青春期女孩子的困惑：父母很忙，我与他们没有共同语言怎么办？

"丽丽，今天是你的生日，爸爸给你买了生日礼物，喜不喜欢啊？"深夜十二点，已经进入梦乡的丽丽突然被摇醒了，她睁开双眼，朦胧地看到了一个中年男人坐在她的身边，俯着身子在看她。他就是丽丽的爸爸。丽丽礼貌地说了声："谢谢。"便转过身去继续睡觉了。

丽丽的冷淡让爸爸多少有些尴尬，他接着说："今天本来是早点赶回来给你过生日的，可是就在我准备回来的时候，接到了一个客户的电话。对不起啊，丽丽。"丽丽没有作答，只传来轻微的打鼾声。爸爸无奈地走出了丽丽的房间，一个人坐在沙发上心里异常的酸楚。

第二天是周末，爸爸请了假没有去上班，妈妈也刚好出差回来了。于是一家人聚到了一起。可是当他们忙里忙外地准备了一桌子丰盛的饭菜之后，丽丽却告诉他们，今天她要去乡下找姥姥姥爷。爸爸说："丽丽，我们一家人好不容易聚到了一起，你今天就别去了吧，和爸爸妈妈一起好好聊聊。"妈妈也随声附和说："是啊，丽丽，我们好长时间没有一起聊天了，你就陪爸爸妈妈好好说说话吧。"

丽丽点了点头坐在了一边，面无表情地说："聊什么啊？说吧，我听着呢。"爸爸说："爸爸妈妈工作都很忙，平日里对你也照顾不周，你不要生气啊！"丽丽依旧没有表情，她冷漠地望着爸爸，嘴里挤出了两个字"不会。"她依旧冷冷地望着爸爸，爸爸不知道再说什么才好。妈妈此时也感觉到很尴尬，急忙问："最近学习怎么样啊？"丽丽说："就那样。"妈妈也没了话，坐了一会儿，丽丽说："说完了吗？没说的我走了。"说完径直向门口走去。爸爸急忙追出来说:"丽丽,你看你妈妈给你做了这么丰盛的一桌子饭菜,你吃完了再去吧。"丽丽快步行走,没有回头。

爸妈送给丽丽的话:

在这里爸爸妈妈要跟丽丽聊一聊彼此之间没有共同语言的问题。很多时候,彼此之间相处的时间久了,话也就多了,同样,爸爸妈妈工作忙,没时间和孩子们相处,造成了彼此之间的陌生感。即使想沟通、想交流,也因为彼此的不了解,而无话可说,没有共同语言。作为青春期孩子,要想和爸爸妈妈有共同的话题可聊,那么就要和父母产生情感的联系,这样才能为彼此交流奠定好的基础。

你需要了解的知识点:

由于爸爸妈妈整天忙于工作,和孩子相处的时间较少,对孩子的关怀和照顾也少,这样孩子缺乏父母的爱,对父母有了成见和想法,而拒绝和父母交流。长此以往就造成了很多孩子和父母之间的隔阂。那么,究竟如何才能让父母跟孩子之间产生共同的话题,而消除误会和隔阂呢?在这里,爸爸妈妈和孩子们一起来探讨和解决这个问题。

1. 多对父母表达你的心情

父母平日里工作忙,对孩子的关心和照顾少,势必造成了父母和孩子之间的隔阂。但是一个巴掌拍不响,不能把所有的责任都推到父母的身上。作为孩子,父母整天累死累活地忙碌,你不妨多去关心他们,这样同样可以营建起与他们之间的情感。父母觉得你很懂事,也会时时记着你,尽可能地给你关爱。如果你不表达,父母工作一忙,也会忘了你,时间久了,双方就有了陌生感。

2. 把你的故事讲给他们听

尽管父母工作很忙,但是作为儿女,当你们兴致勃勃地给他们讲你身边的很多故事的时候,爸爸妈妈还是乐意去倾听的,为你的开心而高兴,为你的伤心而难过。这样,尽管彼此之间很少在一起,但是一样能建立起亲密的感情。如果你不说,爸爸妈妈忙也顾不上把工作上的事情讲给你听,彼此之

间的情感沟通便断了线。

3. 重要节日要记得打电话

一般情况下，一些重要节日，是亲密情感的人之间相互表达想念的时间。有时候父母会因为工作忙给忘记了。但是作为孩子，如果没有接到父母的电话，不妨主动拨给他们，告诉他们你很想念他们，这样会让父母分外感动，彼此之间的情感也就会慢慢地建立起来。如果你把这个责任推给父母，他们却因为工作忙给忘记了，那么彼此的情感建设便割裂了。

父母要离婚，我该怎么办

青春期女孩子的困惑：父母要离婚，我该怎么办啊？

“你怎么这么晚才回来啊？干什么去了？”爸爸刚一进门，妈妈就步步紧逼，开始追问。爸爸生气地吼道：“我能干什么去啊？你以为挣钱就那么的容易吗？”妈妈不依不饶地说：“你别给我找各种理由，你以为我不知道吗，你和那个狐狸精的事情。”爸爸怒气冲冲地说：“哪个狐狸精的故事，你给我说清楚……”紧接着，是爸爸妈的妈厮打声、吼叫声。往往这个时候，青儿只能躲在角落里流眼泪。

打完架后，爸爸愤怒的吼道：“这个日子我没法过了，我要离婚。”妈妈也不示弱，一边哭一边说：“离婚就离婚，我也不想过了。你想好了就别后悔。”“你放心，我绝对不后悔。”

第二天一早，青儿上学之前，来到妈妈的卧室，她说：“妈妈，我能不能求你件事情啊。”妈妈望着青儿，点了点头，青儿轻声地说：“妈妈，你和爸爸是不是真的要离婚啊。”妈妈望着青儿，面无表情地点了点头。“妈妈，你们离婚了，我该怎么办啊？”青儿伤心地说。妈妈看着青儿无辜的眼神，眼里的泪水流了下来。青儿摇着妈妈的手说：“妈妈，你能不能答应我，别离婚了，就算是为了我，别离婚，好吗？我一定好好劝劝爸爸。”妈妈只顾着一个劲地流眼泪，说不出话来。

这时候，爸爸准备去上班。青儿追出来，哽咽地说：“爸爸，你和妈妈能不能不要离婚啊？”爸爸一扭头说：“你屁大的孩子，管我们的事情干什么。”青儿哭着说：“爸，我不想失去你，也不想失去妈妈，我求求你了，爸，为了我，不要离婚好吗，我想要一个完整的家。”爸爸沉默了几秒钟，没有说话，青儿能看得出来，自己的话触动了爸爸的心。

爸妈送给丽丽的话：

在这里爸爸妈妈要跟青儿聊一下父母要离婚，孩子怎么办的问题。事实上，表面上看起来这是大人之间的事情，可是最终受伤害的却是孩子。对于孩子来说，当父母出现离婚念头的时候，要想方设法及时地挽救父母的婚姻，而孩子的挽留往往能在很大程度上起到让父母撤销离婚的念头。作为孩子，在这个时候，一定要想办法来帮助父母。

你需要了解的知识点：

父母的婚姻产生危机，往往会让孩子感觉到困惑和迷茫，失去安全感。作为平衡婚姻的中坚力量，孩子起着至关重要的作用。那么，作为孩子，当父母出现离婚的征兆的时候，究竟如何做呢？在这里，爸爸妈妈要跟孩子们一起来探讨和了解这个问题。

1. 用眼泪来感化父母的心

很多时候，父母之间发生矛盾，闹到要离婚的地步，往往是因为谁都认为自己没有错，不愿意认输，而实际上两人的内心之中未必真的要离婚，只是面子上过不去。这时候，如果你在他们面前表现得很伤心，在一定程度上能触动父母内心深处的那根弦，因为孩子是他们爱情和婚姻的见证。

2. 要对父母进行多次的挽留

在双方闹到要离婚的时候，往往谁都不肯低头，因为低头就认为是认输，会很没面子，很伤自尊。但是作为孩子，如果开口替爸爸挽留妈妈，或者是替妈妈挽留爸爸，这样既能给双方台阶下，又能给双方找个理由借口，是

看在了孩子的面子上。保护了两个人的自尊免受伤害。以后即使再发生争吵,完全不会受制于人。

3. 关键时候用你的感受说事

对于父母来说,离婚的时候,最放心不下的也是孩子。因为离了婚意味着孩子将要和另外的一个男人或者是女人一起生活,因为没有血缘关系,保不住会受别人的虐待。这是父母最不愿意看到的事情。对于孩子来说,在关键的时候多和父母说说自己的感受,往往会让父母很揪心。这样在很大程度上便挽救了父母的婚姻。

无法接受继父或继母,怎么办

青春期女孩子的困惑:无法接受继父继母,怎么办啊?

“小美,爸爸要重新结婚了,高兴一点啊。”在爸爸的再婚宴会上,小美一个人偷偷的躲在角落里,心里是那么的难受。爸爸在无意间看到了小美无助的眼神。于是走过来安慰她。小美没有说话,转身走出了宴会厅。晚上,天黑了,依旧不见小美的身影,爸爸妈妈非常的着急,奶奶坐在一边不停地流眼泪。

就在大家万分焦急的时候,小美推开门走了进来。爸爸赶紧走过去,说:“小美,你去哪里了啊,我们都急死了,你出去的时候怎么也不说一声呢。”小美委屈的泪水流了出来,她一边哭,一边指着后妈说:“你就知道整天围着她转,什么时候在乎过我啊!”爸爸站在那里不说话了。这时候,后妈走过来,拉着小美的手说:“小美啊,我和你爸爸今天只顾着忙着典礼了,把你忽视了,我们给你道歉。”

没想到,小美扬起手,狠狠地抽了后妈一个耳光,愤怒地吼道:“谁要你来同情,你这个狐狸精,你快点给我滚出家门。我再也不要看到你。”爸爸看到后，吼道：“你怎么这样对她呢，她现在是你妈！”见爸爸冲自己吼，小美哭着说：“我妈早死了。她不是我妈。”说完气呼呼地跑进了自己的房间拍住了门。

第二天，后妈早早地起床，做好了早餐，还特意为小美煎了个荷包蛋，当小美来吃早餐的时候，后妈把煎好的荷包蛋端到了她的面前，小美见状，一把推在地上，愤恨地说：“谁吃你做的早饭啊，假惺惺。”说完，背起书包转身走了，只留下后妈一个人站在那里不知所措。

爸妈送给小美的话：

在这里，爸爸妈妈要跟小美谈一下无法接受非亲父母的事情。事实上，对于很多孩子们来说，一个和自己没有任何血缘关系的男人和女人要做他们的爸爸妈妈，从情感上来说，多多少少有些难以接受。再加上媒体和现实生活中很多活生生的例子也让他们觉得，自己没有安全感，继父和继母可能会虐待自己，因而打心眼里有对抗的情绪。但是对于孩子们来说，也要考虑大人的感受。试着去对他们友善一些，或许他们也会对你很好呢？

你需要了解的知识点：

继父和继母对于孩子们来说，是以后要与他们一起生活的一家人。可是对于孩子们来说，难免会产生不安全感。可是，有的孩子却能和继父继母和睦相处，而有的孩子却和继父继母的关系很恶劣。抛开父母的原因不说，对于孩子来说，究竟如何和继父继母和睦相处呢？在这里，爸爸妈妈要跟孩子们来探讨这个问题。

1. 抛开他们会伤害你的心理

很多孩子们之所以敌视继父继母，是因为在他们的内心中，有一个心理定式，那就是继父继母会伤害他们，会虐待他们，出于缺乏安全感的本能防卫，他们内心之中会敌视和对抗继父继母。事实上，很多时候，也正是因为孩子们的对抗心里，让继父继母厌恶他们。这样形成了水火之势，继父继母对孩子们不好也就变得理所当然了，因为你不喜欢他们，他们自然也就不喜欢你了。

2. 不妨把他们当做朋友一样

对于孩子们来说，突然要一个陌生人做自己的爸爸或者妈妈，多多少少有些难以接受。因为对于任何人来说，父母是最亲近的人。孩子们也是一样的。如果一个陌生人突然靠得太近，出于本能，我们会后退，会对抗。对于孩子们来说，不妨暂时不要把他们当做你的爸爸妈妈，而是当做你的朋友，这样就不会产生心理的对抗情绪。对继父继母即使不喜欢，也不要厌恶和拒绝。

3. 试着接受他们给你的友善

一般情况下，继父继母为了能和孩子们和睦相处，一开始对孩子们都非常的好，以期望给他们留下好印象。是孩子们的敌视和对抗让他们灰心和失望。因此，对于孩子们来说，不妨试着去接受他们向你传达的友善，即使你不喜欢他们，也会让他们有信心以付出行动来获得你的信任和喜欢。否则，你和继父或继母之间的关系就没有办法得到调节，让你的爸爸妈妈夹在中间难为情，或许最后受伤害的还会是你。

我想念爷爷奶奶

青春期女孩子的困惑：我非常想念爷爷奶奶怎么办？

爷爷奶奶已经相继离开整整有三年的时间了，可是雪儿却始终没有忘记他们。这天晚上，她翻来覆去睡不着，想起以前和爷爷奶奶在一起的日子，她的眼泪忍不住流了下来。“雪儿，怎么了，发生什么事情了？”突然，妈妈敲了敲门，关切地问道。雪儿的哭声戛然而止，她哽咽着说：“妈，没事。”妈妈推开了门，拉亮了灯走了进来。

看到妈妈后，雪儿的哭声突然间大了起来，她扑倒在妈妈的怀里尽情地流起了眼泪。妈妈轻轻地拍了拍她的肩膀，一边安慰一边说：“雪儿，究竟发生什么事情了，坚强一些，有妈妈和你在一起呢。”雪儿一边哭，一边说：“妈妈。”妈妈接着说：“好孩子，究竟发生什么事情了，告诉妈妈好吗？”

雪儿哭着说：“妈妈，我想爷爷奶奶了。想奶奶每天早上为我做的早餐，想念爷爷烟雾缭绕地给我讲故事。爷爷奶奶那么好的人，怎么说走就走了呢。”雪儿的哭声惹得妈妈也哭了起来。妈妈说：“爷爷奶奶上了天堂，她在天上正看着我们呢。”

几分钟之后，雪儿止住了哭声。她转过头来说：“妈妈，我经常会梦到爷爷奶奶，她们还和以前一模一样，我告诉他们我长大了，考上高中了，爷爷奶奶一个劲地夸我聪明伶俐呢。还有啊，我们家买了楼房的事情我也告诉他们了。爷爷奶奶笑的嘴巴都合不拢了……”听着雪儿的话，妈妈说：“雪儿，这个周末，我们一家去祭拜他们，你说好不好啊。”雪儿望着妈妈，认真地点了点头。

爸妈送给雪儿的话：

在这里，爸爸妈妈要跟雪儿聊一聊想念爷爷奶奶的事情。对于孩子们来说，爷爷奶奶曾经给他们带来了太多的温暖和爱。当他们去世了，或者是不在身边的时候，对他们产生思念也是很正常的事情。这时候，作为孩子们，一定要把对老人的这份思念化作学习中的动力，努力让自己更加优秀，以不辜负爷爷奶奶对你的期望。

你需要了解的知识点：

很多孩子对爷爷奶奶都有很强的依恋，很容易对她们产生思念之情。当这种情绪笼罩在心头的时候，孩子们究竟怎样才能适当地化解和宣泄呢？在这里，爸爸妈妈和孩子们一起来研究和探讨这个话题。

1. 把这份思念之情及时地表达出来

一般情况下，人有了情绪要及使地表达和宣泄，这样才能让你的心情保持足够的愉悦。同样，当孩子们非常思念爷爷奶奶的时候，往往会想念跟他们在一起的时光，这样不免有些伤感。这时候，作为孩子一定要把这种思念之情向爸爸妈妈表达和宣泄出来，事实上，当你表达了之后，你会发现你的

心情会好很多。不要担心爸爸妈妈会笑话你，你对老人的思念也能慰藉父母的心。

2. 和家人一起去看望爷爷奶奶

对于一般人来说，想念某个人了，最简便的化解思念之情的方式就是去看望对方。同样，孩子们想念爷爷奶奶了，就去看望他们。如果爷爷奶奶还在世，那么去看望爷爷奶奶的时候，可以让孩子跟爷爷奶奶一起生活几天。如果爷爷奶奶去世了，那么作为父母就要和孩子们一起去祭拜老人，让孩子们内心的思念之情得到及时的表达和宣泄。避免因为思念老人过度，而严重地影响了你的学习。

3. 努力学习让爷爷奶奶高兴些

对于爷爷奶奶来说，他们都希望自己的孙子孙女能够茁壮成长，表现突出，这样他们内心也会由衷地感到骄傲。那么，作为孩子们，当你思念爷爷奶奶的时候，不妨努力学习，让自己表现得足够优秀，以不辜负爷爷奶奶对你的殷切期望，让爷爷奶奶为你而高兴，为你而骄傲。这样，当你有了这样的信念的时候，你的思念之情及时地化作了学习的动力，从而避免心情不好而影响到你的学习。

Chapter 11

第 11 章 学校的烦恼，做个好学生才快乐

对于孩子们来说，大多数的时间要在学校里度过。可是学校生活有学校生活的烦恼。同学们之间的远近冷疏，老师的误会和伤害，往往让处于青春期的孩子们觉得烦恼和痛苦，让他们不能把注意力集中到学习中去。那么，产生这些问题的原因在哪里？究竟有没有好的办法来解决这些问题呢？在这一章，我们站在父母的角度，对孩子们做了一些引导和建议，想必对于正处于烦恼中的孩子们有一定的帮助。

“坏孩子”总来骚扰我

青春期女孩子的困惑：“坏孩子”总来骚扰我，让我很烦恼？

数学课上，娟娟正在聚精会神地听课，突然她感觉到屁股上被人踢了一脚，她狠狠地用身子把后面的桌子碰了一下，示意对方不要再打扰她。可是紧接着对方又狠狠地踢了一下，这让她非常生气，她想发作，可是讲台上老师在认真地讲课，她又不得不忍忍，于是她又狠狠的碰了一下后面的桌子，当然后面的同学又踢了她一脚。

娟娟内心非常的气愤，整节课什么也没有听进去。下课之后，她对后面的高个子男生说：“上课的时候，你干啥老踢我啊？”男生坏笑着说：“那你干啥老用后背碰我的桌子啊？”娟娟气呼呼地说：“你先踢我，然后我才碰你的桌子的。”男生蛮不讲理地说：“你要是不碰我的桌子，我干吗踢你啊！”听到这里，娟娟知道这时候说也说不清楚，所以转身坐到了座位上。男生不依不饶地说：“怎么了，理屈了吧，你咋不说了啊？”娟娟气氛地说：“你有完没完？”男生见娟娟真的生气了，便没趣地离开了。

下午，娟娟走进了车棚，推着自行车走出了校门。很快她就发现，车胎里没有一点气。她心想，“自行车最近几天都没出过问题，今天怎么突然没气了呢！”正在她感到疑惑的时候，后座的高个子男生坏笑着走了过来，她说：“怎么了，美女，好像自行车坏了吧。”这时候，娟娟才突然明白过来，原来是这个男生动了手脚，她气呼呼地说：“你这人怎么这么卑鄙呢，我招你惹你了？”男生笑嘻嘻地说：“当然没有了，难道你不明白吗？是我在招惹你。”连续几天，高个子男生总是给娟娟找麻烦，这让娟娟痛苦不已。

爸妈送给娟娟的话：

在这里，爸爸妈妈要跟娟娟聊一聊面对坏孩子的骚扰的问题。在学校里,总有很多调皮捣蛋的男生,常常欺负女同学,给她们的生活带来了很多不便。由于女同学胆子小,又是弱者,所以只能忍气吞声。作为女孩子,当你遇到这种事情的时候,不要一味地忍让,要想办法让坏孩子远离你,不敢来骚扰你。

你需要了解的知识点:

"坏孩子"骚扰女同学的事情在学校里时有发生,但是为什么有的女孩子能巧妙地处理好,而有的女孩子却深陷烦恼的深渊呢?在这里,爸爸妈妈要和孩子们一起来讨论和研究相应的应对方法。

1. 强烈地表达你的愤怒和不满

人与人相处交往,往往会拿捏对方的性格和脾气,当别人觉得你好欺负的时候,就会想方设法给你难堪。同样,同学中间也是如此。很多坏学生往往欺负一些胆小的女孩子。要想不被坏学生骚扰,那么作为女孩子就要敢于强烈地表达你的愤怒和不满,让对方感觉到你很不高兴,非常愤怒,这样对方便不敢再骚扰你了。

2. 不要跟他们随便地乱开玩笑

对于很多"坏孩子"的骚扰,一些女学生觉得和他们硬碰硬不会有好果子吃,于是想要和他们搞好关系来避免他们的骚扰。所以会和他们开玩笑,以缓和对抗的气氛。可实际上,效果恰恰相反。"坏孩子"见女孩子并没有生气,便会变本加厉地欺负你,因为他们料定你是忍耐到底了,你害怕他们。这样一来,实际上并没有办法解决被骚扰的问题。

3. 要拿出和他们拼命的姿势来

很多女孩子往往胆子比较小,被"坏孩子"骚扰后,表达了愤怒也起不了作用,没有阻止住他们没完没了的骚扰。对于"坏孩子"们来说,他们欺负女同学无非是满足欺负弱者的心理,这时候你不妨拿出一副要和他们拼命的姿态来,当女孩子要跟他们拼命的时候,他们内心就会发怵。很多泼辣的女孩子往往让"坏学生"害怕。

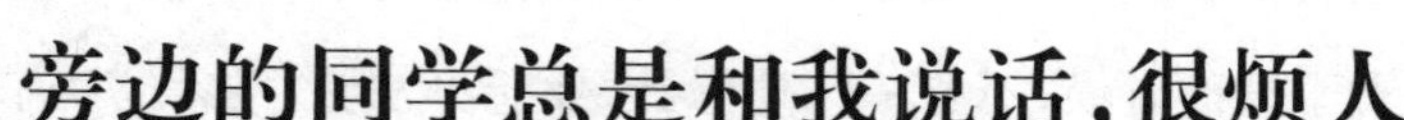

旁边的同学总是和我说话,很烦人

青春期女孩子的困惑:旁边的同学总是和我说话,很烦人。

“明丽,你说这个题我为什么会做错呢?我计算也没有错误啊,为什么最后的结果却和你们的不一样呢?”数学课上,老师正在认真地讲课,同学们都在聚精会神地听课。偏偏明丽的同桌小海一个劲地没完没了地和她说话。明丽悄悄地说:“你先听课,课后咱们再讨论嘛。”“可是我根本听不进去啊,满脑子都是这个题。你给我说说呗。”小海说。明丽很生气,因为小海打扰了她听课,于是她头也没低,说:“我没有时间,我正在听课。”小海接着说:“老师这会儿没有在讲课,你给我说说呗。”

这节课,老师讲的内容明丽啥也没听懂,满脑子都是小海不停的说话声,这让她非常生气。下课后,明丽转身对小海说:“你干吗说个没完没了啊?有啥事这么重要,不能下课后我们再讨论啊。”小海笑嘻嘻地说:“我就是想知道那个题的正确做法啊。”明丽吼道:“你知道不知道,你这样会影响我听课,你自己不听课也就罢了,为什么要影响我呢,你是不是太自私了啊!”

见明丽生气了,小海无辜地说:“怎么了?我就是向你问个题,干吗发这么大的脾气啊!”明丽说:“你问问题要有个时候,在老师讲课的时候问,你知道不知道你今天叨叨个没完没了,害得我一节课什么也没有听进去,真是岂有此理。”小海没有再争辩。

爸妈送给明丽的话:

在这里,爸爸妈妈要给明丽聊一聊学习当中,旁边的同学总是说话的问题。同学们在一起学习,难免会互相影响,尤其是在听课和做作业的时候,需要安静,可是总有那么些人,絮絮叨叨,说个没完没了,着实让人生气。这时候，你就要想办法阻止他们，以免让他们影响到你，给你的学习带来一定的负面影响。

你需要了解的知识点：

在学习和听讲的过程中，有人说话影响你的注意力，往往让你非常的恼火。但是你又不方便当场发作，那么，究竟如何才能让对方闭嘴，安静下来？在这里，爸爸妈妈要和孩子们一起来讨论这个问题。

1. 把你的不满情绪传达给对方

在人与人的交往过程中，如果一方感觉到自己的言行惹别人不高兴了，就应有所收敛。在听课和做作业的时候，旁边的同学没完没了地说话，严重地影响了你的注意力，这时候，你不妨转过头去，认真地盯着对方的眼睛看，或者把自己的耳朵捂起来。这样，别人知道自己话多了，惹你厌恶了，觉得影响了你了，便会不好意思再说下去。当然，情绪表达一定要到位、准确。

2. 及时保持沉默让对方闭上嘴

交谈是需要双方才能进行的。你周围的同学没完没了地和你说话，影响了你的注意力，那么如果你要想让对方闭嘴，你首先要闭嘴，不要再搭理她。这样，对方见你不予理睬，知道你没有兴趣说下去了，自然不好意思再絮絮叨叨地说话了。无疑，你的耳朵就安静了很多，事实上你也才能集中注意力去学习了。否则，你回应对方，让对方觉得你有兴趣和他聊下去。

3. 把你的要求变成恳求说出去

当对方没有注意到你的情绪变化，而继续说话时，如果你要求对方停下，势必会让别人不高兴，觉得你没有资格要求他。那么不妨把你的要求说成是恳求，让对方不好意思而闭上嘴。当然说话的时候，要显得客气一些，不要把你的愤怒情绪表现出来，以免对方拒绝后和你对抗。当你的内心被激烈的情绪控制的时候，你的心情根本静不下来，更别说要安心地学习了。因此，这一点一定要注意。

同学在背后说我的坏话，我该怎么办

青春期女孩子的困惑：同学在被后说我的坏话，我该怎么办？

“真不要脸，一个女孩子怎么能干这么恶心的事情呢。”“是啊，没看出来，平日里看起来规规矩矩、本本分分的，谁知道她竟然是这么一个人。”“你们说的是谁啊？”“还能有谁，可不就是我们的严大班长吗！”这天下午，严郁早早地来到了学校里，就在她准备推开教室门的一刹那，听到了好几位女同学在说她的坏话。

她推开门走了进去，几个女同学迅速地回到了各自座位上。严郁回到座位上后，心理在嘀咕，究竟他们说的是什么事情啊。突然，她脑子里一闪，想起了前几天发生的一件事情。那天放学后，在她回家的路上碰上了体育委员邓军，两人平日里关系就不错，再加上顺道，于是她就坐在了邓军的自行车上，让他带着自己。后来，也不知道被哪个多嘴的传出了谣言，为此，邓军的女朋友和他分了手。

刚才，他们说我不要脸，可能误会我插足在邓军和他的女朋友中间了。想到这里，严郁大声地说：“我和邓军只是好朋友而已，没有你们说的那么多的事情。以后不要再嚼舌头了。”说完，她走出了教室。这时，刚好碰见邓军，她对邓军说：“邓军，你给大家解释解释，你和你对象分手不关我的事情，现在大家都在往我身上泼脏水呢。”邓军认真地看了一眼严郁，什么话也没有说，走进了教室。

对于邓军的态度，严郁多少有点生气。于是她又去隔壁班找到了邓军的女朋友，做了很多的解释。女孩生气地说：“你有病吧。”说完，转身走了，没再理会严郁。不久之后，严郁成了同学们中间的笑料。

爸妈送给严郁的话：

在这里，爸爸妈妈要跟严郁聊一聊被人中伤后的处理和应对的问题。事实上，很多时候，人难免会被别人误会和中伤，这是不可避免的。你没有办法去堵住每个人的嘴，自然也没有必要去向无关紧要的人做过多的解释，否则你的解释犹如画蛇添足，从侧面印证了别人的话，而让自己陷入更加郁闷和痛苦之中。作为女孩子，这时候一定要镇定自如，专心做自己的事情，流言自然会不攻自破。

你需要了解的知识点：

谁人背后没人说。在和同学们的交往当中，总有一些人捕风捉影，拿自己的标准来评判你，因而，被人说坏话的事情时有发生。那么，当你听到同学们在说你的坏话的时候，你该如何去应对和处理呢？在这里，爸爸妈妈跟孩子们一起来探讨这个话题。

1. 以静制动当做什么事情也没有发生

很多孩子在听到别人在背后说自己的坏话时，便跳出来用言语攻击对方，或者是费很大的劲证明自己并非别人所传的那样。事实上，完全没有这个必要，你不可能向每个同学都证明自己。对于女孩子来说，这时候要做的就是以静制动，当做什么事情也没有发生过，集中注意力做你该做的事情。这样一来，流言自然就不攻自破了。

2. 不要去向任何人做过多的解释说明

有些时候，当同学们在背后说你的坏话，或者是说你的一些流言蜚语的时候，不要去向任何人做过多的解释和说明，他们误会你，那是他们需要解决的问题，而你不要去做任何的努力，你越想解释，同学们越觉得你身上有问题。正所谓"过多的解释就是狡辩"。说的就是这个道理。如果你不做任何说明，所有的谣言和坏话都会悄悄消失。

3. 淡然应对误会和因此产生的小情绪

当你的坏话传到更多的人的耳朵中的时候，一些不了解真相的人往往会因为你的一些被人讹传的行为而对你产生厌恶和敌视的情绪。这时候，作为女孩子不要去跟别人计较，况且，你也计较不清楚，不妨淡然应对。当

他们了解了真相之后，必然会为自己曾经对你的情绪而感到懊恼和悔恨。

勤工俭学会不会被人瞧不起

青春期女孩子的困惑：勤工俭学会不会被人瞧不起？

"东东，怎么是你在打扫卫生啊，不是现在教室的卫生有学校的杂务人员做吗？"这天下午，东东正在扫地的时候，她的好朋友杨娜走过说道。"是啊，现在是学校在打扫，我这不是想要勤工俭学吗，所以我把这个任务从学校里揽了下来。反正闲着也是闲着，赚点钱买资料啦。"东东笑着说道。杨娜认真地看着东东，惊讶地问："东东，你爸爸妈妈那么能挣钱，不缺这点资料的钱啊？是不是家里发生事情了？"

听到杨娜这么说，东东有些不理解，她说："没有啊，你为什么要这么说啊？"杨娜不解地说："既然不缺钱，那你干吗干这又脏又累的活，挣这么点钱呢？你爸爸妈妈每个月给你的零花钱都比这多，再说了，让同学们看到，多丢人啊。"东东不理解地说："为什么做勤工俭学就是很丢人的事情呢？"杨娜看着东东，笑着说："不是吧，你脑子没毛病啊，你以为这是件很光荣的事情吗？一般情况下，只有家里穷、上不起学的人才考虑做勤工俭学呢，你跟着凑什么热闹啊！"

东东一听急了，她说："我自己劳动赚钱，为什么反倒成了很丢人的事情，难道伸手问爸爸妈妈要钱花是很光荣的事情吗？"杨娜笑了笑，说道："那好，你自己做吧，我要回家了，免得被别人看到。"

晚上，东东向爸爸问道："爸，你说勤工俭学丢人吗？"爸爸一脸无辜地说："丢什么人啊？自己动手赚钱，有什么可丢人的啊。"东东说："是啊，我也这么认为，可是同学们为什么说我很丢人啊。他们都看不起我。"爸爸安慰说："你做得对，坚持做下去就行了，不管别人怎么想，那是别人的问题，与你无关。”东东看着爸爸，点了点头。

爸妈送给东东的话：

在这里，爸爸要跟东东聊一聊勤工俭学被同学们瞧不起的问题。尽管我们不断地强调，劳动光荣，可是在很多同学的眼里，勤工俭学就是在做一些别人不愿意做的工作来挣钱，之所以挣钱，是因为你没钱，所以才去做一些脏和累的活。所以看不起勤工俭学的孩子。作为孩子，一定要纠正这种错误的认识，自己动手挣钱并不丢人，相反应该给予足够的肯定和赞许。

你需要了解的知识点：

很多孩子把勤工俭学当做一件丢人的事情，是因为他们总觉得勤工俭学是缺钱，而没有认识到是通过劳动来换取报酬。那么，如何让孩子懂得勤工俭学是光荣的，而不是丢人的呢？在这里，爸爸妈妈要和孩子们一起来探讨这个话题。

1. 勤工俭学是在创造些财富

很多孩子都觉得自己问爸爸妈妈要钱是理所当然的，觉得他们有责任给自己钱花。脑子里没有挣钱的意识。在他们的眼里，勤工俭学是穷孩子为了上学才做的事情，从来没有把勤工俭学当做是创造财富。事实上，尽管勤工俭学所做的活可能有些脏、有些累，可是却是用自己的劳动换取报酬，这难道不比伸手向别人要钱光荣吗?

2. 勤工俭学并不是说没有钱

在孩子们眼里，勤工俭学是缺钱了。事实上，并非如此，在一些家境很好的家庭里，家长非常支持，甚至还要求孩子去勤工俭学。从小培养他们自力更生的能力，这些孩子们长大后往往都很有作为。可见，勤工俭学并不是说没有钱，而是一种通过自己的劳动来获取财富的途径，从而证明自己。

3. 勤工俭学是一种社会实践

往往我们在说学生们的时候，说他们是生活在象牙塔，因为他们对社会上的人或者事根本不了解，甚至没有机会去了解。事实上，勤工俭学就是一个很好的参加社会实践的机会。通过勤工俭学让孩子们懂得赚钱的艰辛和生存的艰难。更主要的是让他们真真实实地参加社会劳动，而不再是被社会所供养的人。

有些同学总是嘲笑我，怎么办

青春期女孩子的困惑：有些同学总是在嘲笑我，怎么办啊？

“你瞧瞧宋佳那个新发型，像不像马尾巴啊？”“你还别说，还真像，尤其像生了驹子的母马的尾巴。”这天中午，宋佳刚走进教室，后排的几个男生便开始嘲笑起她来了，她迅速地走到了自己的座位上，没有理会他们。但是几个男生看她不言语，于是便变本加厉地羞辱她。宋佳本想着和他们好好理论一番，但是仔细一想，这几个男生是班里出了名的捣蛋鬼，跟他们置气，自己也占不到一点儿便宜。

就在这个时候，上课的铃声响了。英语老师走上了讲台。按照惯例，每节英语课上，老师都要抽查单词。也不知道是怎么地，今天，她点了宋佳的名字，让她到黑板上去听写单词。本来宋佳把之前学过的单词背得滚瓜烂熟，可是怕自己写不好，会再次被别人笑话，所以略微显得有点紧张。结果10个单词，她愣是写错了两个。当老师纠正出来之后，宋佳不好意思地低下了头，这时，后面的几个男生便又哈哈大笑了起来。

有人还吆喝到：“真丢人，马尾巴，你快下来吧，别站在台上丢人现眼了。”尽管声音不大，但是站在讲台上的宋佳听得清清楚楚。她羞得满脸通红，脑子里一片空白，老师说的什么她根本没听进去。结果，老师让她回到座位上去，而宋佳却一动不动地站在台上，同学们一阵哄堂大笑，后面那几个调皮捣蛋的男生更加起哄。

这天，宋佳好不容易等到放学，她背起书包，急忙向家里跑去。回家后一头扎在被窝里哭了起来。当天晚上，她去理发店把自己花了好几百块钱精心做的头发给剪掉了。当爸爸问她是怎么回事的时候，她撇着嘴说："我们班的同学笑话我呢，说我的头发像马尾巴。"

爸妈送给宋佳的的话：

在这里，爸爸妈妈要跟宋佳谈一下被同学们嘲笑的问题。事实上，在学校里，并不是每一个人都对你那么的友善，等着看你笑话的人大有人在。当你失败的时候嘲笑你，当你表现优秀的时候给你泼凉水。但是，作为女孩子，千万不要因为他们的嘲笑而感到自卑，如果你坚信自己是优秀的，那么他们的嘲笑对你来说便没有了任何作用，相反还会激发你，让你有勇气面对自己。

你需要了解的知识点：

事实上，嘴长在别人的身上，我们不能要求对方说什么，不说什么。同样，对方嘲笑你、讽刺你，事实上也不是你能左右的事情，那么，面对同学们的嘲笑，究竟该如何去应对和处理呢？在这里，爸爸妈妈跟孩子们一起来学习和讨论。

1. 让对方闭嘴的最好方法是感谢

很多时候，我们在遭到别人的嘲笑的时候，会感觉到脸红，会自卑。如果有同学在嘲笑你的时候，你转过身去，对着他们微笑，并且真诚地说声"谢谢"，他们便不好意思再嘲笑你了。因为一般情况下，向别人表达感谢，是因我他们帮助了你，当别人嘲笑了你，你依然表达感谢，无形之中则让他们感觉到良心不安。

2. 置之不理也不失为一个好办法

在同学们中间，总有一些调皮捣蛋的坏孩子常常以取笑别人为乐。你越难受，他们越高兴。如果这时候，你表现得从容淡定，那么意味着他们的嘲笑没有起到相应的作用，那么他们便高兴不起来。事实上，这时候你已经战胜了他们。因此，作为女孩子，在遭到同学们的嘲笑后，不妨采取置之不理的办法。把他们扔来的泥巴反弹过去，砸在他们自己的身上。

3. 不妨严肃认真地盯着对方去看

通常，当有人嘲笑你、讽刺你的时候，料定你会无地自容，会自卑地落荒而逃。他们的言语和行为多多少少带有点玩笑的成分。这时候，如果你转过身去，严肃地盯着他们的眼睛看，这样不但传达了你的愤怒，而且也会让对方意识到自己的错误，而愧对于你。这样，无形之中，便堵住了那些嘲笑你的嘴。

老师侵犯了我的隐私权，怎么办

青春期女孩子的困惑：老师侵犯了我的隐私权，怎么办啊？

“丁玲，你的作业怎么没交啊？”数学课上，老师问道。丁玲似乎早就预料到老师会追问作业的事情。于是早有准备地说：“老师，我的作业本忘记拿。”老师一听就知道她在撒谎，于是气愤地说：“你是没有做，还是没有拿啊？”丁玲低着头说：“老师，我做完了，昨晚上收拾的时候没有装到书包里。明天早晨我拿给你。”

老师没有说话，慢慢地来到了丁玲的座位旁。拽着她的胳膊，把她拉到了墙角边，然后走过去把她的书包从桌兜里拿了出来，然后哗啦啦地倒在了课桌上。一包卫生巾随着书本一起出现在桌面上。同学们中间顿时像炸开了锅一样。丁玲羞得满脸通红，“哇”的一声哭了起来。很显然，老师把她的书包里的东西全倒了出来，让她无地自容，尤其是在大多数男同学面前显得很难堪，她恨不得找个地洞钻进去。

她哭着收拾了东西，背着书包冲出了教室。老师也没有想到她的书包里会有卫生巾，这时候老师也显得有些不知所措。第二天，丁玲没有来上课，她待在家里，死活就是不再去学校。爸爸问她究竟发生了什么事情，丁玲摇着头一个劲地哭，不说话。后来在妈妈的问询下，丁玲才把学校发生的事情一五一十地告诉了妈妈。妈妈听后非常气愤，她带着丁玲找到了老师，在妈妈的一再坚持下，老师做了诚恳的道歉。

爸妈送给丁玲的的话

在这里，爸爸妈妈要跟丁玲聊一聊隐私被老师侵犯了的话题。事实上，对于女孩子来说，在学校的生活中，很多时候，个人的隐私都得不到保障，尤其是在一些比较严厉的老师面前。当孩子们的隐私被老师侵犯了之后，很多孩子都采取了默默忍受的态度，这样会让老师有恃无恐。事实上，适当的时候要向老师提出抗议显得很有必要。

你需要了解的知识点：

在学校里，在与老师相处的过程中，很容易造成老师侵犯学生隐私的事实。那么，一旦这样的事情发生之后，作为弱势群体的学生，究竟该如何去应对和处理呢？如何才能既捍卫了自己的权利，又不至于被老师记恨呢？在这里，爸爸妈妈和孩子们一起来商量对策。

1. 要义正词严地和老师理论

任何人的隐私都有受到保护的权利，学生也不例外。这一点，作为学生的你一定要清楚。当老师的行为实实在在地侵犯了你的隐私权之后，不要因为你们师生之间的不平等地位而忍气吞声，要义正词严的和老师理论，让他明白他的行为已经伤害了你的感情，甚至触犯了法律。一般情况下，为人师表的老师都是有修养、有觉悟的。只要你敢和他们理论，他们便不敢再对你侵权。

2. 把事情及时告诉爸爸妈妈

由于老师和学生之间心理位置不平等，所以很多时候，老是觉得自己完全是为了学生好，即使侵犯了学生的隐私权也觉得没什么错。这时候，女孩子们一定要把实情告诉爸爸妈妈，让家长出面与老师交涉，这样，才能引起老师的重视。在以后的相处当中，你才会受到老师的重视，否则，老师的侵权行为还会继续。

3. 要求老师给你诚恳道歉

既然是老师侵犯了学生的隐私权，那么作为被伤害者，学生就有权要求

老师做出诚恳的道歉。一般情况下，老师觉得自己是大人，不好意思向孩子认错，甚至觉得在自己的学生面前道歉是件很丢人的事情。因而拒绝或者拖延，而最终不了了之。作为学生，如果老师不肯道歉，不妨找学校的领导和媒体，学会通常正当的途径捍卫自己的权利不受侵犯。只有这样，才能确保学生作为未成年人的合法隐私权不受侵害。

和老师发生了顶撞冲突，该如何收场

青春期女孩子的困惑：和老师发生了冲突，该如何收场？

“王怡，你昨天怎么没有来上学啊？”早自习下了之后，班主任老师将王怡叫到了教室外面，劈头盖脸地问道。王怡说：“老师，我给你发短信请假了啊！”班主任有些生气地说：“你眼里还有没有我这个班主任啊，请假发了短信就完事了？至少你应该打个电话，给我说名原因吧，这算怎么回事？”王怡见班主任的表情，多少有些气愤，事实上，她已经把事情的原委说清楚了，班主任纯粹就是摆官威，给自己“穿小鞋”。

想到这里，王怡点了点头说：“好吧，我下次请假的时候一定给您打电话，把原委说得清清楚楚的。”班主任接着说：“这次请假不算，你属于旷课，下午把你的家长叫过来，我要亲自确认你干什么去了。”王怡说：“老师，我保证记住了，下次请假一定给您打电话，你就别让我请家长了吧，他们都挺忙的。”班主任严厉地说：“这个家长非请不行，再忙也得来。”

王怡生气地说：“老师，你怎么就不近人情呢，我爸爸出差在外呢，我妈妈上班也不容易，你为啥非要请他们来呢，有啥事你给我说吧。”老师冷笑着说：“我不近人情？我今天就不近人情了，下午必须给我把你家长请回来！”王怡愤怒的吼道：“我就不请了，爱怎么地就怎么地！”说完，头也不回地走进了教室。老师吼道：“你干什么去？回来！”可是王怡早回到了教室，坐到了座位上，根本没搭理老师。

从那天起，老师总是以各种理由把王怡赶出教室，王怡苦恼不已。一次上学的时间到了，王怡却迟迟不肯去。后来，在爸爸的一再追问下，王怡才把事情的真相告诉了爸爸。为了不让爸爸为自己操心，王怡觉得自己得一定想办法和老师和解。可是，她究竟该怎么办呢？

爸妈送给王怡的话：

在这里，爸爸妈妈要跟王怡聊一聊和老师发生冲突后，如何收场的问题。很多女孩子性格非常的刚烈，和老师发生冲突后，一定要论个是非曲直，坚持到底，决不屈服，最终逼着家长和学校给老师施加压力，可是这往往不是明智之举。尽管表面上看起来你赢了，实际上却败得一塌糊涂，因为老师可能会给你施压，或者纯粹不理你，对你就是很多的伤害。这时候，如果你足够的聪明，就要及时地向老师示弱，和老师和解。

你需要了解的知识点：

作为学生，和老师发生冲突和摩擦是时有发生的事情。但是，发生了矛盾之后，如何及时地达成和解对于很多学生来说是需要思考的问题。既能化解老师心中的不满，又不让自己委曲求全，究竟如何才能做到这一点呢？在这里，爸爸妈妈要和孩子们一起来聊聊这个话题。

1. 把自己的脸皮练就得厚实一些

很多女孩子性格刚烈，敢于顶撞老师，可是脸皮子很薄。其实，不管老师说什么，就是默不作声，死皮赖脸地坐在教室里听课，这样，老师也拿你没办法，也懒得跟你计较了。你和老师之间的矛盾也就慢慢地化解了。

2. 适当给老师送一个小礼物

如果你觉得自己没错，也不想给老师道歉。那么要想和老师和解，就要给老师送一个小礼物，把你的诚意友善地传达给老师，而且又不会在之前的对错上纠结。作为老师，一般都会顾及面子，既然学生主动向自己表达友善了，自然没有理由再和你计较下去。否则，也会给他们带来不小的麻烦。其实，你这么做无非是给老师一个台阶下，也是给自己争取了一个机会。

3. 要多往老师的办公室里跑几趟

通常情况下，当两个人发生了冲突之后，特别不想见对方，因为你内心之中对对方有恨。同样，和老师发生了矛盾之后，也是这样的。唯一解决的办法就是多接触，让老师不好意思再恨你。其实，你想办法接近对方，也从侧面表达出你想要和老师和解的愿望。即使老师再恨你，也会慢慢地原谅你。空间距离的缩短，拉近了心灵的距离。

如何才能很好地拒绝别人

青春期女孩子的困惑：如何才能很好地拒绝别人？

“刘雯，稍等一等，我找你有事。”这天，刘雯放学后，刚走出校门，后面突然传来了一个女孩的声音。她转过头一看，原来是她小学时的同学王凌。她惊讶地说：“哎呀，是王凌啊，好长时间不见了，你怎么会来这里啊，是专门来等我的吗？”

王凌说：“我有事情需要你帮助。”刘雯笑着说：“怎么了，发生什么事情了？”王凌说：“我遇到了一点麻烦，需要点钱，可我不敢问爸爸妈妈要钱，看你能不能帮我一下。”刘雯说：“我也在上学，现在没有那么多的钱啊。”王凌说：“你们家的条件相对来说，要好得多，你能不能想办法从你爸爸哪里拿点钱借给我，很快我就会还给你。”

刘雯为难地说：“这个恐怕……”还没等刘雯说完，王凌突然打断她的话说：“哎呀，你就帮帮我吧，我现在实在是没有办法了，你就忍心看着我男朋友在外面受苦啊。”刘雯低下头没再说话，这时候王凌突然接了一个电话，对刘雯说，这事就这么定了，回头我再联系你，说完就匆匆忙忙地走了。

两天后，刘雯再次在校门口碰到了王凌，王凌说：“刘雯，我上次跟你说的事情，你准备了吗？”刘雯不知道怎么说，只好点了点头。王凌没有再说话，而是认真地盯着刘雯说："你跟我去取吧，我没有随身带着。"于是，刘雯带着王凌到了家，然后把自己的零花钱好几百取给了王凌。王凌走后，刘雯一直闷闷不乐。

爸妈送给刘雯的话：

在这里，爸爸妈妈要跟刘雯谈一下如何更好地拒绝别人的事情。事实上，很多女孩子心比较软，往往不忍心去拒绝别人，不忍心去伤害对方的感情，可最终让自己受到了委屈。而且你不可能让每个人满意，很多时候，你的不忍心还会带来别人的不满和怨恨。因为你的承诺就是责任。可见，对于女孩子来说，要学会拒绝别人，你才能成熟、成长。

你需要了解的知识点：

拒绝别人，往往会给别人的感情带来伤害，可是不去拒绝，又会让自己受到伤害。可是，不可否认的是，有的人能把这种关系处理得恰到好处，既委婉拒绝了别人，又会让别人感恩戴德，那么，究竟如何才能做到这一点呢？在这里，爸爸妈妈要跟孩子们一起来聊一聊这个话题。

1. 接受对方的时候，多肯定他人

在拒绝别人的时候，如果一开始就告诉对方："我不同意，我不愿意。"那么对方一定会非常的生气。因此，在接受对方的意见和想法的时候，要多肯定对方，肯定对方的付出，肯定对方取得的成绩。这样让对方心理上觉得美滋滋的，即使之后被拒绝了，也会让别人觉得你善解人意。同时，对方也会从心里不会责怪你。

2. 多用客观事实来强调无奈

你身边的人有求于你，而且盛情难却的时候，很多人为了维护彼此之间的情感，选择委曲求全。其实这个时候大可不必如此。你没有必要直接地告诉别人，你不愿意帮助他，而是找出客观的事实，来告诉别人，你能力有限，帮不了他。一般情况下，求助于人不会强迫你去做你根本做不到的事情。这样可以避免了直接拒绝别人带来的伤害，又维护了彼此之间的情感，可谓一举两得。当然在强调自己能力有限的同时，还要对别人表示歉意。

3. 拒绝别人的时候找好出路。

在拒绝别人的时候，不要一口回绝就不闻不问了。要适当地提出新的建议和意见，让对方也认识到新的建议比原来的想法更好。这样，对方也能接受这个被拒绝的事实。在你拒绝别人的时候，一定要找好出路，让别人心服口服。这样，尽管你拒绝了他，但在对方的心理，你依旧当他是朋友，依旧在为他着想。尽管为你不能帮助他而感觉到难受，但同样也为你的关怀而深受感动。

Chapter 12

第 12 章 友情之间，学会处理朋友间的小矛盾

友谊是个永恒的话题，在孩子们中间也不例外，但是在享受友谊带来的愉悦的同时，朋友之间的矛盾和隔阂也让孩子们陷入痛苦的泥塘。就如同任何事情都有两面性一样，友谊也是一枚银币，有快乐也有痛苦。那么，究竟如何化解朋友们之间的小矛盾呢？答案是肯定的。本章，我们对如何化解朋友间的矛盾和分歧做了一些相关的介绍和讲解，尽管不能保证把孩子们之间的隔阂和误会完全化解掉，但是相信在改善你们之间的关系中还是能起到一定的作用的。

什么才是友情，谁才是益友

青春期女孩子的困惑：我不知道什么才是友谊，谁才是我的益友？

“于洋，这次的班干部竞选你参加吗？”这天下午放学后，黄樂快步赶上来问道。黄樂是于洋从小玩到大的朋友，她们从幼儿园的时候就没有分开过，彼此之间也从来没有秘密。于洋认真地望着黄樂说：“樂樂，说实话我还没有想好呢。”“竞选呗，反正你有资格，为什么不竞选啊？”黄樂说。于洋想了想说：“说实话，我也想竞选，可是如果我真的当上了班干部，事情就多了，弄不好会影响学习。你知道我的目标是考大学，而不是当这个班干部。”黄樂说：“道理是这么个道理，可是当了班干部，也不一定影响学习，相反，也许很带劲。”于洋说：“再说吧，我考虑考虑。”

最终，于洋决定竞选班干部。她的学习成绩和人缘关系都是非常的好，老师喜欢她，同学们也欣赏她。大家都以为她当选绝对没有问题，可是最终她却落选了，而她的好朋友黄樂却当选为班长。这着实让同学们大为不解。因为黄樂不管是学习，还是为人跟于洋都差还多。她怎么会当选呢？当天，黄樂还请于洋吃了饭，说是安慰于洋受伤的心，也是为了庆贺自己当选为班长。

不长时间，于洋无意间听到同学们在议论，是黄樂说了她的很多坏话，说她根本没有心思去当班长，即使当了也做不好，说她曾多次表示放弃竞选，而是要把心思用在考大学上。最终老师听信了黄樂的话，这样才有了她落选、黄樂当选的结果。当这些话传入于洋的耳中的时候，她根本不相信这是真的。但是黄樂慢慢地跟她再远理，这确是事实。为此，于洋陷入了深深的苦恼之中，什么才算是真正的友谊呢？

爸妈送给于洋的话

在这里，爸爸妈妈要跟于洋聊一聊友谊这个话题。事实上，在我们的人生路上会遇到很多的好朋友，他们对我们的成长给予了很大的帮助。但是，对于任何人我们不能过分地对他抱有太高的奢望，即使是和你亲密无间的朋友，也有可能为了利益而背弃友谊。对于青春期的女孩子来说，得到一个朋友我们欢欣鼓舞，失去一个朋友也不要黯然神伤，只有这样你才能结交更多的好朋友，真朋友。

你需要了解的知识点：

友谊是我们人生路上不可缺少的依靠和帮助。但是有些人能交到真正的朋友，而有的人却屡屡碰到小人，那么究竟如何去选择朋友呢？在这里，爸爸妈妈要和孩子们一起来聊一聊这个话题。

1. 选择积极向上的人做朋友

俗话说："物以类聚，人以群分。"环境对人的影响极大，因而在选择朋友的时候，一定要选择一些积极向上的人。这样，在你遇到挫折和失败的时候会及时地得到他们的鼓励，在他们积极地带领下，你做事情也会信息大增，投入百倍的精力。对于女孩子来说，选择一个积极向上的朋友就是选择了一个良师益友。相反，如果你选择一些消极的人做朋友，经常会受到他们的嘲笑和打击，你还有信心继续努力下去吗？

2. 选择人品优良的人做朋友

通常，人品好的人恪守一些做人的基本准则，不会轻易地去伤害别人。跟这样的人做朋友，你不用担心什么时候被人出卖和欺骗，而且还可以从他们身上学习到很多优秀的东西。对于女孩子来说，交朋友的时候，要多观察对方的行为和言语，对对方的人品有一个基本的衡量和把握。如果对方正直、善良，那么不妨付出真心；如果对方狡诈、奸邪，那么趁早们远离他们。避免他们有朝一日加害于你。

3. 选择人缘好的人来做朋友

一个人究竟值不值得你交往，还要看这个人周围的人际关系是否处理得和谐，是否有好的人缘。一般情况下，能与周围的人和睦相处的人往往有

非常广的人缘,与这样的人做朋友,你会通过他结交更多的朋友,即使在你交往的过程中出现矛盾,也能很好地得到处理。相反,如果你与人缘差的人做朋友,很有可能因为一些小矛盾和你反目成仇,给你带来不必要的麻烦和伤害。对于女孩子来说,这一点也要引起你的足够重视。

我的好朋友跟别人好了

青春期女孩子的困惑:我的朋友跟别人好了,我该怎么办?

"小玉,晚上咱们一起去吃饭吧。""好啊,反正我晚上也没有什么事情。"下午放学后,爱伦刚要去招呼好朋友小玉一起回家的时候,突然听到有人在邀请小玉一起吃饭。她转身一看,原来是同班同学卿琴。可是,爱伦晚上要邀请小玉到自己家去玩呢。这时候,爱伦心里有一种说不出来的难受,便独自一人要离开。这时候,小玉看到了她,喊道:"爱伦,等我一会儿啊。"

爱伦假装没有听见,径直往前面走去。小玉追上来说:"爱伦,你怎么了啊。"爱伦停下来,狠狠地瞪了小玉一眼,说:"别人对你好,你去和别人做朋友啊,还搭理我干什么啊!"爱伦莫名其妙地说:"怎么了啊? 你这是抽哪门子的风呢?"爱伦没好气地说:"你才抽风呢,我对你这么好,你为什么要背叛我啊,你还是不是我的好朋友啊。和你交往这么久了,我现在才知道,你是这么一个人。"说完,头也不回地走了,小玉站在原地,不知道该如何是好。

第二天,小玉找到了爱伦,说:"爱伦,昨天究竟怎么了啊,你怎么对我说那些话啊!"爱伦冷漠地说:"你自己用脑子想。"小玉说:"你就说明白点么,我昨晚上想了整整一个晚上也没有想明白,我什么时候背叛你了啊?"爱伦冷冷地说:"卿琴不是邀请你吃饭吗,有了她,你还会要我这个朋友吗?"小玉笑着说:"你怎么这么小心眼呢,我们俩是好朋友,但是并没有说明,我和别人不能做朋友啊。"爱伦生气地说:"那你跟她做朋友好了,以后少来搭理我。”说完，没再搭理小玉。

爸妈送给爱伦的话：

在这里，爸爸妈妈要跟爱伦谈一下好朋友跟别人好了的话题。事实上，在同学们之间交朋友是件很正常的事情，你和别人是好朋友，并不能说明对方不能再和另外的人相处。友谊之间并没有排他性，有的是共存。所以，对于女孩子来说，要把心放宽一些，要接受你的朋友去结交新朋友，并且有可能的话把对方的新朋友发展成自己的好朋友。

你需要了解的知识点：

有的人在人际交往当中朋友越来越多，而有的人却朋友越来越少，为什么会出现这种情况呢？究其原因，是因为前者把朋友的朋友发展成为了自己的朋友，而后者却阻止朋友和别人结交，结果伤害了朋友之间的感情。那么，当你的好朋友结交新的朋友的时候，究竟如何才能既保住老朋友，又能让对方的新朋友成为自己的新朋友呢？在这里，爸爸妈妈要跟孩子们一起来探讨这个话题。

1. 要关心朋友结交的新朋友

在你和好朋友一起相处的过程中，朋友很有可能会告诉你她结交了哪些新的朋友，跟你谈及她与新朋友之间的事情。这时候，往往会让一些心眼小的女孩子吃醋和嫉妒，事实上，根本没有这个必要，你的朋友多了人脉，意味着你也有可能跟着受益。如果你足够的聪明，不妨多关注朋友的新朋友，这样让你的朋友觉得，你对对方也很感兴趣，继而在和对方交往当中会带着你。时间久了，你和对方自然也就成了好朋友。

2. 积极加入他们之间的交往

在你的朋友和结交的新朋友交往的过程中，如果你的朋友不反对，你要积极加入他们的行列，对于你的朋友来说，能和两个好朋友一起交往，想必是一件两全其美的事情，对于你和对方结交的新朋友来说，又能多结交一个朋友，自然高兴了。但是，如果对方的朋友不喜欢你，那么暂时不要着急，慢慢让对方理解你、喜欢你。这样你就能结交到更多的朋友。

3. 打开心扉接受这个新朋友

同样，对于你朋友结交的新朋友来说，你是她通过朋友新认识的人。如果对方是个爱交朋友的人，对你自然也会一样有兴趣。这时候，作为你，要做的就是打开心扉接受这个新朋友，这样，你的老朋友会很高兴，他的新朋友一样很高兴，自然，对于你来说，也是一件值得高兴的事情。当然，打开心扉接受对方，需要你坦诚和守信，这是朋友相处的基本要求，因为对方对你还需要一个认识和了解的过程。

关键时刻，朋友“出卖”我，怎么办

青春期女孩子的困惑：关键时候，朋友出卖了我，怎么办？

一年一度的运动会正在如火如荼地进行着，播音控制室里却进行着一场小批斗。原来，担任裁判组的班级遭到了运动员的投诉，原因是在跑步比赛当中，有人拉着运动员跑，而担任裁判的同学却没有及时地制止。“问题究竟出在谁的身上？究竟是谁的责任呢？”裁判组组长正在询问。裁判组的同学你望望我，我望望你没有说话。这时候，裁判老师生气地说：“负责监管跑步的就那么几个人，究竟是谁的责任，你们难道都不知道吗？”

同学们都抵着头不说话，事实上，问题就出在小英的身上。那时候她刚好接到了男朋友的电话，两人多说了几句，而恰恰就在这个时候，陪跑的同学拉着运动员的胳膊在跑。等小英看到的时候，运动员已经跑了过去，被前面的裁判员小英的好朋友彩霞给制止了。当老师问起的时候，小英本想站出来承认，可是转念一想，反正大家都不知道，而彩霞也不会出卖自己，于是就想蒙混过关。

这时候，老师接着说：“是谁，赶紧站出来，犯了错误要勇敢地承认。要是被我查出来，可要受到严重地惩罚。”这时候，彩霞偷偷地看了小英一眼。

就这么一个小小的动作，却被裁判老师看在了眼里。他问到："彩霞，你知道是谁，是吗？"彩霞紧张地说："我不知道。"老师走到小英面前说："小英，你觉得彩霞知道吗？"小英低着头，没有说话。"除了小英外，大家可以走了。"老师说完后，脸色铁青地站在了一边。同学们陆续地走了出去，小英被老师狠狠地批评了一顿，她心里恨死彩霞了。她不明白，彩霞为什么在关键的时候要出卖她呢？

爸妈送给彩霞的话：

在这里，爸爸妈妈要跟彩霞聊一聊被好朋友"出卖"的问题。事实上，在学校生活中，这种好朋友之间无意间"出卖"的问题常有发生。并不是你的朋友想要你难堪，也不是他们为了获得自己的利益，而是因为他们的关心恰恰让你鹤立鸡群，明显的好心办坏事。这时候，对于女孩子来说，千万不要憎恨你的朋友，或许他们心里比你还难受呢。这也是考验你们友谊的关键所在。

你需要了解的知识点：

如果你的朋友死心塌地地出卖了你，伤害了你，那么你要做的当然是和他们绝交，但是，如果你的朋友是关心你，无意中"出卖"了你，显然，和他们断交并不是明智之举。那么，你该如何处理你们之间的关系呢？在这里爸爸妈妈要跟孩子们一起来探讨这个话题。

1. 原谅朋友的"一不小心"

尽管你的朋友在不经意间"出卖"了你，但是他们是爱你的，关心你的，而不是处心积虑地想要加害于你，从这个角度上看，对方还是有资格做你的朋友的，因为对方在乎你。如果你这时候生朋友的气，或者是怨恨他，那么就会伤害朋友的心理，伤害到你们之间的感情。所以，对于女孩子来说，这时候要打心眼里去原谅朋友不经意间犯下的错误。

2. 积极主动地联系并安慰朋友

如果对方是你的真朋友，那么他的不小心让你受到了伤害。其实她的内心也不会好受，甚至不敢和你联系，不敢见你。这往往又会让你误会，对

方出卖了你，故意和你拉远距离。因此，这时候你要放下内心的不满，主动地联系对方，接近对方，并给予适当的安慰，让他们的心不要再内疚。给予适当的感谢，让他们觉得你善解人意。

3. 一定要接受朋友的道歉

不管怎么说，是对方不合适的神情或者动作出卖了你。所以，在这时候，朋友会向你解释，要向你道歉。但很多人往往不听对方的解释，不愿意接受对方的道歉，而最终失去了一个真心对你的好朋友。其实，朋友伤害你并不是故意的，你完全没有理由和他生气。这时候你要做的便是倾听他们的解释，真心实意地接受他们的道歉。

我不想把笔记借给朋友

青春期女孩子的困惑：我不想把笔记借给朋友。

“小美，你的笔记做好了吗？”这个周末的下午，小妹刚刚做完了作业，打开电视，就接到了好朋友小丽的电话。小美如释重负地说：“做好了，花了整整一天的时间，累死我了，你的呢，做好了吗？”小丽无精打采地说：“没有啊，我不知道怎么做，昨晚想了一晚上，脑袋都想大了，可就是想不出个模式来。真是郁闷死了。”小美安慰道：“别着急，慢慢来啊。这个笔记做起来是有一些难度的。”

小丽说：“要不，你帮我想想？”小美一听，连连摇头说：“拉到吧，我做完我自己的都累得不行了，哪有精力帮你做啊。”听到小美拒绝了，小丽又说：“要不，你把你的借给我看一下，总可以吧？”小美说：“这怎么能行呢，老师要求每个人的都不一样的，我借给你，那咋俩不就一样了吗？”小丽接着说：“没事，我不抄袭你的，我主要看一下你是如何思考的，如何入手的，这样，我就知道该怎么着手了。”“这个么……”小美有些犹豫。

“行了，别犹豫了，你就帮帮我不行吗，咋俩这么多年的好朋友了，你就忍心让我明天被老师批评啊？”小丽感觉到小美有些不情愿，很不高兴地说。听到小丽有些不高兴了，小美连忙说：“那好吧，但是你绝对不能抄袭的啊。要不然明天受批评的就是我了！”

第二天下午，老师站在教室门口说到：“小美，你们俩到我的办公室里来一下。”当小美来到老师的办公室之后，老师劈头盖脸地说：“你的笔记怎么跟小丽的一模一样啊？”小美支支吾吾地说：“不会吧。”老师把她的笔记和小丽的笔记一起放到了小美的跟前。看到这个结果后，小美真是后悔万分。

爸妈送给小美的话：

在这里，爸爸妈妈要跟小美谈一下不想把笔记借给朋友的话题。事实上，在学习的过程中，朋友遇到难处，作为朋友，给予朋友一定的帮助是应该的，但是帮助并不代表着说把你的笔记借给朋友去模仿和抄袭，这样只会害了他们，也害了你自己。作为女孩子，这时候要做的是，帮助你的朋友一起来分析和解决问题，帮助他们用自己的大脑去思考问题。

你需要了解的知识点：

在学习当中，朋友借笔记的问题时有发生，这时候很多孩子们不愿意借，但是还是在对方以“关系好”为幌子下，不得不借给他们，而事实上，却是害了他们。那么，遇到这种问题的时候，孩子们究竟该如何应付和处理呢？在这里，爸爸妈妈要跟孩子们一起来探讨和研究这个问题。

1. 委婉地表达你的拒绝之意

在学习当中，笔记往往是你自己的学习成果，是你付出了一定的心血所做出来的。当你的朋友不动脑经，想要从你的笔记中获得捷径的时候，往往让很多同学非常不愿意。这时候就不要勉强自己，一定要把你的拒绝之情表达出来，当然，说话的时候要委婉一些，比如：“还有一些问题需要处理”，或者是“我已经借给别人了”，等等。这样，你的朋友便不好意思再向你提出借笔记的要求了。

2. 把你的帮助之情表达出来

作为朋友,当对方要求向你借笔记的时候,如果你把笔记借给了对方,那么无疑让他不动脑经,不求甚解,其实是害了他。这时候,你除了拒绝他的要求之外,还要把你想要帮助他完成笔记的想法说出来,让你的朋友在接受到你的拒绝之后,感受到你的真诚,明白你是真心实意地想要帮助他,而不是去伤害他。

3. 不要被"朋友之情"所难

很多同学往往觉得难为情,是因为对方总是拿"朋友之情"来指责你,觉得你作为朋友,有能力帮助他而却不愿意帮助他,从而对你产生想法。其实,作为朋友,帮助对方前进的事情当然应该去做,但是对对方有害而无利的事情千万不能去做。如果你把笔记借给了对方,你不是在帮助她,而是在害他。这样,你就不会被对方口里的"朋友之情"所为难。

朋友考试抄袭我的答案

青春期女孩子的困惑:考试中,朋友抄袭我的答案让我很恼火。

"青青,把你的卷子稍微往左放一下,我就看到了。"在考试中,王启捂着嘴对她的好朋友青青说。青青望了王启一眼,并没有理睬她。王启继续说:"哎呀,青青,你就稍稍往左一点嘛,我就看到了。"青青依旧没有理睬她。这时候,王启说:"青青,你可是我最好的朋友,你就帮帮忙呗。"青青瞥了一眼,说:"你自己做!"但是王启并没有放弃,而是继续说:"青青,求求你了,你就稍微往左边放一放么,青青,帮帮忙啊。"

王启的话让青青心里乱糟糟的。因为她是青青最好的朋友,在平时对她非常非常的好,可是不知道怎么地,她对物理一点兴趣也没有,不管怎么努力,就是学不进去。为此,被物理老师经常罚站。当然,最让她头疼的就是现在正在进行的物理考试了。"该怎么办呢?"青青心里七上八下的,不知如何是好。她知道王启是个自尊心极强的女孩子，从来不向她哀求过什么。今天，这样的哀求她，让青青着实难办。

此时，青青心里特别的难受。最终她还是把卷子往左边放了放，让王启抄了答案。考试结束后，王启走过来，对青青说："青青，今天真是多亏了你，你对我的好，我一定记着呢，晚上我请你吃饭。"青青摇了摇头说："我今天晚上有点事，回头再说吧。"说完，便回家了。

整个晚上，青青闷闷不乐。爸爸发现了之后，问道："青青，你怎么了，身体不舒服吗?"青青摇了摇头。爸爸接着问道："那是怎么了，是不是有什么心事啊？跟爸爸聊聊。"青青说："爸爸，今天在考试中，我给王启抄答案了。"爸爸说："你这是害她啊。"青青委屈地说："我也知道，可是她平日里对我特别的好，她的物理成绩又特别的差，在今天的考试中，她一个劲地恳求我，我觉得要是不帮助她就有些对不起她，可是帮了她，我心里特别的难受，我也不知道为什么。"

爸妈送给青青的话：

在这里，爸爸要跟青青谈一谈在考试中朋友抄袭答案的问题。对于一些学习差的学生，考试非常的煎熬，因为他们不会，于是他们就会把希望寄托在一些学习好的朋友身上，希望他们能帮助自己。这就让学习好的同学很为难，帮还是不帮？帮忙似乎在为虎作伥，不帮忙又会让朋友觉得不讲义气，作为女孩子一定要做好取舍，既不得罪朋友，又不害了朋友。

你需要了解的知识点：

当朋友想抄你的答案的时候，你该怎么办？是拒绝还是应允？让朋友抄了是帮助他还是害他？是坚持是非观，拒绝呢？还是为了友谊，答应呢？在这里，爸爸妈妈和孩子们一起来探讨和研究这个问题。

1. 坚持是非观，拒绝抄袭

考试中抄袭是错误的，是弄虚作假、掩耳盗铃的表现，欺骗老师、家长以及学生自己。这一点，女孩子们一定要有清晰的认识。在朋友向你发出要抄袭你的答案的时候，要坚持基本的是非观念，予以拒绝。千万不要觉得难

为情而把答案泄露给朋友。实际上这不是在帮助他们,而是为虎作伥、助纣为虐。如果你真的把对方当朋友,那么就不要在这个时候害他,而是要帮助他,那就是拒绝抄袭。

2. 要主动找对方表达歉意

对于很多学习差的学生来说,考试就是他们目前遇到困难的时候,如果被朋友拒绝,难免会让他们产生对你的愤恨,对你们之间的友谊失去信心。因此,考试结束之后,你要积极主动地去接近对方,表达你的歉意。尽管对方可能一时半会儿有些不理解,对你冷言冷语,但是作为好朋友,千万不要就此放弃,而是用你的真诚和耐心去赢得朋友的心,让他们明白,你是多么的在乎对方。

3. 在学习和生活中帮助他

你的朋友之所以在考试中向你求援,是因为他们不会。作为好朋友,如果你真的对对方好,那么就要在学习中和生活中多帮助他们,开导他们。让他们在学习上有所进步,在生活中有所依靠。让对方真正地明白,什么才是友谊。时间久了,对方也会因为你的有所为、有所不为的气节所征服。也会打心眼里欣赏你、佩服你,和你永远地做好朋友。

我会嫉妒朋友考试比我好

青春期女孩子的困惑:朋友的成绩考得比我好,我很嫉妒。

"秋妮,这次考试考了多少分啊?"下课之后,王烁走了过来,问道。秋妮笑着说:"还不错,这次的化学测试,我考了95分,这可是我一直以来取得过的最好成绩啊。"王烁笑着说:"是啊,真是破天荒了,要是在中考中,你也能考这么好就行了。"秋妮满脸笑容地点了点头。随后,她问道:"你呢,这次考得怎么样啊?"王烁笑着说:"一般般啦,99分。"顿时,秋妮脸上的笑容立刻僵住了，她嘟囔着说："考得这么好啊，那真是恭喜你了。"

王烁没有注意到秋妮的表情变化，而是接着说："真实太遗憾了，本来能考一百分的，可是我粗心大意将一个化学元素的价位表搞错了。"秋妮阴沉着脸说："行了，有什么可显摆的啊，不就考了99分嘛，至于这样吗？"说完，狠狠地瞪了王烁一眼，愤恨地走出了教室。王烁站在那里，始终没有明白究竟怎么了，自己的哪句话说错了，惹得秋妮生气了呢？

这天中午放学后，按照惯例，王烁等在校门口，和秋妮一道回家。秋妮出来之后，王烁热情地与她打招呼，而秋妮白了她一眼，没有搭理她，径自往前走了。王烁追上来说："秋妮，你这是怎么了啊？"秋妮说："干吗？大才子，找我有什么事情吗？"望着秋妮冷漠的眼神，王烁重重地叹了一口气，把前面的路让开了。秋妮大踏步地前进，没有回头。王烁站在原地，望着秋妮的背影，有种说不出来的感受。

爸妈送给秋妮的话：

在这里，爸爸妈妈要跟秋妮聊一聊嫉妒朋友的考试好的问题。事实上，同学们中间，有的学习成绩好，有的学习成绩差，这并不是一件奇怪的事情。你的好朋友的考试成绩比你好也是常有的事情，大可不必为此而烦恼。如果你真的把对方当做你的好朋友，那么你自然希望他能好，而不是希望他很差吧。朋友的学习成绩比你好，你应该把他当做你的目标和标杆，你应该付出更多的努力去超越他，而不是嫉妒他、远离他。

你需要了解的知识点：

当朋友的考试成绩比你好的时候，相比之下，你感到不满和压力是可以理解的，但是如何把这种不满和压力转化动力呢？如何化解内心之中的这种不平衡呢？在这里，爸爸妈妈要和孩子们一起来讨论这个问题。

1. 从比较中看到你们之间的差距

既然朋友的学习成绩比你的好，那么说明你和他之间还是有差距的。这个差距是对方的优势，当然是你的劣势了。当你看到了这个差距的时候，就找到了努力的方向。从这个角度来说，你完全没有必要去嫉妒你的朋友，而是庆贺他的成绩，并把这种成绩当做自己努力的方向。当你这么想的时候，你的嫉妒之心就会变成感恩。作为女孩子，很容易想不通，让内心的嫉妒冲昏了头，而去伤害朋友。这一点，一定要多加注意。

2. 要把朋友当做标杆而不是敌人

往往，当朋友的考试成绩比我们好的时候，和他们在一起更能衬托出对方的优秀，这也是为什么很多人会有嫉妒之心的原因。这时候，你会想办法和对方拉开距离，让自己的内心得到平衡。事实上，你这是掩耳盗铃，对方比你优秀，这是无法逃避的事实，并不是你远离对方就能改变的。这时候你要做的是把对方当做你的标杆，努力向他看齐，而不是把他当做敌人，去打击和报复。

3. 虚心地去向朋友请教和学习

有一个比你优秀的朋友，远比有一个比你差劲的朋友要好得多。朋友比你优秀，你会感觉到压力，所以你才会去努力，这样才能促使你不断地进步。如果朋友比你差劲，那么你感受到的不是压力，而是优越感，这样你就不会进取。当然，当你的朋友表现的比你优秀的时候，光有压力是不够的，还要虚心地向你的朋友请教和学习，把压力转化成动力，从而让你不断地前进。

我讨厌她，她却偏偏黏着我

青春期女孩子的困惑：我讨厌的人总是黏着我，让我很难受。

“洗美，这道数学题，我不会做，你能不能帮我一下。”下课后，洗美刚想趴下好好休息一会儿，坐在后座的胖女生二丫走上前来说道。说实话，洗美很不喜欢这个二丫，不但人长的很难看，而且还老爱说粗话，尤其是她那大嗓门，让洗美忍无可忍。可她却总是喜欢向洗美套近乎，这让洗美多少有点煎熬的感受。

但是出于同学间的礼貌，洗美只好硬着头皮，跟二丫做了详细的解释。等二丫心满意足地离开后，上课铃声又想了，这堂课，洗美只好打起精神认真听讲。中午放学的时候，洗美刚刚走出校门。只听见后面有人扯着嗓子喊道："洗美！洗美！"洗美心头一惊："她不会这回要我给她讲解题吧！"于是她假装没听见，快步地向前走去。

很快，二丫气喘吁吁地赶上来，站在了洗美的面前，手里拿着两个冰激凌，迅速地递过一个说："洗美！我叫你呢，你没有听到啊，给，我请你吃冰激凌！"说完，傻笑起来。外面的天气很冷，洗美冻得浑身只打颤，看着二丫递过来的冰激凌，感觉一股冷气扑面而来，她本能地向后躲了躲，说："你吃吧，我不喜欢吃。"二丫拉起洗美的手，一下子将冰激凌塞到了她的手里说："吃吧，千万别客气。"

没办法，洗美只好拿着冰激凌硬着头皮吃了起来。二丫并没有离开的意思，而是随着洗美一起走，而且一边吃着冰激凌，一边讲着她的故事。

爸妈送给洗美的话：

在这里，爸爸妈妈要跟洗美聊一聊被讨厌的人黏着的问题。在同学们中间，难免会遇到我们不喜欢的人，可是对方却似乎很喜欢你，想要和你做朋友，想要和你交往。这就让很多同学感觉到非常的痛苦。有的人会直接拒绝和他们接触，而有的人受不了揪缠便会责骂他们，让他们的心灵受到伤害。事实上，这都不是解决问题的良策。别人喜欢你，那是对你的欣赏和认可，我们自然没有理由去伤害他们。

你需要了解的知识点：

在同学们中间，被自己不喜欢的人欣赏，往往会给我们带来很大的不愉快，那么，逃离他们就是当务之急。那么，如何才能做到既不被他们所骚扰，又不会让自己感受到难受和委屈呢？在这里，爸爸妈妈要跟孩子们一起来探讨这个话题。

1. 找个很忙的借口拒绝接触

当一个人喜欢你、欣赏你的时候，往往会借各种机会去接近你，要么是找你询问题，要么是和你一起上学、放学。如果你不喜欢对方，那么你就会想方设法逃避对方。事实上，很多时候，对方都会在你不经意的时间出现。这时候，作为女孩子，一定要找个很忙的借口拒绝和对方接触。让对方觉得你真的很忙，没有时间解决她的问题。

2. 不要随便接受他们的友善

通常，当别人喜欢你的时候，总是向你表达他的友善。请你吃饭，送礼物给你，甚至找各种理由和借口约你见面。如果你很讨厌他，那么就不要随便接受他们的友善。当他们的友善落不到实处的时候，他们便明白了你的意思，便主动停止对你的扰乱。如果一旦你接受他们的友善，则给他们暗示，你愿意和他们做朋友，其实这并不是你的原意。

3. 把拒绝之意委婉地表达出来

有些人屡次被你拒绝之后，依然不明白是什么意思。继续想反设法和你接触，给你的生活和学习带来了不必要的麻烦。这时候，你就要委婉地把你的拒绝之意表达出来，当然，要让对方听明白，而且又不能把话说得太直接。这就需要你在说话的时候掌握一定技巧。如果实在不好意思表达，那就采用发短信，或者是写邮件的方式。

和男生做朋友被大家误会早恋

青春期女孩子的困惑：和男生做朋友被大家误会为早恋。

“锦琪，昨天下午放学后，和你一起逛的那个男生是你男朋友吧？”这天中午，当锦琪约上好朋友秀珠一起回家的时候，突然秀珠问出了这么一句。锦琪莫名其妙地说：“哪个男生啊？我怎么不记得了。”秀珠坏笑着说：“装，接着装。”锦琪气呼呼地说：“哎呀，秀珠，你在说什么呢，我真的不知道你说的是谁啊！”秀珠望着锦琪说：“真的不知道？”锦琪想了想说：“噢，你是说，昨天下午和我一起在校园里逛的那个男生？”秀珠坏笑着说：“是的。在我面前还装。”

锦琪说：“没有，我刚才真的没有想起来。他是我一个朋友，是我们家以前的邻居，我们搬家后好多年都没有消息了，昨天突然在校园里碰上了，就多聊了一会儿。”秀珠说：“真的只是邻居？”锦琪说：“那你觉得还能是什么啊？现在是高三了，是学习的关键时期，这个我还是知道的。再说了，就算是谈了朋友，哪能不告诉你呢。”秀珠笑着说：“知道就好，我就怕你犯错误。”锦琪说：“你的思想怎么那么复杂。”秀珠说：“得了吧，不光是我这么认为，同学们都在议论纷纷，说你谈对象了。”锦琪惊愕得半天没有说出话来。

下午，锦琪刚刚来到教室，就看到好几个女孩子正在窃窃私语，看到她后，突然间散开了。很明显，他们讨论的话题自然与锦琪有关系了，这让锦琪压力倍增。就在这时候，班里的几个调皮捣蛋的男生嘻嘻哈哈地进来了，见到锦琪后，他们你望望我，我望望你，笑着说：“你前进，我后退，真浪漫啊。”锦琪的目光跟他们碰到了一起，脸一下子红到了耳根。

上课后不久，老师悄悄地把锦琪叫道了教室外，关切地问道：“锦琪，大家都说你在谈恋爱，这事是不是真的啊？”锦琪看着老师，认真地说：“没有的事啊。”老师笑着说：“没有就好，你知道现在是最关键的时候，千万不能犯错误啊。”那天，锦琪的头都大了。

爸妈送给锦琪的话：

在这里，爸爸妈妈要跟锦琪谈一谈和男生做朋友被大家误会是早恋的问题。事实上，对于青春期的女孩子来说，与男生交往是很正常的事情，但这个时候最容易陷入情感的纠葛。因而，与男生做朋友，就要有所注意，尽量不要引起同学和老师的误会，给你的学习和生活带来不必要的麻烦。

你需要了解的知识点：

在学校里，和男生交往是避免不了的问题。可是有的女同学与男生接触，不会引起别人的误会和议论，而有的女孩子和男生接触，却很容易被误

认为是在谈恋爱。那么,对于女孩子来说,为了避免引起误会和议论,在和男生接触的时候要注意哪些方面呢?在这里,爸爸妈妈和孩子们一起来讨论这个话题。

1. 接触时要保持一定空间距离

一般情况下,空间距离代表着彼此之间关系的亲密。如果你和男生交谈的时候,站的太近,难免会给人一种你们之间是恋人的感觉。因为如果是普通的朋友关系,两人之间的距离保持在普通人交往的程度上。这一点,作为女孩子,一定要注意了,千万不要因为和男生的关系近,就突破了普通朋友的空间距离。否则,就很容易引起别人的误会和议论。尤其在学校里,这是极为不合时宜的事情。

2. 在业余时间内尽量不要接触

通常,对于学生来说,正常的朋友之间的交往,完全可以在学校里进行。这也是异性普通朋友之间的交往尺度。作为女孩子,如果你在放学后和男生聊个没完,或者是在晚上和对方逛校园,这就给很多人一种错觉,你们在利用业余的时间培养感情。尽管你们并没有谈恋爱,但是,看到你们的人却不会这么想。这样以来,各种流言蜚语就会接踵而至,你的烦恼和痛苦也就开始了。

3. 和男生说话时要端庄和礼貌

有些女孩子特别外向,和男生交谈的时候,总是嘻嘻哈哈,甚至聊到高兴的时候,还会和男生发生身体上的接触,比如拍打男生的肩膀,说一些暧昧的话。这就很容易让别人觉得这个女孩子和男生在打情骂俏,你随意说的玩笑话,也就有了传达爱意的意思。这样,别人认为你们在谈恋爱也就不足为怪了。作为女孩子,和普通的异性朋友交谈的时候,说话时要端庄一些,礼貌一些,不要让别人误会你们。

Chapter 13

第13章 接触社会，给你带来苦恼如何面对

融入社会，这是每一个成长中的孩子无法回避的现实。在带来新奇感觉冲击的同时，也带给了他们相应的烦恼和痛苦。对于习惯生活在象牙塔里的孩子们来说，社会生活中的方方面面让其受到了洗礼，如何化解这些痛苦和烦恼，往往成了孩子们继续解决的问题，其实这也是他们不断成长的过程。本章，我们相应地做了一定的叙述和讲解，相信能帮助孩子们更加从容淡定地融入社会，帮助他们快速地成长起来。

社会青年总是来“骚扰”我

青春期女孩子的困惑:社会青年总来“骚扰”我,让我很烦。

“爱情三十六计……”这天下午,安懋正在认真地听课,突然手机铃声大作,她急忙把手机掏出来挂了,老师和同学们正在诧异地望着她,这让安懋感觉到特别的不好意思,她赶紧把头低了下去。十几秒之后,老师接着讲课。刚刚过了两分钟,手机铃声再次大作,安懋挂了电话,掏出手机悄悄地看了一眼,原来是上次在表姐的生日聚会中认识的男生贾。她索性把手机的电池取了。老师很不高兴地说:“带手机的同学,上课的时候把手机关掉。”

放学后,安懋刚走出校门,就听见有人在叫她,回头一看,正是贾。贾走到安懋的跟前说:“你怎么了啊?早上给你打电话怎么挂了啊?”安懋没好气地说:“拜托,我是学生,我在上课,你一天到晚打电话算怎么回事,我跟你很熟吗?”

见安懋生气了,贾赶紧说:“对不起啊,我忽略了,给你带来了麻烦。”安懋瞪了贾一眼,说:“有啥事快说,我还要急着回家呢。”贾不好意思地说:“你晚上有时间吗?我想请你吃饭。”安懋一听明白了,原来贾想追求她。于是她说:“没时间,我晚上还要上晚自习呢。”贾一听,急忙说:“那现在去吧,反正你也要吃饭的。”安懋白了贾一眼说:“我要回家,不回去的话,爸爸妈妈会着急的。”说完,没再搭理贾,踏上了回家的路。

当天晚上,安懋正在认真的学习,突然手机收到了一条短信,打开一看,又是贾,在短信里,贾说他喜欢安懋,想要追她。于是从那以后,骚扰的电话和短信接连不断,有时候贾还会去校门口等她,这让安懋很无奈。

爸妈送给安懋的话:

在这里，爸爸妈妈要跟安懋谈一谈社会青年总是来骚扰的话题。对于生活在校园里的学生来说，交往的主要对象是学校里的学生和老师，在偶尔参加亲朋好友的聚会时，也会接触到一些社会青年，他们会时不时的邀请你吃饭，邀请你一起玩耍，这对你的学习和生活带来了一定的影响。对于女孩子来说，这是个很危险的信号，当社会青年"骚扰"你的时候一定要想办法迅速地避开。

你需要了解的知识点：

对于学生来说，接触社会是避免不了的问题，和社会上的朋友偶尔有交往和接触也是很正常的。在交往的过程中，难免会引起他们的"骚扰"，那么，究竟如何才能避免被社会青年骚扰呢？

1. 不要随便与社会青年闲聊

一般情况下，人不可能对一个完全陌生的人进行"骚扰"，这就要求女孩子们在和社会青年接触的时候，不要随便与他们闲聊。即使你多么喜欢和欣赏他，也不要多聊。这样，社会青年对你不了解，自然不敢随便闯入到你的生活当中。有些女孩子爱交朋友，往往跟社会青年瞎聊，给对方很投缘的感觉，最终对方便要挤进你的生活中来，给你带来不必要的麻烦。

2. 不要轻易泄漏联系的方式

现在通讯非常方便，很多学生们都拿有手机，家里也都有电话。往往这些联系方式成了社会青年骚扰的主要途径。没完没了地打电话、发短信，给孩子们的学习和生活带来很大的麻烦。作为女孩子，在接触社会青年的时候，不要轻易地把你的联系方式告诉对方，包括电话号码、QQ 号码等，避免对方日后对你进行"骚扰"。

3. 保密家庭住址和学校班级

对于一些个人的信息要完全保密，不要随便泄露出去，比如家庭住址和你在学校里所在班级的信息，以及你日常生活的作息时间等。尽管对方貌似和你在闲聊，但是一旦你泄露出去，日后就有可能成为他们"骚扰"你准备了条件。为了避免发生此类事情，女孩子在和社会青年接触的时候，对这些

基本的信息一定要保密。

接触社会应当用怎样的方式才正确

青春期女孩子的困惑:接触社会应该以怎样的方式才正确呢。

“乔其,今天晚上有事情没?没事情的话咱们一起去蹦迪吧!”周五下午放学后,乔其刚到家没多久,就接到了好朋友芃羽的电话。乔其为难说:“不行啊,今天晚上爸爸妈妈都在家呢,根本出不来啊。”芃羽惊讶地说:“不会吧,你都这么大的人了,爸爸妈妈还要管你啊?”乔其说:“是啊,很讨厌的,整天不让我做这个,不让做那个。”芃羽笑着说:“还是我好,爸爸妈妈不在身边,我想干什么就干什么,也没有人来管我。”乔其无奈地说:“没办法啊,看来我今晚是没有办法参加了。”芃羽笑着说:“你可真是个乖乖女啊,你就对他们说今晚上学校补课不就行了,反正他们也不跟着你。”

于是,这天晚上,乔其对爸爸妈妈谎称说学校里晚上补课呢,赢得了爸爸妈妈的信任。出了家门一股烟地溜到了和芃羽越好的迪厅,和芃羽一起玩的孩子们很多,男男女女,穿着奇装异服,女孩子们大口地喝着酒,男生们吐着烟圈,随着音乐的节奏在不停地扭动着身躯。

这时候,芃羽递给了乔其一瓶酒。乔其摇了摇头,笑着说:“我不会喝酒。”芃羽笑着说:“切,别这么老土行不行,到这里玩的人哪个不会喝酒的。”说着,打开了瓶盖,把酒塞到了乔其的手里。乔其闭着眼睛,喝了一口,味道怪怪的,不像她想的那么难喝,于是接连多喝了几口。这时候,芃羽拉着乔其的手蹦起迪来。慢慢地天旋地转,她失去了知觉。

第二天,等她醒来的时候,仍躺在迪吧的沙发上。她挣扎着爬起来,走出了迪厅,打的回到了家里,此时爸爸妈妈正急得像热锅上的蚂蚁,见到爸爸妈妈后,乔其流下了委屈的泪水。

爸妈送给乔其的话：

在这里，爸爸妈妈要跟乔其谈一谈如何正确地接触社会的问题。作为青春期的孩子们，需要和社会多接触，可是社会有阳光的一面，也有阴暗的一面，接触社会要选择正确的方式，避免接触到社会的阴暗面，给自己带来身心的伤害。为此，和老师以及同学们参加一些积极的社会活动，或者是在父母的陪同下参加一些社会活动，来了解社会。千万不要跟着社会上一些不三不四朋友进进出出酒吧和歌厅这种场所。

你需要了解的知识点：

随着孩子们进入了青春期，对外界知识的获取越来越强烈，对参与社会的欲望越来越强烈，这时候，要选择正确的途径去了解社会，那么，这些正确的途径包括哪些方面呢？在这里，爸爸妈妈要和孩子们一起来讨论这个问题。

1. 在老师的带领下参加

一般情况下，青春期的孩子们在学校里，就有老师对他们负责。因此，在老师的陪同下参加一些社会活动。比如，到烈士陵园扫墓，或者参加植树劳动，等等。这些社会活动，让孩子们有机会真实地接触到社会，对孩子们的身心有很大的帮助。同时，又不会对孩子们的身体造成伤害，可谓是最好的方式。

2. 在父母的陪同下参加

除了老师的陪同之外，孩子们还可以在父母的陪同下，融入到社会中去。比如，跟随父母拜访亲戚，或者是一起逛街买东西，等等。参加社会活动，有父母的陪同，孩子们的安全是可以保障的，而其而接触的人也是可靠的。在这些接触中，孩子们可以慢慢地了解社会，融入到社会中去。

3. 要和同学们有组织地参加

很多孩子们觉得有父母和老师陪同，会让他们少了很多的自由，觉得不舒服。于是想尽一切办法想要逃离父母。父母越不让做的事情，他们越想做。比如，男生偷着抽烟，女孩学着化妆，等等。事实上，即使离开了父母和

老师，孩子们一样可以组织起来，参与社会。例如，在街上设立爱心救助站，帮助别人指路，等等。

社会上的活动我能多参与吗

青春期女孩子的困惑：社会上的活动我能多参与吗？

“妈妈，这个周末我要和同学们一起去敬老院慰问孤寡老人，你给我准备一些爷爷奶奶不穿的衣服，我带给他们。”星期五下午放学后，小丹一进家门就对妈妈这样说道。妈妈惊讶地说：“干吗去？”小丹大声说：“去敬老院慰问老人。”妈妈说：“你整天就瞎折腾，不知道今年是高三吗？不好好学习，慰问什么呀。”小丹不解地说：“妈妈，这可是献爱心的事情，是好事，你为什么要阻止啊？”

妈妈反问道：“你们不去慰问，老人的生活就没法继续吗？”小丹说：“肯定不会啊。”妈妈说：“那你们为什么要去啊？”小丹急了，说：“妈妈，同学们都去呢，我也应该去啊。”妈妈严肃地说：“不许去，明天你给我好好地待在家里学习。”小丹抱怨道：“整天就是学习，我都快闷死了，你怎么就不让我去参加一些社会活动呢？”妈妈说：“你真的想奉献爱心，想去看望老人？”

小丹说：“那当然了，要不然我给你费这么多口舌干嘛。”妈妈笑着说：“你如果真的想奉献爱心，那么明天跟着我去看望你姥姥姥爷，他们也是老人，也需要你奉献爱心出来。再说了，你多长时间没有去看望姥姥姥爷了？我真搞不懂，你不去看望姥姥姥爷，却要去慰问不相干的人。”

小丹气得直流眼泪，但是没有办法，也只好听从妈妈的安排。

爸妈送给小丹的话：

在这里，爸爸妈妈要跟小丹聊一聊多参加社会活动的事情。事实上，对于青春期的孩子来说，身体和智力的发育基本上已经接近成年人，所以渴望参加更多的社会活动，融入到社会中去。可是对于这个时期的孩子们来说，对社会还不是太了解，对很多社会活动本身后面的意义还不能完全明白，如果盲目地参加过多的社会活动，势必会耗费时间和精力，对学习和生活带来一定的影响。

你需要了解的知识点

看着五彩缤纷的花花世界，青春期的孩子们更加渴望去扮演社会上的角色，融入到社会中去，那么，对于孩子们来说，究竟能不能参加社会活动呢？多参加好，还是少参加好呢？在这里，爸爸妈妈和孩子们一起来探讨和研究这个问题。

1. 有选择地适当参加

对于孩子们来说，社会是新鲜的，因而总是希望能多参加一些社会活动，但是，孩子们的主要任务是学习，参加的社会活动太多，势必会分散精力和时间，对孩子们的学习造成一定的影响。因而，对于女孩子来说，并不是参加的社会活动越多越好，而是要选择一些对孩子有教育意义的活动，对孩子的成长有帮助的活动去参加。

2. 把精力放在学习上

即使社会活动再有意义，对于学生来说，主要的任务是学习。如果学习学不好，参加再多的社会活动，对于孩子们来说都没有太大的意义。因此，把精力主要放在学习上，把学习搞上去，业余时间抽空参加一些有意义的社会实践活动就可以了。当然，也不能只顾埋头读死书，对社会上的事情一无所知。

3. 深刻认识社会活动

很多社会活动，听起来冠冕堂皇，而实质上却不是那么回事。对于此，孩子们要有清晰的认识，不能被大口号所鼓动，成为别人手里的枪，任意被人使唤。比如孩子们参加社会劳动，背后是否有金钱交易？孩子们参加文明执法，那么交警在这个时候干吗去了？等等。作为女孩子，要清晰地分析社会活动后面是否有人别有用心？

在假期我想找份工作锻炼一下自己

青春期女孩子的困惑:在假期想找份工作锻炼自己。

放暑假已经是第三天了,惠儿依旧是每天吃喝玩乐,没有什么正事可做。这天,妈妈问道:“惠儿,我看你每天无所事事,要不,我给你报个舞蹈班,你去学习舞蹈吧。”惠儿听了说:“不,妈妈,我有自己的计划,我想在暑假找份工作,好好锻炼一下自己。”妈妈笑着说:“你行吗?现在不是你挣钱的时候,再说了我们家也不缺钱花。”惠儿说:“妈妈,我去做工作不是为了赚钱,我想让自己得到锻炼。每天都在啃书本,我都快成一个废人了。”妈妈想了想说:“行吧,只要你觉得有意义,那么你就去干吧。”

于是,惠儿开始在暑假找工作,可是几天过去了,惠儿灰头土脸地坐在沙发上不言语。妈妈见了问道:“惠儿,怎么了啊?怎么看起来不高兴啊。”惠儿抱怨说:“很多地方都不需要假期工,即使要也是需要有工作经验的人,你说我有什么工作经验啊。”妈妈想了想说:“我好像看到哪个超市需要服务员,要不你去看看。”惠儿一撇嘴说:“超市服务员?我才不要干呢。总是被人呼来喝去的,没有一点儿尊严。”

妈妈笑着说:“那你想干什么工作啊?”惠儿摇了摇头说:“我也不知道自己想要干啥工作。”妈妈说:“我看你还是老老实实地报个名去学习舞蹈吧。省得每天虚度光阴。”惠儿不耐烦地说:“可我真的想找份工作好好地锻炼一下自己嘛。”妈妈说:“那好吧,我再给你三天的时间,如果三天之内你能找到一份让你满意的工作,那么就去锻炼,如果找不到,就乖乖地报名去学习舞蹈。”

第三天,惠儿不得已在超市做服务员的工作,刚干了一天,她就开始摇头了。后来,还是听从了妈妈的意见,去报名学习舞蹈了。

爸妈送给惠儿的话

在这里，爸爸妈妈要跟惠儿聊一聊假期里找工作锻炼自己的问题。对于孩子们来说，在假期中找份工作锻炼自己确实是个接触社会的好办法。可是，对于生活在象牙塔里的孩子们来说，究竟如何才能改变角色呢？这是需要考虑的问题。对于女孩子来说，如果你不能很好地转变角色，那么就不要去浪费时间，让自己生活在痛苦和压抑之中，当然，如果能找到让自己心满意足的工作，那么锻炼一下自己也未尝不可。

你需要了解的知识点：

对于孩子们来说，一天天的长大，急于想证明自己的心情是完全可以理解的。但是在暑假里找份工作来锻炼自己，虽说是好事情，但是未必适应每一个人。那么，对于女孩子来说，如何才能做到这一点呢？在这里，爸爸妈妈要跟孩子们一起来探讨这个问题。

1. 要清晰明白你的目的

很多青春期的孩子们想找份工作锻炼自己，参与社会的想法是好的，可是却不能转变自己的角色。想问题的方式和方法还是学生的那一套，这就与社会格格不入。这让很多孩子不能接受，因而锻炼自己也就成了一句空话。作为女孩子，要明白你参加工作的目的不是为了挣钱，而是为了锻炼自己，那么多付出一些又有什么不可以呢？

2. 要有坚忍不拔的毅力

对于没有参加过工作的学生们来说，对找到的第一份工作往往不是十分满意。因而，如果意志不坚定，很容易坚持不下去，中途放弃，那么锻炼自己的想法也就没有了意义。对于女孩子来说，如果你真的想锻炼自己，那么不妨咬紧牙关，坚持下去，只有这样才能让你真正地得到锻炼，真正地认识到生存的艰辛。

3. 对自己要有清晰认识

很多孩子对自己的认识并不清晰，总觉得自己很了不起，可是真正到社会上找工作的时候，却发现没有自己的立锥之地，好的工作找不上，左的工

作又不愿意做,从而让自己陷入两难的境地。对于女孩子来说,在找工作之前一定要对自己有清晰的认识,你有什么能耐?能胜任什么工作?而不是你希望自己能做什么工作。当你明白这一点的时候,也就是你成熟的时候。

计算机网络中的社会是不是充满了欺骗

青春期女孩子的困惑:计算机网络中的社会是不是充满了欺骗?

“栋町,你这么晚了不睡觉在干什么啊?”这天晚上,已经快午夜零点了,栋町房里的灯还亮着,妈妈关切地问道。栋町说:“没干什么啊,妈,你先睡吧,别管我。”妈妈轻轻推开房门一看,原来栋町还在上网,于是悄悄地来到了栋町的身边,栋町正在和网友聊天,聊得热火朝天,冷不丁一转头,发现妈妈站在边上,她说:“哎呀,妈,你怎么不出声呢,大半夜的,你想吓死我啊。”妈妈有点生气地说:“我怎么没出声,是你戴着耳麦呢,没听着啊。”

栋町不耐烦地关了聊天窗口,说:“妈,你看什么呀,尊重一下我的隐私好不好啊。你赶紧去睡觉吧。”妈妈气呼呼地说:“大半夜的不睡觉,聊什么呢,跟谁聊的?”栋町说:“妈,我还能跟谁聊啊,当然是网友呗。”妈妈说:“赶紧睡觉!都不认识,聊什么呀。”栋町气呼呼地说:“哎呀,妈,你怎么这么啰唆呢,赶紧睡你的觉去,你老看着我干什么啊!”妈妈严肃地说:“给你三分钟,马上给我关掉电脑!”说完,关上门走了。

第二天,爸爸叫住了栋町说:“栋町,你妈妈说你晚上不睡觉,跟网友聊天呢,这到底是怎么回事?”栋町不好意思地说:“噢,我在网上认识一个当老师的,她给我谈了谈心。”爸爸笑着说:“你怎么知道她是当老师的呢?”栋町认真地看着爸爸说:“真的,是她亲口跟我说的,她不会骗我的。”爸爸笑着说:“栋町啊,网上的社会真真假假,不可信呀!她说她是老师,就是老师啊,你问过了吗,她是哪里的老师,教什么科目的,在哪里上的大学?这些你都了解了吗?”栋盯摇了摇头。爸爸一本正经地说:“栋盯,网络社会很危险,完全不像你想的那样,你有闲时间了,可以做点有意义的事情好吗,别整天泡在网络上,没多大意义。”

爸妈送给栋盯的话:

在这里,爸爸要跟栋盯聊一聊网络社会是否存在欺骗的问题。事实上,随着科技的发展,网络科技的得到了普及,出现了网络社会。但是由于网络社会中的人都是虚拟的,这就跟虚假和欺骗的产生创造了机会。很多违法犯罪的事情在网络上时有发生。可以这么说,网络社会比现实社会存在更多的阴暗面。对于处于青春期的女孩子来说,过早的涉足网络社会,并不是一件好事情。

你需要了解的知识点

随着网络的迅速普及,孩子们或多或少地被拉入了网络社会,结识了很多网络中的人,在增加社会阅历的同时,也面临着更多的危险。对于这种情况,究竟女孩子该如何在网络社会中健康地成长呢?在这里,爸爸妈妈要跟孩子们一起来聊一聊这个话题。

1. 要合理安排学习和上网的时间

随着网络的普及,很多孩子们都在不知不觉中成为了网友。在学习之余,往往泡在网络上聊天和游戏。尽管这在一定程度上排遣了孩子们的寂寞,但是对于一些自制力差的孩子,沉迷于网络会严重地影响学习。对于女孩子来说,一定要注意,不要一味地为了游戏和聊天而花费了太多的精力,影响了学习。

2. 不要随便透露自己的个人信息

由于网络中的人都是虚拟的,孩子们在网络上网游,就会有了一定的危险性,再加上孩子们对于是非的判断还不明确,对现实社会的阴暗认识不够,很容易将自己的真实信息透漏出去,给自己增加了危险系数。对于这一点,作为女孩子尤其要注意,不要把自己的事情随便说给陌生人听,即使你

对对方的感觉再好，也不要随便说出。你越保密越安全。

3.不要轻易相信网络中人的话

在和网友的聊天中，很多孩子们特别容易相信别人，对方不论说什么都信以为真。其实这是很危险的。因为网络的虚拟性，对方说话可信度就大大地降低了。这一点，孩子们要有清晰的认识，尤其是女孩子，心地善良，更容易被别人的话打动。因此，对待网络中的人说的话，不要轻易去相信，以免上当受骗。

社会上有人想要跟我“称兄道弟”

青春期女孩子的困惑：社会上有人想和我“称兄道弟”，怎么办？

在这个暑假里，晴儿报名学习了舞蹈，在舞蹈班里，认识了一个叫巧巧的女孩子。晴儿刚去的时候，由于没有舞蹈功底，所以很多舞蹈动作都做不上，多亏了这个巧巧，私下里总是不厌其烦地帮助晴儿，这让晴儿很是感激。两人的关系越来越亲密，时不时的两人一起聚餐、聊天。

很快，暑假结束了，晴儿回到了学校，而巧巧离开了学校，在社会上打工。两人见面的机会慢慢地减少了。巧巧经常和晴儿在电话里聊天。这天，巧巧邀请晴儿吃饭。期间巧巧突然说：“晴儿，说实话，我很喜欢你，我也没有兄弟姐妹，我想和你结拜成姐妹，你看行吗？”晴儿不解地问：“做好朋友不好吗？为什么要结拜啊？”巧巧认真地说：“结拜了之后咱们之间的关系就更为亲密了。”晴儿为难地说：“我觉得现在挺好的，再说了，结拜好像是男生才做的事情，女孩子之间也可以用吗？”

巧巧失落地说：“晴儿，你是不是不喜欢我啊？”晴儿连连摆手，笑着说道：“你多想了，咱们像姐妹一样相待，又为何拘泥于形式呢。”巧巧一本正经地说：“我就是要跟你结拜嘛，这样名正言顺。”晴儿笑着说：“名正言顺？我又不娶你当老婆。”巧巧气呼呼地说:“哎呀,你怎么这样!”

爸妈送给晴儿的话:

在这里,爸爸妈妈要跟晴儿聊一聊社会上的人想要和你“称兄道弟”的问题。事实上,和社会上的人交往做朋友,对于学生们来说,完全可以,但是和他们“称兄道弟”就完全没有那个必要了。事实上,一些人之所以要“称兄道弟”,无非是想要炫耀自己的实力多么强大,是在炫耀自己社交能力。也有可能是缺乏安全感,想要用这样的方式寻求安全。事实上,承诺就是责任,和对方“称兄道弟”将意味着你有更多的责任去照顾她。对于还处在学生阶段的女孩子来说,并不好。

你需要了解的知识点

对于还处于学生阶段的孩子们来说,和社会上的人适当地接触是可以的,但是要和他们“称兄道弟”就完全没有这个必要。那么,当对方提出这个要求的时候,你该如何回答呢?在这里,爸爸妈妈要和孩子们一起来研究和讨论这个话题。

1.以“不喜欢”为借口表达拒绝

很多社会上的人往往和别人结拜,来获取对方的信任,对对方增加责任,以达到不可告人的目的。对于涉世未深的孩子们来说,千万不要被他们所吹嘘的“兄弟姐妹”所蒙骗,否则,对方将要以此为借口,要求你做这个做那个。弄不好还会滑入别人的圈套和陷阱当中。对于女孩子来说,不妨找个“我不喜欢”的借口来拒绝对方。即使对方不高兴,但是也不会强迫你。

2.不妨多肯定你们之间的交情

一般情况下,提出要和你“称兄道弟”的人,往往和你的关系非常的亲密,否则对方也不可能提出这样的要求。这就给很多年轻人带来了困惑,到底是答应不答应呢?事实上,如果你和对方的关系好,又何必拘泥于这种形式呢?因此,对于女孩子来说,当你在拒绝对方的时候,不妨多肯定你们之间的交情,让对方感觉到你的拒绝。这样,既不会伤了彼此之间的和气,又不会陷入“称兄道弟”当中去。

3. 以爸爸妈妈“不允许”为借口

对于青春期的孩子们来说，尽管你们已经快成人了，但是由于你们一直在学校里学习，所以对社会上的很多事情都没有足够的认识和了解。因而当你的社会上的朋友向你提出要“称兄道弟”的时候，不妨拿出父母来压他们，这样对方便不好意思再要求你了。当然，你在抬出父母的时候要学会装无奈。

网友总是想跟我见面

青春期女孩子的困惑：网友总是想和我见面，怎么办？

“海海，你在想什么呢？是不是有啥心事啊？”周末的中午，妈妈看着坐在桌子边发呆的海海，关切地问道。海海转过头来望了妈妈一眼，说：“没事，妈，我正在想问题。”妈妈笑着说：“平日里也没见你学习这么用功过，到底在思考什么问题啊？”海海说：“哎呀，妈，你别问啦，人家女孩子想想心事也不行啊！”妈妈笑着说：“不会是恋爱了吧？”海海撒娇道：“哎呀，妈……”

过了一会儿，海海来到妈妈的身边说：“我有个问题，不知道怎么办，看你能不能给我出个主意啊？”妈妈说：“说吧，什么事情。”海海说：“有一个特别聊得来的网友，老约我见面呢，你说是见还是不见啊？”妈妈想了想说：“我觉得还是不见的好，既然是网友，那就留在网络中不好吗？为什么要拉到现实中来呢？”海海说：“可是他真的很想见我，我也想见他。”妈妈笑着说：“那就去呗！”海海低着头说：“可他是网友，我怎么都觉得特别的不靠谱。”

妈妈说：“是啊，你对他一点也不了解，就这么冒冒失失地去见面，是很危险的，要是他是个骗子，是个坏蛋怎么办啊？”海海为难地说：“是啊，我也很担忧，不知道该怎么办。”妈妈想了想说道：“那你告诉我，你到底想不想见?"海海看着妈妈点了点头。妈妈说:"那就去见呗,多注意一点就是了。"海海笑着说:"妈妈,你真的是这么想的啊?"妈妈无奈地说:"说实话,我不想让你去,可是不让你去你又会不高兴。"海海亲了妈妈一口,着手去准备了。

爸妈送给海海的话

在这里,爸爸妈妈要跟海海聊一聊和网友见面的问题。在网络世界里,难免会遇到一些特别能聊得来的朋友,因此,一般人都会将网友发展成现实生活中的朋友,也就有了见面的想法。尽管网络中很虚假,但是并不代表所有的网友都是骗子,只要多注意一些,完全可以避免危险。当然,在和网友见面之前,要通过长时间的沟通和交流来确认对方的身份。

你需要了解的知识点

网络中的人互相之间聊得来,有好感,也是在所难免的事情,紧接着就是网络与现实之间的对接问题。当有网友约你见面的时候,你该怎么处理和应对呢?究竟如何做才能在和网友见面的时候,确保安全性呢?在这里,爸爸妈妈和孩子们一起来探讨这个问题。

1. 要掌握选择地方的主动权

把网络中的人拉到现实中来,本身就有很大的危险性。尤其是女孩子跟网友见面,更要注意到安全的问题。在和对方见面的地点一定要有女孩子来选择,这样选择一些熟悉的地方,离家比较近,或者是周围有熟人,这样,即使你的网友是个骗子,或者是坏人,你也一样能轻松自如地进退,在一定程度上把危险系数降到了最低。

2. 不妨去约个朋友一起前往

如果你一个人单独与陌生的网友见面,难免会想不周全,陷入对方的圈套之中,如果你真的特别想见对方,那么不妨约上几个好朋友一起前往。这样,即使对方是个骗子和坏人,也不能把你怎么样。而且朋友多了,聊天的话题也多,避免陷入没话可说的尴尬局面。

3. 不妨做好应对危机的措施

和网友见面,你不能保证对方一定是个好人。所以,在见面之前,不妨

拟好应对危机的预案。这样，万一遇上坏人，你也能应付自如。比如，你不喜欢和对方多聊，不妨和朋友约好，说定多长时间给你打电话。这样，你就能巧妙地离开。或者是随身准备辣椒水等，出现危险的时候，可以迅速地让自己安全离开。

Chapter 14

第 14 章 成绩压力，我的学习哪里有问题

同样是在一个教室里，有同样的老师在教，为什么有的学生学习好，而有的学生学习差呢？为什么有的孩子觉得很轻松，而有的孩子觉得压力很大呢？对于学习不好的同学来说，究竟问题出在哪里呢？面对孩子们的困惑和疑虑，这一章，我们从家长的角度上来和孩子们一起探寻问题的根本之所在，寻找解决的方法和策略。想必会给孩子们指点迷津，帮助他们健康成长。

考试时他们都作弊

青春期女孩子的困惑:我也能作弊吗?

这天早晨,安南像往常一样去上学,一推开教室门,教室里像炸开了锅,同学们在叽叽喳喳地说着什么,安南快步来到了自己的座位上,同桌眉飞色舞地说:“这次考试的成绩出来了,我的英语考了 99 分,数学考了 100 分呢。”安南迅速地来到了班长面前,拿成绩单,找到了自己的名字。英语 55 分,数学 60 分,化学 43 分……她悄悄地来到了自己的座位上。这时候,前桌的同学转过身来,问道:“安南,你考得怎么样啊?”安南摇了摇头,趴在了桌子上。

下课后,安南跟在了老师的后面走出了教室,她追上老师说:“老师,他们是作弊,全是抄来的,我是自己做的。”老师转过头来,说:“安南,你自己不好好学习,成绩一落千丈,还要诬陷别的同学,你说别人的成绩是抄来的,难道大家都在作弊不成?”

回到家里,安南垂头丧气地对爸爸说:“爸,老师让你下午去学校呢。”爸爸疑惑地说:“怎么了,安南,发生什么事情了?”安南没有说话,把卷子掏出来递给了爸爸。爸爸看了后,不高兴地说:“安南,这次怎么考这么差呢?”安南委屈地说:“这次考试的题太难了,很多知识都没有学到。考试的时候根本没老师监考,同学们都在抄呢。”听了安南的话,爸爸低头看了下试卷,几分钟之后,爸爸拍了拍安南的肩膀说:“好女儿,你是个诚实的孩子,爸爸以你为骄傲。”这时,安南再也抑制不住,委屈地流下了眼泪。

爸妈送给安南的话

在这里,爸爸妈妈想跟你聊聊关于考试作弊的问题。事实上,考试只不过是用一个分数的多少来验证你努力的程度,是对自己的一个自我肯定。

目的是为了让你们认识到自己的不足，明确你们还需要做多少的努力才能达到目标。可是，在这个过程中，人难免会混淆考试的目的，将它当做衡量一个人能力大小的尺度。尤其是你们处于青少年时期，虚荣心比较强，再加上个别老师的错误引导，为了提高分数，难免会出现作弊的事情。在这个过程中，作为孩子们，你们要树立正确的价值观，明白考试的真正用意，诚实地面对自己，这样，你才能在人生的道路上越走越远。

你需要了解的知识点：

那么，考试中为什么会作弊呢？你又该如何做到远离作弊呢？下面就让爸爸妈妈与你一起探讨这个问题吧。

1. 作弊的原因

学生们作弊的原因，主要有两个方面。首先，就是虚荣心理。考试的分数高了，会评上三好学生，会上学校的光荣榜，会受到老师的表扬和嘉奖。有些时候还会受到老师的特殊照顾，比如经常被点名回答问题，被安排到前排，等等。这种情况下，同学们为了考试高分，不免出现作弊的行为。其次，就是怕吃亏的心理。你们身边的很多同学其实一开始是不愿意作弊的。但是看到别的同学在作弊，认为自己不作弊就会吃大亏。就如同故事里的安南一样，受到老师的批评和同学们的歧视，因而也同流合污，考试作弊。

2. 作弊的坏处

孩子们还小，人生观、价值观还不成熟，甚至是非对错的观念也刚刚形成。作弊无疑是“不劳而获”、“弄虚作假”，是要被杜绝的。可是一旦作弊成功，就会在思想上产生混乱，究竟什么是对？什么是错呢？这对他们的成长是极其不利的。同时，作弊还会让孩子们有了一种“小偷”心理，总想在别人看不着或者是不注意的时候，去做一些事情，满足内心的好奇和冒险的心理。久而久之会形成习惯，会“顺手牵羊”，会在无人注意的时候败坏自己。这无形之中就把你引入到了歧途。

3. 要如何远离

明白了作弊的原因和危害之后，作为一个优秀的学生，一定要远离作

弊。下面我给你们介绍一些远离作弊的方法。首先,要好好学习。之所以考试要作弊,是因为考试中的题你不太会做,如果你好好学习,所有题你都会做了,自然就不会去偷偷摸摸地抄袭了。其次,要养成诚实的好品德。平日里在学习和生活中,不要撒谎,要诚实面对老师和父母。这样,在考试中,即使你不会做题,也不会考虑去作弊,即使别人在作弊,你也不会随波逐流,用虚假的成绩来欺骗别人。

可怕的考试排名让我压力很大

青春期孩子的困惑:考试为什么要排名呢?

“考试的成绩终于出来了。”这天中午,当露露来到教室里时,大嗓门苏擦在大声喊着。和别的同学一样,露露也围在人群中去看自己究竟考了多少分。不一会儿,她垂头丧气地走到了座位上。

放学后,好朋友于娜走过来拽了露露的胳膊说:“考了第几名?”露露唉声叹气地说:“不好,我都考到了十五名以后了。”于娜惊讶地说:“不是吧,你学习那么好,这次怎么考这么差啊?”露露摇了摇头说:“我也不知道是怎么回事。你呢,考了第几名?”于娜喜上眉梢地说:“我还行,第六名。”说完,于娜摆摆手说:“走了,回头聊。”

于娜的态度让露露大受刺激。平日里,于娜都会等露露一起回家。露露第一次感受到了被人歧视和羞辱,她感觉到脸上火辣辣的烫,恨不得找个地洞钻进去,她迅速地走出教室,坐上了回家的公共汽车。

回到家后,她把自己关在屋里,一个人偷偷地流眼泪。这时候,爸爸敲了敲门走了进来。见露露趴在床上在哭,爸爸关切地问道:“露露,怎么了,遇到什么事情了啊?”

听到爸爸的话,露露再也忍不住,“哇”的一声扑倒在爸爸的怀里,哭了起来。她一边哭，一边说：“爸爸，我这次考试排到了十六名，老师也不关注我了，就连我最好的朋友于娜都看不起我了。”爸爸拍了拍于娜的肩膀说：“露露，没关系的，在爸爸妈妈的眼里，你永远最优秀。”听到爸爸这么说，露露哭得更厉害了。

几分钟之后，露露抬起头说：“爸爸，你说我这次成绩考得不好，名次排到了后面，是不是说明我很笨啊？”爸爸笑着说：“不会的，只要你认真学习了，名次的先后其实都不重要。”露露疑惑地看着爸爸说：“可是，考试排名中落到了后面，就会受到老师的忽视，同学们的歧视和嘲笑。每次考完试我都感觉压力很大。爸爸摸着露露的头说：“只要你自己别把它当一回事，别人怎么看，怎么想就随他们去吧。”

爸妈送给露露的话：

在这里，爸爸妈妈要给露露聊聊考试排名的问题。事实上，考试中排名或许只是为了检验同学们学习的努力程度，为了激发学生积极向上、奋发图强。但是，与此同时，由于有一些老师和学校的片面理解，考试排名也成为了恒定一个学生优劣的准绳。这就给正处于青春期的孩子们背负了更多的心理压力。觉得自己排名偏后了就是差学生，因而产生自卑心理，自己什么都不行。更有甚至，有的孩子为了让自己排名在前，不惜作弊，或者是贿赂老师等等。因此，孩子们一定要正确理解排名的意思，刻苦努力，积极进取，不要被排名的负面效应所累赘，从而影响到你们学习的热情。

你需要了解的知识点：

为什么考试的排名会成为孩子们的噩梦呢？作为学校、社会和家庭究竟如何正确地引导孩子去认识考试排名，接触他们的心理负担呢？这里，让爸爸妈妈陪同孩子们一起来探讨这个问题。

1. 学校要正确引导

很多学校往往把学生考试的成绩排名，以此来激发和鼓励孩子们积极向上，奋发图强，但是在操作上往往有一定的问题。排名在前的学生，评选奖学金和三好学生都优先，考不到前几名就没有这个资格。这就造成了孩子们，尤其是一些学习比较差的学生产生心理压力，害怕考试，害怕排名，因为排在了后面就等于对自己进行了再次否定。时间久了，就会导致孩子们对学习失去了信心。

2. 社会要改变认识

往往，我们在询问孩子们的学习状况的时候，会问他们考了多少名。要是排名在前，就觉得这个孩子学习很好，有时候还会表扬他。如果排名在后面，就觉得这个孩子学习差，会责备他们。这样，就会让一些学习不太好的孩子觉得像噩梦降临了一样。再加上同学们之间的攀比和老师的错误对待，形成了实质性的歧视。这对于处于青春期的孩子们来说，实在是个煎熬。作为社会，要正确地认识考试排名，给予孩子们理解和温暖。

3. 家庭要合理配合

有些孩子考试的排名落后的，不但要受到老师的冷遇、同学们的歧视，回到家里还要受到父母的刁难和责骂。甚至有些孩子对前者不在乎，却唯独担心受到父母的折磨。每次考试都压力很大，生怕自己的成绩不好，回家没法向爸爸妈妈交代。所以，考试中想方设法作弊，或者是撒谎欺骗家长，等等。作为家长，要正确地帮助孩子们认识到考试排名的意义，帮助孩子们缓解内心的压力。让他们不再害怕学习，不再恐惧考试。

我的理科成绩变得好差

青春期女孩的困惑：我学不进去理科怎么办？

“孔雪，你来告诉我，为什么桌上的这张白纸会自动燃烧起来呢？”化学课上，老师叫起了孔雪问道。孔雪紧张地站起来，红着脸说：“老师，我，我……”化学老师说：“不要紧，我刚刚已经讲过了，你想一想，是为什么？”孔雪还是想不明白，她不好意思地低下了头。这时候，坐在旁边的男生小声地说："因为纸上面有白磷。"孔雪结结巴巴地说："因为，因为纸上面有，有白磷。"

"为什么有了白磷就能燃烧呢？"孔雪低下头，偷偷地去望同桌的男生，男生又小声地说："因为白磷的燃点低。"由于说话的声音小，孔雪把"燃"听成了"凉"，回答说："因为白磷的凉点低。"同学们哄堂大笑。老师纠正说："你回答得很正确，不过是'燃'点，不是'凉'点，回头把普通话好好练练。孔雪羞得满脸通红。"

很快，孔雪在化学课上的表现成为了同学们之间相互传谈的笑话。很多认识她的人见了她都在叫"凉点"，这让孔雪非常尴尬。这天晚上，她独自坐在书桌前望着化学课本在发呆。爸爸下班后见孔雪的房间亮着灯，就悄悄地来到了门口，看到她在发愣，连忙问道："雪儿，你在想啥啊？"

孔雪不好意思地说："没有啊。"爸爸说："我看你有心事，在想啥呢，快跟爸爸说说，看爸爸能不能帮助你。"孔雪说："也没什么事情，就是在今天的化学课上，我成为了同学们的笑柄了。"接着，孔雪把化学课上发生的一幕一五一十地告诉了爸爸。爸爸听了，说："女孩子不喜欢理工科，这也不是怪事情，但是并不是说你学不进去。你得从内心深处去喜欢它，接受它，培养对理工科的兴趣。"孔雪为难地说："可是，爸爸，我真的一点也不感兴趣，老师上课讲的我根本听不懂。"爸爸拍了拍孔雪的肩膀，说："那以后爸爸抽时间多帮帮你吧，别忘了你爸爸可是理科天才呢。"

爸妈送给孔雪的话：

在这里，爸爸妈妈要跟你聊聊偏科的问题。对于女孩子来说，不喜欢逻辑性较强、相对比较枯燥的理工科目在生活中比较普遍。这与女性比较敏感、不喜欢去思考复杂的问题、缺乏耐性有一定的关系。所以很多女孩子的理工科成绩很差，会给她们背负过重的心理压力。但是并不是所有的女孩子对理工科都不感兴趣，相反，有些女孩的理科成绩非常好。这就说明理工科目学不好，不仅仅是因为性格的原因，只要端正学习态度，克服性格的弱点，选择合适的方法，一样可以把理科成绩搞上去。

你需要了解的知识点：

为什么女孩子对理工科提不起兴趣呢？究竟如何才能帮助他们弥补在学习理工科上的不足呢？在这里，让爸爸妈妈陪同孩子们一起来探讨一下吧。

1. 端正学习的态度

很多女孩子觉得物理、化学等理工科目是男生的专利，所以一遇到困难就主动退缩。这样一来，遇到的困难越多，越觉得自己不会，慢慢地就会失去对理工科目的学习兴趣，理科的成绩自然就上不去了。作为女孩子，要想从根本上解决这个问题，首先要做的就是端正学习态度，对待遇到的难题要积极主动地去探寻解决的办法。只有把学习中遇到的问题一个个地解决掉了，你才会不断地在自我肯定中对理工科产生兴趣。

2. 克服性格的弱点

不可否认，理工科目相对于文史科目略显枯燥一些，需要更强的逻辑思维能力。而女孩子比较敏感，不喜欢枯燥的理工科，更不擅长应用逻辑思维去思考问题。这就造成了很多女孩子压根不喜欢学习理工科。对于女孩子来说，要想提高自己的理科成绩，就要克服性格上的弱点，即使不喜欢也要耐着性子去学习、去思考，慢慢培养自己对理工科的兴趣。当你钻进去的时候，你自然就会对化学方程式和物理定理产生了兴趣。

3. 选择合适的方法

对于文科来说，注重培养的是宏观思维能力，重点在于记忆和背诵，而对于理科来说，则重点在于思考和动手。对于喜欢学习文科的女孩子来说，要想让自己的理科成绩好，就要相应地调整学习方法，如果用学习文科的那一套方法死记硬背地来学习理科，自然只能学到其表，不能学到内在的知识，这样一来，你尽管费了很大的力气去学习，依然学不好理科。可见，学习知识，方法很重要。

学习到底有没有诀窍

青春期女孩的困惑:学习到底有没有诀窍?

下午放学后,艾米闷闷不乐地回到了家里。她放下书包后,没有像往常那样做作业,而是躺在床上,因为她实在是太累了。由于是高三,学习任务重,她每天5点钟就起床了,赶在7点上学之前学习两个小时,晚上回家后还要学习两个小时,常常是熬夜苦战,可是学习成绩就是提高不上去,在这一次的模拟考试中,很多题都没有做完。

“是不是我实在太笨了?还是我压根就不是学习的料啊。”她躺在床上胡思乱想着。“艾米,你怎么回事啊?还不抓紧学习,高三是最关键的一年,能不能考上好的大学,就要看你这一年的努力了,你怎么反倒睡起觉来了!”妈妈的吼叫声打断了艾米的思维。紧接着,妈妈火急火燎地冲进了艾米的房间里。

“妈,我实在太累了,你让我休息一下吧。”艾米有气无力地说。“休息?现在是休息的时候吗?快点起来,抓紧时间去学习。”妈妈用命令式的口吻硬是把艾米从床上拉了起来。艾米气急败坏地吼道:“不学,不学!”说着眼泪流了下来。

这时候,爸爸刚好下班回来了。见到爸爸,艾米委屈地哭出了声来。爸爸关切地说:“艾米,你这是怎么了啊?”艾米委屈地说:“爸爸,我们今天考试了,很多题我都不会做,眼看着高考一天天地近了,我的压力好大啊!”爸爸安慰她说:“艾米,不要灰心吗,你再努力一些,说不定就会改变现在这种状态。”艾米摇了摇头说:“我已经很努力了,你也看到了,可是怎么就学不进去啊,爸爸,你说,为什么我们班的很多人看起来整天在玩,可他们什么都会,学习是不是有什么诀窍啊?”

爸爸和蔼地说："做任何事情都没有特定的诀窍，需要你脚踏实地，认认真真去做，学习也是一样的。不过在你付出努力的同时，也要找到适合自己的学习方法。"

爸妈送给艾米的话：

在这里，爸爸妈妈要告诉艾米：其实学习是一个不断积累知识的过程，需要你脚踏实地去走好每一步。当你掌握了所有的知识点，并且融会贯通，活学活用了之后，你的成绩自然就会好了。当然这个过程中，还需要找到适合自己的学习方法。千万不要用蛮力，否则事倍功半，会使你对学习的自信心大受打击。作为女孩子，要想把学习搞上去，就不要试图寻找捷径，在刻苦努力之下，还需要科学的学习方法。

你需要了解的知识点：

为什么有的孩子学习非常用功，可是成绩却老上不去呢？是他们不够聪明，还是方法上出了问题呢？在这里，让爸爸妈妈陪同孩子们一起来探讨探讨吧。

1. 丢掉寻找捷径的想法

同样是在一个教室里学习，别人学习非常的好，而你却学不进去。这就给很多人带来了这样的疑问，是不是别人学习有什么捷径？有什么诀窍？这样一来，就有人想要寻找学习的捷径，看很多资料书，参加补习班，结果越是想要急于求成，越是压力大，越加自卑。其实，对于学生们来说，与其寻找捷径，不如上课认真听讲，课后认真完成老师布置的作业。把基础知识学习扎实。时间久了，你的学习自然就上去了。

2. 刻苦努力非常有必要

俗话说：勤能补拙。如果你自己的学习不好，那么你就要付出更多更大的努力，就要吃更多的苦。这一点作为学生，你们一定要有清晰的认识。不要看到别人玩，你也玩，看到别人谈恋爱，你也谈恋爱。别人这样做，是因为他们的学习基础本来就好，脑瓜聪明。你的学习不好，就要多付出、多努力一些，这样一来，你的学习成绩慢慢地也会好起来，甚至还会超过那些学习好的同学。

3. 学习方法一定要科学

同样是学习，有的同学学习效率非常高，而有的同学尽管很努力，学习效率却不高。一定程度上会影响他们学习的热情。事实上，不是他们脑子笨、智力不高，而是他们的学习方法有问题。有的同学学习不求甚解，只知道死记硬背，有的同学只知其然，不知其所以然，不能融会贯通，表面上看似乎掌握了知识点，可是却没有牢牢地掌握知识的内涵。最终，费了九牛二虎之力，结果却事倍功半，学习成绩上不去也就不足为怪了。

男生为什么学得那么快

青春期女孩的困惑：男生为什么学得那么快？

物理课上，老师在讲解加速度的问题，同学们都在认真的听讲。突然，老师举了一个例子，向同学们提问，他扫视了一圈，说道："宋楚，你来告诉我，在加速运动的时候，什么情况是正速度，什么情况是负速度？"尽管自己认真听课了，可是突然之间被老师这么一问，宋楚脑子里一片空白，结结巴巴地回答不上来。

好在老师非常和蔼，并没有批评她，而是转过身去，叫起来不远处的一个男生，那个男生迅速地说："在加速运动中，如果加速度大于零，是正速度，如果加速度小于零，则是负速度。"老师说："这位同学回答得非常正确。"

宋楚的心理非常不是滋味，我上课的时候也在认真地听讲啊！自己的学习要比这个男生好很多。为什么他能迅速地回答老师的问题，而我却回答不上来呢？当着那么多同学的面，多丢人啊。以后会不会在老师和同学们眼里被认为就是个差生了啊？

一整天，宋楚被自己折磨得非常痛苦。放学后，她没有和好朋友一路

走，而是一个人背着书包闷闷不乐地走在回家的路上。这时候，妈妈刚好也下班回家，远远地看到宋楚后，喊道："楚楚，你今天怎么了啊，看起来没精打采的？"宋楚抬起头看了妈妈一眼，说："妈，没事，你先走吧，我想一个人走一走。"妈妈看了宋楚一眼，没有再说话，骑着自行车径直走了。

夜色渐渐地暗了下来，宋楚打开门走了进来。妈妈拉过她问道："楚楚，你一定有事情，告诉妈妈，究竟是怎么了？"宋楚看着妈妈说："今天物理课上，老师叫我回答问题，我没有回答出来，而邻座的男生却迅速地做出了回答，平时我的学习要比他好得多，为什么他能回答出来的问题我却没有办法回答呢。我心理很压抑。"听到宋楚这么说，妈妈笑着说："行了，别郁闷了，他之所以能回答出来，是因为男生脑子的思维能力比你的强。"

爸妈送给宋楚的话：

在这里，爸爸妈妈要和宋楚聊一下男女生学习能力的问题。很多女孩子都很疑惑，为什么同样是坐在一个教师里，有一个老师在教，为什么自己的学习能力就比不上男生呢？事实上，男女生的生理构造不相同，对知识的感悟和学习的能力也不一样。女生比较敏感，记忆力很强，这是男生没有办法比的。相反，对于男生来说，思维能力比较发达，动手能力强，脑子运转也比较迅速，这又是男生的优势。因此，在很多领域，男生的学习能力要比女生强，但是并不是说女生在这些方面不如男生，只要你克服了性格的弱点，转变思维，敢于吃苦，你对知识的掌握一样能和男生比，甚至还会超越他们。

你需要了解的知识点：

为什么男孩子会学地那么快呢？是不是他们的脑子比女生强？还是他们肯努力、多温习的结果呢？作为女孩子，怎样才能超越男生呢？在这里，爸爸妈妈和宋楚一起来探讨这个问题。

1. 脑子里千万不要畏惧

对于很多女孩子来说，学习中遇到陌生的课题和难题，心理上就会产生抗拒因素。觉得自己不会，也不可能在短时间内掌握和了解。这样，你的心理就会形成惰性，就不会积极主动地去学习，就算是老师讲解得多么仔细认真,你也不会。而对于男生来说,越是陌生的东西,越具有挑战性,所以他们内心就有一种钻研精神,试图去掌握和了解。相比之下,女生则表现得一问三不知,缺乏敏捷思维。作为女生,要想不输给男生,就要在脑力里打消对抗和恐惧的心理。

2. 课前课后多花点时间

既然女孩子的接受能力比男生的弱,那么作为女生就要在课前课后多花点时间和心思去接触和了解,当你接触的时间久了,自然不会觉得陌生,不会觉得恐惧了。这样,你就能和男生一样轻松地掌握知识点了。比如,化学课上,老师让同学们做实验,男生胆子很大,能迅速地着手,而女生胆子小,畏首畏尾害怕犯错,不敢操作。作为女生,要想像男生那样熟练和掌握知识,就要实验前多了解要点,试验后多观察和思考。

3. 知识一定要活学活用

很多知识前后都有关联,而且环环相扣。由于男生喜欢逻辑思维,所以在学习后一节的时候,会想起前一节学习的知识点。而女生很多时候善于记忆背诵,不喜欢思考。这就给女生的学习带来一定的障碍。实际上这也是女生学习能力和接受能力差的一个因素。学习了知识就要使用,这样才能更好地掌握知识。对于女孩子来说,要记忆要点,更重要的是要把知识应用起来去解决问题。这样,你会发现,你也能像男生一样敏锐了。

作业太多了,时间总是不够用

青春期女孩的困惑:作业太多了,时间总是不够用?

"宜阳,你上来给大家做一下这道数学题。"数学课上,老师走上讲台后,在黑板上迅速地写出了一道题,并且点了宜阳的名字。宜阳惊慌失措地走上了讲台。仔细一看,这道题正是自己昨晚上家庭作业里的。于是她迅速

地做了出来，可是老师并没有让她回到座位上，而是要她讲给同学们听。

可是等她把自己的解题方法讲出来的时候，却引起了同学们的哄堂大笑，原来她在运算的过程中竟然把简单的乘法算错了。老师气愤地把她的作业本扔给了她，让她回到了座位上。宜阳心里非常的难受，不是她不会做，而是因为作业实在是太多了，为了赶时间，她做的有点快，结果犯了低级的错误。

想想同学们哄堂大笑的样子，想想老师的气愤和无奈，宜阳的心里特别不是滋味。她暗暗地发誓，以后做作业一定要认真仔细，绝对不能再出这样的丑了。于是当天晚上一放学，她就迅速地回了家，开始认认真真地做起了作业。直到深夜两点多了，她还有课本上的几个联系题没有做呢，宜阳呆呆地望着课本，不知不觉，趴在桌子上睡着了。

在梦里，她感觉自己被一座大山压在了下面，喘不过起来，拼命地挣扎和喊叫，突然她感觉到天旋地转，睁开眼睛一看，原来是爸爸。爸爸说："怎么睡着了啊？"宜阳说："我的作业还没有做完呢。"爸爸看了看表说："去睡吧，都凌晨三点了。作业做不完了明天再做。"听到爸爸这么说，宜阳迅速地爬到了床上，睡着了。

第二天，老师开始提问了，宜阳又被老师点名叫了起来。恰巧那部分题没有做完。面对宜阳的沉默，老师让她请了家长。这对于高三的学生来说是非常没面子的事情，况且宜阳还是个女孩子。回到家里，爸爸把宜阳叫到了跟前，对她说："阳阳，事实上老师布置的作业并不多啊，你为什么做到那么晚了还没有做完呢？"宜阳委屈地说："我也不知道，很多题同学们做的时候很快就做出来了，而我很慢。"爸爸说："那是因为你对知识掌握得还不够扎实。"

爸妈送给宜阳的话：

在这里，爸爸妈妈要跟宜阳聊一聊作业太多的问题。事实上，你们之所以感觉作业多，那是因为你们觉得时间不够用。归根结底是你们做题的速度比较慢，效率比较低。有的同学提高了速度却降低了效率。之所以出现这样的情况是因为你们对知识掌握得不够踏实，在应用知识来解决问题的时候就显得很不熟练，这样自然就要花去很多的时间。可见，对于学生们来说，要想从堆积如山的作业中钻出来，就要想方设法地将知识掌握得扎实一些，提高学习的效率。

你需要了解的知识点：

在很多人看来，多做题能更加全面地掌握知识点，可是过重的作业压力却给学生们带来了负面效应。那么究竟如何才能做到既能把学习搞上去，又不会被过重的学习任务压得喘不过气来呢？在这里，爸爸妈妈将要和孩子们一起来探讨这个问题。

1. 上课时候一定要认真听讲

上课的时间对于学生来说非常的重要，因为老师讲课的时候将知识点融会贯通，一气呵成，认真听讲的同学往往能把知识点的关键记忆在脑子里。这是在课后不管你做多少的努力都无法弥补的。有的同学不会听课，坐在座位上忙着把老师的板书抄在本子上，这样你忙得不亦乐乎，却什么知识也没有留在脑子里。即使你在看板书的时候了解一些，远没有老师讲解得那么清楚。要想提高学习的效率，就要一定认真听讲。

2. 老师布置的作业要认真做

一般情况下，老师在上完课之后，会选择一些课后的习题让同学们去做。这部分习题主要是让学生在这个过程中温习当天所学的知识点。因此，对于这部分习题同学们要认真地去做，把当天老师讲解的知识点掌握得扎扎实实。只要你把知识掌握扎实了，做作业的速度自然就会加快，你也不会再感觉到时间不够用了。

3. 适当做一些温习知识的题

有些同学为了提高自己的学习成绩，往往会买很多与课本配套的习题去做，以扩大自己的知识面。但是，并不是做的题越多越好。相反，过多的题量会增加你的学习重担，尤其会让你感觉到力不从心。再加上，人的精力有限，过多的作业压力，会花去你大量的时间和精力，这样，会影响到你对基

础知识的掌握和学习，最终影响到你的成绩，可谓得不偿失。

我总是无法集中精力

青春期女孩的困惑：为什么我总是无法集中精力呢？

历史课上，正在聚精会神讲课的老师突然说："明敏，你来告诉我戊戌六君子包括谭嗣同吗？"几秒钟过去了，明敏好像没有听到一样，两眼直勾勾地盯着窗外。坐在旁边的男生赶紧捣了一下，明敏没有反应，男生又捣了一下她的胳膊，明敏转过头来望着同桌，同桌扬了扬头，明敏才发现老师和同学们正在看着她。她赶紧站了起来，问道："老师你刚才说什么啊？"

老师没有生气，而是接着问道："你来告诉我，戊戌六君子包括谭嗣同吗？"明敏早就走神了，压根没有听老师讲课，自然不知道怎么回答。她低下头，然后用脚轻轻地踢了一下同桌，同桌悄悄地说："有。"明敏望着老师说："有。"老师知道她并不知道，接着问："有什么啊？"明敏一脸无辜地说："我不知道啊。"

同学们顿时哄堂大笑，老师看起来有些生气了，但是她并没有发作，而是示意明敏坐了下来。接下来的课明敏依然没有听进去，同学们的笑声时常出现在脑海里，这让她感觉到脸上火辣辣的烫。下课后，她清楚地听到班里的几个男生在拿她当笑料。一个在问："有什么啊？"另外一个说："我不知道。"紧接着，一阵狂烈的坏笑声。

放学后，明敏闷闷不乐地回到了家里。妈妈看到后，走过来问："明敏，怎么了，身体不舒服啊？"明敏摇了摇头，没有说话。"那是怎么回事啊？我看你情绪很低。"妈妈关切地问道。"心情不好呗。"明敏说完后躺在了床上望着天花板。妈妈坐在她的身边，问道："到底发生什么事情了啊，给妈妈说说，看看妈妈能不能帮你。"明敏说："妈，我最近不知道怎么回事，注意力老是集中不起来。早上上历史课的时候,不知不觉走神了,老师问我问题的时候,我没有回答上,同学们都在笑话我。”

妈妈说:“不要担心,你现在正处于青春期,出现课堂上注意力不能集中的情况也是很正常的。”

爸妈送给明敏的话

在这里爸爸妈妈要跟明敏谈一下课堂上无法集中注意力的问题。事实上,这个问题在很多青春期的女孩子身上比较普遍,注意力会分散,经常会出现走神的现象。给她们的学习和生活带来了一定的影响。但是,只要适当地加以调整和注意,这个问题在一定程度上完全可以得到缓解。所以完全没有必要为无法集中注意力而苦恼。当然,这需要一些基本的策略和方法。

你需要了解的知识点:

为什么很多女孩子进入青春期之后,就会出现注意力不集中的现象?究竟有没有办法缓解这种现象呢?在这里,爸爸妈妈和孩子们一起来研究和探讨。

1. 要对学习保持浓厚的兴趣

进入青春期之后,孩子们的身体会不断发育,他们开始不断地关注异性。某个漂亮的女生或者男生就会引起他们的注意,为了迎合和接近对方,而导致你的注意力往往脱离学习。在上课和学习当中,很容易出现走神的现象。因此,对于青春期的女孩子来说,要明白学习才是你的主要任务,要对学习保持足够的兴趣,当你投入到学习当中之后,你的注意力就不会轻易地转移了,走神的现象也会得到适当地控制了。

2. 少心理冲突保持内心和谐

很多青少年进入青春期之后,人际关系开始有了一定的复杂性,这对于少男少女来说是个不小的挑战。如果处理不好和同学朋友之间的关系,就会引起他们内心的冲突,在上课和学习当中,很容易走神。作为女孩子,一定要处理好和周围朋友的关系,保持内心的和谐,不要让生活中的冲突充满

你的内心,从而影响你的注意力。

3. 坦然处之,不要刻意留意

很多女孩子出现注意力不集中的现象之后,开始不断地强调自己不要走神。但是越是苛求自己,你的注意力越会走神。这样一来,你对外界就比较敏感。越是要求自己注意力一定要集中,越是更加关注注意力的问题。形成恶性循环,难以自拔。如果你发现自己的注意力不集中,不要刻意强调自己要留意注意力,把更多的精力放在学习上。慢慢地,你注意力不集中的现象就会得到缓解。

我的体育成绩很糟糕

青春期女孩的困惑:我的体育成绩很糟糕怎么办?

“预备,跑!”体育课上,老师发出了号令。女生组的同学们争先恐后地跑了出去。花雨也和别的女同学一样,用上了吃奶的力气,拼命地往前奔,可是,由于她身体比较瘦弱,很快便被同学们甩在了后面。百米赛跑,别的同学用了 15 秒,而花雨却用了整整 25 秒。这比及格线整整多出了 10 秒。

事实上,花雨的体育成绩非常的糟糕。不管是跑步还是跳远,只要是体育项目,她总是最后垫底的那个。为此,遇到老师组织的对抗比赛,大伙都不愿意跟花雨在一个组。这让自尊心极强的花雨非常的自卑。为此,她非常讨厌上体育课,每次都以身体不舒服为由逃避上课。时间久了,在老师和同学们的眼里,她几乎被遗忘了。

上课可以逃,可是考试却无论如何也逃不了。在这次的百米跑步测试中,就出现了上面的一幕。看着气喘吁吁的花雨,老师无可奈何地摇了摇头,在她的名字后面写上了大大的“不及格”,这将意味着今年的三好学生的评选中,她是没有资格的。尽管她的文化课学得非常的好,每次考试都是第一名。

这个周末，她没有像往常一样和同学们一道出去玩，而是把自己关在屋子里不肯出门。爸爸妈妈带着弟弟要去公园玩，叫花雨一道去，花雨叹了一声气，摇了摇头。爸爸关切地问：“花雨，你这是怎么了啊？”花雨说：“爸，我的体育成绩又不及格了。”爸爸安慰道：“你打小身体就弱，体质不强，不及格就不及格吧，又不影响你以后的升学。”花雨着急地说：“什么啊，爸，体育成绩不合格的话，我今年又评不上三好学生了。你说我每次考试都是第一名，却没法得到三好学生，实在是憋屈得很。”

爸爸说：“既然问题出在体育成绩上，那你就得平日里多锻炼，把体质提上去，下次考核中，你就能达标了，除了这个，也没有别的办法啊，你说是不？”

听了爸爸的话，花雨点了点头，随后微笑着和一家人去公园里玩了。

爸妈送给花雨的话：

在这里，爸爸妈妈要跟花雨谈一下女孩子体育成绩糟糕的问题。事实上，很多女孩子性格比较文静，平日里不喜欢运动，所以体育成绩很糟糕也是常有的事情。在体育考核中，总是处于不及格，或者倒数几名，这让自尊心极强的女孩子感觉到大受伤害。其实，这并不是一件多么严重的事情，只要平日里多加强锻炼，多运动，你的体育成绩自然就会慢慢地好起来了。

你需要了解的知识点：

为什么女孩子的体育成绩会出现很糟糕的现象呢？究竟如何才能帮助他们在操场上重拾遗失的自信和尊严呢？在这里，爸爸妈妈和孩子们一起来探讨这个问题。

1. 平日里加强锻炼身体

由于女孩子性格比较文静，不喜欢运动，再加上身体本身比较柔弱一些，所以在各项体育项目中总是表现得很被动。要想改变这种情况，平日里就要多加强锻炼身体，比如：每天早起几分钟，跑跑步，或者是上学放学的时候，步行回家，骑自行车等，这在一定程度上都能增强你的体质。如果你总

是每天除了学习就是吃饭睡觉，你的身体得不到适当的运动，体质差也是在所难免的事情。

2. 认真对待学校的体育课

为了增强学生们的体质，学校在实施文化课教育的同时，也适当地安排了一些体育课和体育比赛项目。对于女孩子来说，一定要认真地对待，在老师的带领下适当地做一些锻炼，多参加一些运动会等，尽管这不能迅速增强你的体质，但是也会让你慢慢地对体育运动产生兴趣。同时还会让你熟悉一些体育考核的项目，内心之中不畏惧。事实上，这些在一定程度上都会影响你的体育成绩。

3. 不妨参加一些家务劳动

现在的孩子，都比较娇贵，尤其是女孩子，根本不懂得做家务。事实上，做家务也是一种锻炼。比如扫地、拖地、擦玻璃和洗衣服等。如果你经常多做家务，你的身体就会得到一定程度的运动和锻炼，慢慢地你就会喜欢一些简单的户外运动。相反，如果你每天除了学习就是上网，身体总是处于一种抑制状态，你的体质上不去也就不足为怪了。

感觉自己似乎有厌学症

青春期女孩的困惑：自己真的得了厌学症了吗？

早上八点半，应该是同学们正在上课的时间，可是梅宇却破天荒地出现在学校附近的网吧里，兴致勃勃地玩起了网络游戏。事实上，当老师把电话打到梅宇爸爸的手机上的时候，爸爸着实非常恼火。

下午放学后，梅宇从网吧里走了出来，按时回到了家里。当他推开门的一刹那，顿时愣住了，爸爸坐在沙发上看电视。见梅宇回家了，爸爸严肃地说："梅宇，过来。"梅宇疑惑地问："爸，有事情吗？"爸爸说："你今天去哪里了?”梅宇记得自己给老师请了假的，应该不会告诉爸爸。于是她理直气壮地说:“爸，我当然去学校了啊，现在学习任务这么重的，我还能去哪里呢。”

爸爸生气地说:“撒谎，你今天逃课去干什么了？你的班主任早上给我打电话了。”梅宇顿时紧张起来，结结巴巴地说:“我，我……”“说!”爸爸厉声吼道。梅宇胆怯地说:“我去了网吧。”爸爸说:“你为什么要逃课去网吧，难道你不知道现在是多么关键的时候吗?”梅宇低着头说:“爸，我知道现在非常的关键，可是我……”爸爸生气地说:“我什么我，任何的理由都不能逃学!”

看着爸爸生气的样子，梅宇心里怪不是滋味的，她说:“爸，我知道我不该逃学，我错了。”爸爸见梅宇道歉了，怒气渐渐地平息了。他拉着梅宇坐在沙发上说:“梅梅，告诉爸爸，你为什么会逃学啊？你学习那么好，还说要一定考上北大呢，怎么学会逃学了呢?”梅宇望着爸爸委屈地说:“爸，我也不知道怎么了，最近一上课就打瞌睡，根本学不进去，一翻课本就头痛。”

听到梅宇这么说，爸爸关切地问道:“到底怎么了，是不是病了啊?”梅宇说:“应该不是吧。爸，我是不是得了厌学症了啊?”爸爸想了想，安慰她说:“别瞎想，或许是你最近阶段学习太累、压力太大了的缘故。这样吧，这个周末我们一家三口去旅游一下，让你彻底地放松放松。”

爸妈送给梅宇的话:

在这里，爸爸妈妈要跟梅宇谈一下厌学症的问题。事实上，很多同学每天都在啃书本，在啃书本的过程中，难免会对学习产生一种厌烦和抵触的情绪。很多家长不理解，觉得多学习会对学习产生兴趣，怎么会产生抵触呢？任何事情过犹不及，学习也是一样的，当学习的任务超过内心的承受能力之后，就会无力承受，就如同水杯里装满了水，再加水就会外溢一样。所以，在学习的过程中，要适当地放松自己。

你需要了解的知识点:

为什么孩子们在忙碌的学习当中会逃学呢？为什么他们会觉得自己对学习提不起一点儿兴趣呢？究竟如何帮助他们来解决这个难题呢？在这

里，爸爸妈妈要和孩子们一起来探讨一下吧。

1. 学习当中要劳逸结合

由于现在的孩子竞争都比较激烈，所以家长对孩子的学习抓得非常的紧。作为孩子除了要完成学校里老师安排的学习任务，还要接受爸爸妈妈为他们准备的各种学习班和补习班。孩子们的神经每天都绷得紧紧的，根本没有时间去放松和休息。这样，时间久了，孩子们难免会出现厌学的现象。可见，在抓紧学习的同时，也要适当地给孩子们一些休息和放松的时间，让他们内心的压力得到适度的缓解，这样才能提高学习的效率。

2. 不要挑选过难的题做

往往很多学生存在着误区，觉得越会做一些比较难的题，说明自己对知识的掌握得更加扎实。因此，便不断地挑战自己，专门去做一些难题、偏题。当同学们发现不断做错题或者不会解之后，就会在内心深处对自己产生怀疑和否定。时间久了，就对学习失去了兴趣，生了厌学症。在学习当中，没有必要做太难的题，事实上这些过难的题没有一点用处，在考试中或者生活中根本不可能遇到。

3. 对自己要清晰的认识

自己的学习状况怎样，要有个清晰的认识，在学习中要正确地对待，不要对自己期望太高，也不要有自卑心理。期望太高，你不能轻易地让自己满足，容易失望，对学习失去兴趣，自卑则让你不自信，依然会产生厌学的心理。只有清晰地认识自己，在学习中接受自己的犯错，不苛求自己，才能解决问题，保持对学习的持续热情。

Chapter 15

第15章 才艺空间，文艺与情操的综合培养

这些年，我们在推行应试教育多年之后，提出了素质教育。那么究竟什么才算是素质教育呢？当然，适当的学习一些才艺，让孩子们爱上些艺术，陶冶他们的情操是一个方面。但是，对于孩子们来说，究竟喜欢什么才艺呢？是向自己感兴趣的方向发展呢？还是选择对自己有帮助的领域去培养呢？在这一章，我们耐心细致地帮助孩子们理清了心里的疑惑。如果作为女孩子的你不知道该怎么办的时候，不妨认真地去阅读。

女孩子应该学些什么才艺

青春期女孩的困惑:我究竟该学习哪些才艺呢?

“佳倩,来一个,佳倩来一个。”在某中学初三年级的元旦晚会上,同学们吆喝着要佳倩表扬一个节目。之前佳倩的好几个朋友都相继表演了节目,此时的佳倩非常尴尬,她不知道该给大伙表演什么节目。唱歌?他的嗓子不好,唱出来并不好听。跳舞?也没有这个天赋。

佳倩站在一边不知所措。这时候她的好朋友慧雯急忙站起来说:“佳倩的歌唱得特别的好听,只不过她这几天感冒着呢,没法唱,我代替她给大家表演一段舞蹈吧。”说完,轻松愉快地表演了一段舞蹈。大家在鼓掌喝彩声中早已经忘记了佳倩。佳倩好不容易逮住了个机会,迅速地离开了现场。

回到家里后,佳倩一脸的不高兴。妈妈问道:“怎么了,今儿不是元旦晚会吗?你怎么早早地回来了啊?”佳倩一嘟嘴说:“我啥才艺也不会,同学们让我表演节目呢,你说我多尴尬啊。”妈妈笑着说:“你不是歌唱得挺好的吗?为什么不唱支歌呢?”佳倩扮了个鬼脸说:“就我这嗓子,还不够丢人的。”

“那你现在抓紧学啊,也不算晚么,以免下次再出现这样的事情。”妈妈给出了建议。佳倩来了兴趣,她急忙凑到妈妈的身边说:“那我到底学什么合适呢?”妈妈反问道:“那你喜欢什么啊?”佳倩为难地说:“我没有什么喜欢的啊。不过我看慧雯的舞跳得真好,要不我跟着她学习舞蹈吧。”妈妈笑着说:“这倒是个好主意,我看可以。”

爸妈送给佳倩的话:

在这里,爸爸妈妈要跟佳倩聊一聊女孩子究竟要学习什么才艺的话题。

对于女孩子来说，会一些才艺表演往往能增大你的社交圈子，对生活和工作有很大的帮助。因为懂一些艺术会增加女孩的魅力指数。但是，究竟学习什么才艺，要根据每个女孩不同的喜好和性格去做出抉择。有些女孩嗓子好，那么不妨练习唱歌，有些女孩身体柔软、身材好，不妨去学习跳舞。当然如果你喜欢写作、绘画，完全可以根据你的喜好去选择。

你需要了解的知识点：

有些女孩子只顾着埋头读书，忽略了才艺的学习，等自己不知不觉地被大家挤出圈子的时候，才发现原来自己什么也不会。这时候，你就需要选择一些才艺抓紧时间去学习。那么，究竟学习一些什么样的才艺才算合适呢？在这里，爸爸妈妈和孩子们一起来探讨这个话题。

1. 要选择自己感兴趣的领域

孩子们只有感兴趣了，才愿意去学习和表演。可见，在选择学习才艺的时候，要问清楚自己究竟喜欢什么，喜欢唱歌还是喜欢跳舞。只有选择了自己喜欢的领域，学习起来才会不觉得枯燥，也能取得一定的成就。如果你不喜欢却非要逼着自己去学，无疑增大了你的心理压力，让你觉得很痛苦，其实，这样你也学不到什么东西。因此，孩子们在选择才艺的时候要选择自己感兴趣的领域。

2. 根据自己的实际情况选择

有些女孩子身材特别好，而且特别的柔软，那么练习跳舞是不错的选择，有些女孩子说话声音很好听，声音很有磁性，那么就应选择唱歌。这样根据自己的实际情况来选择适合自己的才艺，往往能让你在这些领域取得更高的成就。如果你声音很难听，却偏偏要选择唱歌，即使你再努力，也没有办法达到预想的效果。你的才艺表演出来，势必要成为别人饭后茶余的笑资了。

3. 不要因为才艺而影响学习

对于女孩子来说，不管你对哪项才艺有多么的喜欢，都要有所克制，把更多的注意力放在学习上，千万不要因为学习才艺就本末倒置，把学习耽误了。当然,处理好两者之间的关系关键在于时间的安排上。比如,一周抽出两个晚上去参加才艺学习班。其余的时间抓紧文化知识的学习。这样互相不影响,又能得到全面发展。对于女孩子来说,无疑是最好的选择。

应该有一门自己的特长

青春期女孩的困惑:是不是真需要有一门自己的特长呢?

“虞雯,这个周末是我的生日,一起去玩吧。”美丽在招呼自己的室友虞雯。“我要抓紧时间学习。”虞雯口是心非地说。美丽接着说:“哎呀,去吧去吧,大家好长时间也没有在一起好好聚会了,好不容易遇到这么一个机会,一定要玩个痛痛快快。”听到美丽这么说,虞雯自然也不好意思再推辞了。

周末,七八个女孩子聚到了一起,他们一起聚过餐之后,便来到了娱乐城去K歌。大家轮流上阵飙歌,唯独虞雯一个人站在一旁不知所措。有姐妹过来拉她一起唱歌,她不会唱,只好跟着敷衍。大家都觉得虞雯很谦虚,其实她是不敢在别人面前表现自己。

这天,尽管大家在一起玩,但是虞雯心里却有着说不出来的难受。同样是女孩子,别的人能歌善舞,自己却什么也不会。当爸爸打电话过来的时候,虞雯把自己的委屈一股脑地道给了爸爸。爸爸在电话那头一个劲地安慰她:“虞雯,其实你也可以培养自己的一个特长啊。比如平日里有了闲暇时间,可以跳跳舞、弹弹吉他什么的,这样,以后你和大家一起去玩的时候,就不会落单了。”

虞雯为难地说:“可是我什么也不会啊。”爸爸笑着说:“傻丫头,就是因为你不会,所以才需要学习的,如果你会了,那还需要你学习什么啊?”听到爸爸的建议,虞雯开心地笑了。

爸妈送给虞雯的话:

在这里,爸爸妈妈要跟虞雯谈一下作为女孩子,是否要有一门自己的特长的问题。尽管学生的主要任务是学习,可是作为人要懂得和生活和谐相处,要懂得寻找快乐。这就需要女孩子学习一门特长,在孤独闲暇的时候,培养对生活的情趣;同时也可以通过一门特长来表达自己,以增加自己的内涵。当然,培养业余爱好的同时,要注意调整时间,不要因此而耽误了学业。

你需要了解的知识点:

为什么有的女孩子无论走到哪里,都能赢得别人的喜欢,而有的女孩子永远只能默默无闻?有些女孩子的生活有滋有味,而有些女孩子的生活却黯然失色?在这里,爸爸妈妈要和孩子们一道来探讨和解决这个问题。

1. 有一门特长会增加女孩的魅力

对于青春期的女孩子来说,你学习好,别人或许会佩服你,如果你能有一门特长,比如说舞蹈跳得特别的好,或者是会弹古筝,那么你周围的同学们可能会欣赏你、喜欢你。当你在大伙面前尽情地表现自己的时候,你的魅力往往能征服别人的心。相反,如果你什么也不会,只知道学习,那么你就失去了在别人面前表现自己的机会。你的形象在大伙的眼里便会黯然失色。

2. 有一门特长你的生活不会单调

生活中,很多时候我们需要独自相处。如果你每天只是学习、吃饭和睡觉,你慢慢地就会厌烦,因为生活实在太单调了。相反,如果你有一门特长,比如说吹、拉、弹唱,或者是琴、棋、书、画,在你无聊和孤单的时候,你就会有事可做。在你学习累了的时候,可以适当地调节情绪、缓解压力,等等。事实上,这样也能让青春期的女孩子更加地热爱生活,不至于太过乏味和孤独。

3. 有一门特长你能获得更多朋友

青春期是孩子们渴望交往的时候，这时候他们非常喜欢交朋友，尤其是女孩子，喜欢大伙儿一起玩，一起高兴。如果在与人接触的过程中，你适当地表现自己的特长，则会吸引别人的兴趣，获得更多的朋友。如果你什么也不会，在大伙玩耍的过程中，你就有可能被孤立，被朋友和同学瞧不起。这对于敏感的青春期女孩子来说是无法忍受的。可见，对于女孩子来说，在主抓学习的同时，也要培养一门自己的特长。

什么才算能发展的兴趣爱好

青春期女孩的困惑：什么才算能发展的兴趣爱好？

"晶晶，你怎么不去和朋友们玩啊？"周末，妈妈见晶晶一个人窝在屋里，走过去问询道。"妈妈，玩什么啊，他们会的我都不会，与其跟在他们后面当观众，不如待在家里上网。"晶晶不以为然地说。"你这样时间久了，会憋出毛病的。"妈妈关切地说。"没事，妈妈，你多虑了。"

几分钟之后，当妈妈再次走进晶晶的卧室的时候，看到她正在兴致勃勃地打电脑游戏。于是她走上前去说："晶晶，你就不能干点别的吗？"晶晶满脸疑惑地说："妈，今天是周末，你就别管我了呗，让我好好放松放松。"妈妈并没有离开，她说："你说你整天打游戏，对你有什么好处吗？你就不能发展一些有前途的兴趣爱好吗？""有前途兴趣爱好，什么啊？我就是喜欢打游戏。"晶晶不解地问。妈妈说："打游戏不但浪费时间，而且也会让你的精神更加堕落。"晶晶不满地说："妈，你这么说，我就不大同意，打游戏能锻炼脑子的反应程度。"

"够了，你为什么不学习一些积极向上的兴趣爱好呢，比如学习跳舞，或者练习弹琴等，既能陶冶情操，也能让你不断成长和进步。"晶晶停了下来，说："跳舞我倒是很喜欢，只不过我不会啊。弹钢琴我也很喜欢，可也没有钢琴让我弹啊。”

妈妈惊喜地说:“你真的喜欢跳舞吗?”晶晶认真地看着妈妈的脸,点了点头。“我知道一个舞蹈培训学校,要不下午我和你一起去报个名,选一个你喜欢的舞蹈类型去学习。”妈妈高兴地说。晶晶为难地说:“可是,妈妈,我什么也不会啊。”妈妈说:“傻丫头,就是因为不会才去学习的。你要是会了,还去学习什么啊?”

爸妈送给晶晶的话:

在这里,爸爸妈妈要跟晶晶谈一下什么才算能发展的兴趣爱好。事实上,在一个人的成长过程中会对很多事情产生兴趣。有些事情对于孩子们的健康成长是有帮助的。比如打篮球、游泳或者是跳舞等,但是有的兴趣爱好对孩子们的成长是有害的,比如网络游戏和抽烟、喝酒。对于女孩子来说,培养一些能发展的兴趣爱好,不但能让她们的身心得到健康的发展,而且还可以培养他们的艺术情操。

你需要了解的知识点:

同样是兴趣爱好,有的孩子却能玩出个名堂来,而有的孩子却只能是浪费时间,打发光阴。那么,究竟什么样的兴趣爱好才是有前途的,有发展的?在这里,爸爸妈妈要和孩子们一起来讨论。

1. 选择能不断增强的才艺表演

作为女孩子,在选择自己的兴趣爱好的时候,要选择那些不断取得进步、不断挑战自己的才艺表扬。比如说拉丁舞,或者是二胡演奏,等等。在这些方面,通过长时间的学习和锻炼,你能取得一定的成就,不但是对自我的超越,更主要的是给自己贴上了标签,无形之中增加了你的竞争力。

2. 选择能增强自身素养的爱好

对于一些能增强自身素养的爱好,不妨去花点时间培养。比如说书法,或者是绘画、雕塑、摄影,等等。这些爱好在一定程度上能培养孩子们的动手能力,能熏陶他们的艺术情操,只要不断地学习和培养,一定能取得一定

的成效。尤其是女孩子，懂一点艺术更能让她们的魅力无限增大。

3. 选择有益于身心健康的兴趣

有些爱好和兴趣尽管孩子们很喜欢，但是却不益于他们的身心健康。比如说网络游戏、打麻将，等等。时间久了，会对孩子的身心造成伤害。在选择兴趣爱好的时候，一定要选择有益于孩子们身心健康的兴趣。比如，现在很多女孩子练习瑜伽就是个很不错的选择，既能锻炼身体，又能培养静心思考。

兴趣爱好会影响学习成绩吗

青春期女孩的困惑：兴趣爱好会影响学习吗？

“雯雯，你今天干什么去了？”当雯雯推门走进来，妈妈就严肃地问道。雯雯见妈妈的脸色不对，于是悄声地说：“妈，我报了个瑜伽练习班。今天有个比赛，我去参加比赛了。”“你难道不知道现在马上要高考了吗？整天心不往学习上使，参加那个东西能帮助你考上清华北大吗？怎么就一点也不懂事呢！”妈妈的责备声让雯雯内心非常纠结。她觉得妈妈实在是太不通情理了。于是气呼呼地说：“学习，学习，整天就让我学习，我都快成个机器人了，再说了，今天不是周末嘛，参加瑜伽比赛又不影响学习。”

“什么，不影响学习？你多学一天，跟少学一天，概念是完全不一样的。明天我就找你的瑜伽课老师去，把你的瑜伽练习给退掉，你给我踏踏实实抓紧时间学习；等考完试了你爱干吗干吗。没考完试，干啥都不行。”妈妈下达了命令。雯雯气呼呼地说：“妈，你怎么这样呢，你也应该尊重我的选择，行吗？”妈妈转过身来，认真地看着雯雯说：“那好，我尊重你，你能给我保证练习瑜伽不影响学习吗？”雯雯回应说：“当然能保证了。”妈妈紧接着问：“那你拿什么向我保证？”“我……”

这时候，爸爸下班回家了，听到了母女二人的争吵后笑着说：“行了，你们两人就别再争吵了。听我一句话好不好。”妈妈看了爸爸一眼没有说话，而雯雯则气呼呼地低着头坐在一旁。爸爸说：“既然雯雯没有办法保证练习瑜伽不影响学习，那么我赞同你妈的意见，暂时不要参加了，等高考结束之后再去。”听爸爸这么说，雯雯急了，她撒娇说：“爸，你怎么也这么说啊。”爸爸摸着雯雯的头认真地说：“我们不希望你因为喜欢瑜伽而耽误学习。”

爸妈送给雯雯的话：

在这里，爸爸妈妈要跟雯雯谈一下兴趣爱好是否会影响学习的问题。事实上，任何时候一心都不能二用。在学习中也是这样的，如果在兴趣爱好上投入的精力和时间多了，那么相应用在学习上的时间和精力就会随之减少很多。所以，为了不影响学习，孩子们最好少参加业余爱好的学习，尤其是毕业班的孩子们，更要多注意。即使要参加业余爱好的学习和锻炼，也要控制好时间，不要投入过多的时间和精力，以免影响到学习。

你需要了解的知识点：

为什么很多孩子学习成绩也很棒，而且业余爱好也很丰富，而有的孩子学习成绩一般般，也没有什么兴趣爱好呢？究竟能否把业余爱好和学习之间的关系处理好呢？在这里，爸爸妈妈和孩子们一起来探讨和研究。

1. 以学业为主，适当安排爱好

青少年正是学习文化知识的阶段，多掌握文化知识，在以后的学习和生活中就会出人头地，成为佼佼者，相应的获得的机会也会多一些。而业余爱好无非是生活的调剂品，适当的练习能陶冶情操，缓解压力。如果颠倒了主次，在业余爱好上花费太多的时间和精力，自然就会使得学习大受影响。对于学业为主的孩子们来说可就得不偿失了。

2. 提高学习和业余爱好的效率

无论是学习还是练习业余爱好，都要认真分析，提高效率。这样，时间不会花太多，也能达到预想的效果。既练习了业余爱好，又不会影响到学习。如果效率不高,就需要花费大量的时间,学习和爱好之间就会有个时间的争夺。这样下来,学习和兴趣爱好之间就会发生冲突,相互影响。

3. 学业紧张的时候可放下爱好

当学习比较松的时候,完全可以适当地去练习兴趣爱好,但是,如果学习比较紧张,遇到考试,或者是到了毕业班,那么就要放下爱好和兴趣,一心一意地去抓学习。对于学生来说,学习文化知识是自己的任务和责任,不要因为自己的兴趣爱好而耽误学习,继而影响到自己的前途和未来。这一点,对于青春期的女孩子来说,一定要明白。

我喜欢沉浸在漫画的世界

青春期女孩的困惑:为什么我总是沉浸在漫画的世界里?

“晓月,家里没有盐了,你下楼去买一袋。”周末下午6点半,妈妈正在忙碌着晚饭,对放学回家的孩子说。可是五分钟过去了,十分钟过去了,始终不见晓月回来。妈妈走过去一看,原来晓月正聚精会神地在看漫画呢。她走上前去,站在了晓月的面前,一下子把漫画抢了过来。晓月焦急地说:“干什么啊,妈,我还没有看完呢,你拿走干啥啊。”

妈妈绷着脸说:“我刚才让你干什么去了?”晓月一边从妈妈的手里抢书,一边说:“我哪里知道你让我干什么去了啊,哎呀,你赶紧给我。”妈妈生气地一下子把书扔在了地上。然后坐在晓月的身边,认真地看着她说:“我让你去买盐。”晓月见妈妈真的生气了,于是很不情愿地下了楼。

又等了十分钟,还是不见晓月回来,妈妈有些着急了。她准备下楼去看。到门口一看,盐早买回来了,放在门口的桌子上呢,再往晓月的卧室里一瞅,晓月正目不转睛地盯着漫画书发呆呢。妈妈生气地说:“你把盐买回来怎么不给我呢,放在桌子上也不告诉我一声!”晓月头也没抬,说:“你让我去买盐，并没有说要我拿给你啊。”妈妈气得半天没说出话来。

很快，饭菜做好了，爸爸妈妈左等右等不见晓月的影子。妈妈生气地对爸爸说：“你的女儿我叫不动，你自己去叫吧。”爸爸来到晓月的房间里，对她说：“晓月，我想跟你谈谈。”晓月目不转睛地说：“爸，你说吧。”爸爸一本正经地说：“听好了，吃完饭把你那一大堆的漫画书全给扔了。”晓月一听，急忙说：“为什么啊？”爸爸生气地回应道：“这是命令。”

爸妈送给晓月的话：

在这里，爸爸妈妈要跟晓月谈谈沉迷漫画的问题。事实上，对于女孩子来说，喜欢漫画也是非常常见的事情，尤其是处于青春期的女孩子，几乎每个女孩子手里或多或少都有几本漫画书。喜欢漫画并没有什么不好，但是如果沉浸在漫画里无力自拔，就会严重地影响到你的学习和生活，会让你永远生活在一个云里雾里的世界里。可是你毕竟生活在现实的世界里，是漫画中无论如何也触摸不到的真实。

你需要了解的知识点：

女孩子喜欢漫画可以理解，但是如果把持不好这个度，把喜欢演变成沉迷，就有可能让他们丧失心智，对现实生活中的学习失去兴趣。那么，究竟如何把他们从漫画的虚幻中拉出来呢？在这里，爸爸妈妈要和孩子们一起来探寻答案。

1. 在学业上加强督促

生活中，很多女孩子却沉迷在漫画当中无力自拔，放学的路上在看，回到家里在看，晚上睡到被窝里也偷着看，甚至上课的时候也在偷偷地看，张嘴闭嘴全是漫画中的人，漫画中的事，严重地分散了大量的精力，学习上自然不会用功了。青春期，正是学习的大好时光，知识接受能力较强，更应该把主要的精力投入到学习中去。但是，作为家长和老师，要在学习中加强对他们的督促。

2. 要多参与社会活动

一些女孩子整天泡在漫画里，跟沉迷于网络是一样的道理，时间久了，

就会慢慢地与现实生活脱钩,这是极其危险的。作为家人和朋友,如果发现有人沉迷在漫画中,不妨拉着他们多参与社会活动,让丰富多彩的社会生活吸引她们的兴趣,让他们的注意力慢慢地转移过来,这样,她们便会从漫画中走出来了。

3. 引导他们多读好书

多读一些好的书籍往往能让心灵得到洗涤和净化,这远比孩子们沉浸在漫画中要实用得多。做为家长,在这时候一定要及时的给予他们引导,把他们的注意力从漫画中转移到一些优秀的书籍中去,这对于她们的成长很有帮助。

我觉得会弹吉他很酷

青春期女孩的困惑:我觉得弹吉他很酷

"妈妈,我想买一把吉他。"这个周末,妈妈带着小琪一起逛超市的时候,小琪突然提出了这个要求。这多少让妈妈有点不明白,因为从小到大,小琪没有一点音乐天赋,根本不喜欢音乐,怎么突然间要求买吉他了呢?带着这个疑问,妈妈试探着问道:"小琪,你怎么突然间有了买吉他的想法呢?"

"我昨天到我朋友的姐姐家去玩呢。她有一把非常漂亮的吉他,我们一边聊天,她一边弹奏吉他,甭提有多酷了。我和我朋友都非常羡慕,所以我们俩决定一人买一把吉他,向她的姐姐学习,而且我朋友的姐姐还答应我们,亲自教授我们弹吉他呢。"小琪一本正经地说着。听到小琪的话后,妈妈半天没有说话。小琪不高兴地说:"妈,你是不是不愿意买给我啊?"妈妈转过身来说:"是的,我不愿意买给你。"小琪赌气地说:"为什么啊?我会弹吉他了,以后常去给邻居弹奏,你的脸上也有光彩啊。"

妈妈说:"小琪,你真的热爱音乐吗?"小琪茫然地说:"我不知道。"妈妈紧接着说:“你连自己热爱音乐与否都不知道,你要个吉他干什么啊?纯粹是图新鲜吗?”小琪:“不是,我又不是没见过,只是你不知道昨天我朋友的姐姐弹奏的时候,有多么帅,当时我们可羡慕了。会弹吉他真的是一件很了不起的事情。妈妈,难道你不希望我也会谈很多美妙的曲子给您听吗?”妈妈听了,摇了摇头。

爸妈送给小琪的话

在这里,爸爸妈妈要跟小琪谈一下她认为的,弹吉他很酷的事。事实上,对于很多青春期的孩子来说,都有很强的自尊心,而且非常的敏感。他们总是喜欢比较,盲目地要求自己向别人靠拢。尤其是一些女孩子,见周围的人会弹吉他,就觉得是一件很酷的事情,也要让自己变得那么酷。事实上,在这个过程中她们往往只注重表面的现象,而没有想过根本的意义所在。你那么做究竟有什么实在的价值?你跟风又是为了什么?

你需要了解的知识点:

青春期的孩子们往往比较敏感,他们会羡慕一些有才艺的同学。比如会弹吉他,会跳舞,因而也会像他们靠拢。可是究竟他们是一种什么样的心理呢?如何帮助他们树立正确的价值取向呢?在这里,爸爸妈妈要跟孩子们一起来研究。

1. 你是否真的喜欢弹吉他?

很多女孩子看到别的女孩子弹吉他了,于是也要求爸爸妈妈给他们买吉他,他们也要学习弹吉他。他们告诉家长的原因很简单,觉得会弹吉他很酷。那么,在向家长提这个要求的时候,女孩子们首先问问自己,是否真的喜欢弹吉他?如果不是,那么最好不要向家长提这个要求。

2. 为什么觉得是很酷?

作为青春期的女孩子,在学习弹吉他的时候要问清楚,为什么会觉得会弹吉他就很酷?是想为了引起别人的注意吗?还是觉得弹吉他的那种感觉很爽?还是觉得弹吉他的样子很酷?实际上,你所谓的“酷”只不过是为了引起别人的注意,满足内心深处的虚荣心。当你明白了之后,你就不会盲目

地追求了。

3. 归根到底你在喜欢什么？

你觉得会弹吉他很酷。那么会谈钢琴呢？是不是一样很酷？会跳拉丁舞是不是一样的酷呆了？可见，你觉得“酷”并不是因为你真正的喜欢。而是因为你觉得别人能引起其他人的关注，你内心深处也有这种欲望。只要能满足你内心的这种虚荣，弹吉他与弹钢琴没有任何区别。

认真而专注地做一件事就会成功

青春期女孩的困惑：为什么我做事情总是不成功呢？

“妈妈，我想学习街舞。”这天，晴儿在吃饭的时候说出了自己的想法。事实上，妈妈一直希望晴儿利用业余的时间学习一些才艺。听到晴儿这么说，妈妈非常的高兴。于是这天下午，她带着晴儿来到了舞蹈培训学校报了名。

于是每个周末，晴儿都会去学习街舞。可是她刚刚去了四次，便不想去了。她说：“跳街舞实在是太累了，我不想学了。”妈妈说：“你才去了刚刚一个月就不去了，坚持一下，说不定你就学会了呢。”晴儿努力地摇了摇头。

过了几天，晴儿对妈妈说：“妈妈，我想学习弹钢琴，你给我报个班吧。”妈妈说：“你想学弹钢琴我给你报名，可是你要答应，一定要坚持下来。”晴儿点了点头，说：“放心吧，妈妈，这一次我一定坚持下来，不学会弹钢琴我誓不罢休。”

可是，学习了弹钢琴也仅仅只有两个月。晴儿就不愿意再去了，她抱怨说：“实在是太苦了，我的指头都磨得快没有知觉了，我看别人弹得那么好，可我怎么就学不会呢。”妈妈有些生气地说：“你答应过我什么？不学会誓不罢休，现在没有学会怎么就放弃了呢？”

晴儿哭着说："哎呀，妈，你没有亲自去学习，你不知道有多苦，我实在是受不了了，你就放过我吧。"妈妈严厉地说："你给我闭嘴，下周乖乖地给我去上课，做任何事情没有一点吃苦的精神怎么能行！你这样三天打鱼两天晒网，一辈子也学不会什么东西。"

爸妈送给晴儿的话：

在这里，爸爸妈妈要跟晴儿谈及做事情的专注和毅力的问题。事实上，青春期的孩子们往往很容易对周围的事情产生兴趣，但是他们缺乏必要的吃苦精神，很难坚持下来。这是现在孩子们的通病，尤其是女孩子，娇生惯养，毅力力很薄弱。不管是做什么事情，只要你认真而专注地去做，就迟早会做成功的。相反，如果你没有毅力坚持下来，必将会一事无成。这一点，作为女孩子，一定要记住。

你需要了解的知识点：

为什么有的孩子不管做什么事情，都能取得一定的成就，而有的孩子却屡遭失败。其中，很多人会说前者很聪明，后者很愚笨。事实上，这并不是主要原因。更主要的是前者能认真对待，能坚持下去，而后者却不能。那么，对于青春期的女孩子来说，如何才能做到认真而又专注地做事情呢？在这里，爸爸妈妈和孩子们一起来探讨。

1. 发自肺腑地接纳你所做的事

同样是做事情，如果你把事情当做任务去完成，那么你的目标是做了就行。如果发自肺腑地去接纳你所做的事情，并喜欢它，那么做事情的目标就不是做了就行，而是力争做到最好。同样，对于青春期的女孩子们来说，不管是学习还是去练习才艺特长，都要发自肺腑地去喜欢它们。这样，你内心迸发出来的热情才会带着你积极主动地寻求进步。

2. 投入更多的精力和时间去做

事实上，很多事情我们之所以不能做到最好，不是我们不聪明，而是因为我们没有投入十二分的精力去做，没有尽力去做。试问一下，如果你竭尽所能去做，事情会做不好吗？你还会失去信心吗？可见，无论是

做什么事情，当你尽力去做好的时候，往往都能做好，相反，如果你只是为了敷衍别人，敷衍自己，最终吃亏的还是你。这一点，女孩子们一定要注意。

3. 遇到困难挫折不要轻易放弃

很多年轻人心浮气躁，做事情没有点毅力，一遇到困难和挫折就放弃了。然后再去做别的事情，当再遇到挫折后，又放弃了。结果兜兜转转，什么也没有学会。这种现象在年轻人中间非常普遍。作为女孩子，一定要记住。要想把事情做好，就要有点毅力，要勇敢地克服遇到的困难和挫折，只要你迈过这个坎，你就能赢得自己的认可，只要你信心百倍地投入进去，成功也就不是难事了。

不可能所有方面都优秀

青春期女孩的困惑：我很优秀为什么还不如别人呢？

“妈妈，你说我是不是很差啊？”这天下午，润润一进门就对妈妈提出了疑问。妈妈被问得有些莫名其妙，她看到润润脸色不好，于是关切地说：“没有啊，我们家润润永远都是最优秀的那个。”润润两眼红红的，眼泪在眼睛里直打转。妈妈心疼地说：“孩子，你这是咋了，谁欺负你了？”

润润重重地叹了口气说：“也没有人欺负我，就是心里觉得憋屈得很。”妈妈接着问：“究竟发生什么事情了啊？”润润看着妈妈焦急的表情，缓缓地说：“今天体育课上，老师对我们进行了百米赛跑的测试，我跑了个最后一名。”妈妈听了后说：“我还以为发生什么事情了呢，不就是跑步跑了个最后一名吗，没事的。”听妈妈这么说，润润赌气地说：“在班里，我哪次考试不是第一名，每次同学们都在为我鼓掌，以我为榜样。可是今天，好多同学看我跑到最后一名，一个劲地在那里说风凉话呢。你不知道，当时我恨不得找个老鼠洞钻进去。”

妈妈笑着说：“没事，就算是跑了最后一名也没什么丢人的”润润说：“妈妈，你说，我在学习上那么的优秀，怎么在体育上就这么差呢。我都有点开始怀疑我自己了。”妈妈安慰说：“润润，你已经很优秀了，妈妈以你为骄傲。”润润感动得扑倒在妈妈的怀里，说：“谢谢你，妈妈。”

爸妈送给润润的话：

在这里，爸爸妈妈要告诉润润，人不可能各个方面都优秀。世上没有十全十美的人，你在某些领域可能表现得比较拙劣，但是在另外一些领域，你或许是最优秀的。但是，这往往也会让很多孩子们有些接受不了，尤其是那些自尊心很强的孩子。他们则拼命地拿自己的劣势和别人的优势较劲，结果累得筋疲力尽。事实上，接受一个不完美的自己也未尝不是一件好事情。

你需要了解的知识点：

很多孩子都想做人上人，所以总是喜欢争强好胜，有时候这种争强好胜能让他们不断地得到自我超越，可是有时候却让他们饱受打击，甚至一蹶不振。那么，面对自己不擅长的领域，究竟如何说服自己接受一个不完美的“我”呢？在这里，爸爸妈妈和孩子们一起来讨论这个问题。

1. 要对自己有个清楚的认识

很多处于青春期的孩子们对自己的认识是不全面的。尤其是一些各方面都非常优秀的孩子。他们总觉得自己是最优秀的、最棒的，这就给他们自己定下了一个模式：无论在什么事情上都要超越别人。事实上，这是不可能的事情。所以，很多时候，他们在面对自己的不优秀的领域时，便无法接受一个不完美的自己，很容易陷入心理危机。

2. 别拿自己的弱项和别人比

如果你拿自己的强势跟别人比较，你看到的是自己高高在上，但是如果你拿着自己的弱势跟别人进行比较，你看到的便是别人高高在上。对于各方面都表现优秀的女孩子来说，这是无论如何也不想看到的结果。要想让

自己接受一个不完美的自己，那么就要学会拿自己的强项和别人的弱项比，在总体比较中占尽优势，而不是把目光聚在你的弱项上。

3. 要懂得适当给予别人肯定

有些年轻人总是目空一切，觉得永远没有人能够超越自己。可是天外有天，人外有人，在某些时候，你身边看起来最不起眼的某个人可能在某些方面都会表现得比你优秀。这时候你该怎么办？与其自我烦恼，不如适当地给予别人一些肯定，承认对方在这些领域比你强。这样既能避免你四处为敌，与别人较劲，又能避免自我折磨，自我伤害。

Chapter 16

第16章 翘首远方，理想与目标该如何看待

对于处在青春期的孩子们来说，有一个远大的抱负和崇高的理想对他们的一生都有极其重要的影响。可是，作为如今的学生们，他们的理想和抱负还会是那么的远大和崇高吗？在这个过程中，孩子们究竟经历着哪些内心的彷徨和痛苦？他们该怎样走出这个迷局呢？这一章，我们认真仔细地剖析了他们的心理，给出了相应的建议。希望能对孩子们的成长发挥一定的作用。

学习不好就毫无前途吗

青春期女孩的困惑:学习不好就毫无前途吗?

这天放学后,李倩闷闷不乐地回到了家里。一个人坐在书桌边发愣。妈妈看着了,走过来说:"倩儿,怎么了?"李倩看着妈妈,认真地说:"妈妈,我能不能问你一个问题?"妈妈微笑着说:"问呗,你老妈我知无不言、言无不尽。"李倩:"你在上学的时候学习成绩好吗?"妈妈疑惑地看着李倩,不解地说:"你怎么突然问这个问题呢?没事吧?"李倩摇了摇头说:"我的几个师姐学习都非常好,况且都考上好大学了。"

妈妈不解地问:"怎么了,他们考上好大学了,你不高兴啊?"李倩摇了摇头说:"他们的学习都特别好,而相比之下,我的学习很差,这不就意味着我将来可能考不上大学,前途一片灰暗吗。想到这里,我就特别的难过。"

妈妈安慰她说:"傻孩子,一个人将来有没有出息并不是仅由学习成绩决定的。学习不好并不意味着你毫无前途啊?即使将来考不上大学了,一样可以做别的事情啊。"李倩沮丧地说:"话虽这么说,可我心里就是不舒服,他们学习好,前途一片光明,而我学习这么差,前途一片灰暗啊。"妈妈笑着说:"你啊,想那么多干什么啊。凡事尽力而为就行了。你努力了,可是还是没有办法超越他们。不妨接受现在的你,就算将来考不上大学了,一样可以寻找到适合自己的位置,一样可以干得很出色。"

爸妈送给李倩的话:

在这里,爸爸妈妈要跟李倩谈一下学习不好是不是意味着没有前途的问题。事实上,很多人觉得学习好的人能考上大学,前途一定光明,学习不好就意味着没有前途。事实上,也并不全是这样。很多学习优秀的孩子考上了大学,大学出来后四处找工作,而一些曾经的差生,却凭借着自己的努力创业并当上了老板。可见，学习好并不意味着一定会有好的前途，学习差也未必就前途暗淡。只要你认真去对待生活，就算是学习不好，你也照样能找到适合自己的路走下去。

你需要了解的知识点：

在孩子身上，我们看的是他们是否有前途，而往往很多时候，正处于学生阶段的他们，被拿来当做准绳的就是学习成绩。学习好的前途一片光明，学习不好的，前途黯然失色。学校是这样评判的，社会是这样评判的，就连很多学生也是这样认为的。究竟是不是这样呢？我看未必。在这里，爸爸妈妈要和孩子们一起来探讨和研究这个话题。

1. 学习不好并不能说明能力差

对于学生来说，主要的任务便是学习，因此，学习成绩的好坏往往成为恒定学生能力的尺码。事实上，学习好只能说明对方在学习上很用功，脑瓜聪明，但是并不能说明他的能力强。同样，学习不好也不能说明他的能力差。因此，对于青春期的女孩子来说，如果学习不好，千万不要觉得自己就没希望了，没前途了。

2. 学习不好并不等于不被喜欢

可能很多时候，大家都喜欢学习好的孩子，觉得他们聪明可爱，是好孩子。事实上，并非如此。很多学习不好的孩子懂礼貌、会处人际关系，一样赢得别人的喜欢。相反一些学习好的孩子却只懂得读死书，不懂得为人处世，一样会被人厌恶。被人接纳和喜欢，意味着机会比较多，你的前途一样会绚丽多彩。

3. 学习好和好前途间并不挂钩

学习好的同学一定会有个好的前途吗？答案是不一定。学习好只能说明你知识掌握得比较扎实，比较聪明。但是，一个人的前途并不是由上学时掌握的知识来决定的。学习好只能是一个影响的因素而已，两者之间并不挂钩。这一点，女孩子一定要有清楚的认识。即使现在学习不好，也不要有心理压力。

我考大学就一定奔着清华北大吗

青春期女孩的困惑:考大学就一定奔着清华北大吗?

“这次模考考得怎么样啊?”这天晚上,笑笑刚一回家,妈妈就紧跟着来到她的房间,急切地问。原来,这天是笑笑在高考前的第二次模考。爸爸妈妈都非常重视。笑笑疲惫地躺在床上,没有说话。妈妈一把把她拉了起来,有点生气地说:“我问你呢,快告诉我这次考得怎么样?”笑笑不耐烦地说:“这次考得不好,还能怎么样啊。”“你这孩子怎么说话呢,争取下次考好就是了。”妈妈说道。

事实上,笑笑这次考得不怎么样。可她最担心的就是妈妈的步步追问了,她越担心,妈妈越是紧逼。最后,笑笑只好把卷子掏出来扔给了妈妈,没好气地说:“你自己看,行了吧。”妈妈看后觉得考得还行,便劝了笑笑几句。说:“这次就算了,离高考还有一段时间,抓紧复习,你会成功的。”

笑笑生气地吼道:“什么呀,现在已经是第二次模考了,我考这么个成绩,高考中怎么可能考上北大和清华呢!要是考不上的话,我这么多年的学不就白上了吗?”

爸妈送给笑笑的话:

在这里,爸爸妈妈要跟笑笑谈一谈上大学与清华和北大的关系。不用多说,清华和北大是国内最知名的高校,不管是硬件还是软件,都在全国是数一数二的,能够进入这两所院校的学生,在别人的眼里个个都是聪明绝顶的人才。因此,进入北大和清华就成为很多孩子的梦想,同样,也成为一些望子成龙的父母对孩子的要求。但是,值得强调的是,如果你能力有限,完全没有必要逼着自己走独木桥,其他的一些高等学府一样可以造就人才。

你需要了解的知识点:

清华和北大是很多学子们梦寐以求的天堂，为了能够进入这两所学府，学生们在不断地努力拼搏。但是上大学一定得上清华和北大吗？考不上清华和北大是不是就意味着人生的失败呢？在这里，爸爸妈妈要和孩子们一起来探讨这个话题。

1. 弄清楚考大学的目的是什么？

毫无疑问，考大学是为了让自己获得更高的教育。但是能给予你好的教育的学校并非只有清华和北大。有些学生比较自负，考大学的时候一定要逼着自己考上清华和北大，向周围的人证明自己很了不起。让爸爸妈妈觉得在别人面前能抬起头来。除了北大和清华，别的院校一律不去，这在很大的程度上浪费了教育资源，是不提倡的。

2. 有必要对自己有个清醒的认识

如果你的学习特别好，那么锁定北大和清华无可厚非。但是如果你的学习一般，而要逼着自己向清华和北大迈进。可想而知，你所承受的压力有多大。弄不好，你因此还会产生自卑心理，对学习失去信心。事实上，你完全没有必要这么做，除了清华和北大之外，还有很多有名的学校可以选择，一样可以受到良好的教育。

3. 考不上清华北大并不代表失败

在一些同学的眼里，清华和北大就是一个标杆，能考上这两所院校，就意味着人生的成功，考不上就认为自己失败了。事实上，能上清华和北大的确实是精英，但毕竟是少数人。如果你以能否上清华和北大来衡量自己的输赢成败，很容易把自己逼上绝路。

大人们说我的理想不现实

青春期女孩的困惑：我的理想真的不现实吗？

录取通知书早已经来了，尽管美琪没有考上清华和北大，但是也考上了一所非常不错的学校——浙江大学。可是，就在爸爸妈妈为她筹备学费的时候，美琪却做出了一个让所有人都无法理解的决定。她不想上大学了，而是要跟着在外经商的姐姐做生意。

听到美琪把这个决定告诉他们的时候，妈妈首先沉不住气了，她对美琪说："孩子，你这是怎么了啊？你现在正是学习阶段，家里不缺钱，你为什么要去做生意，而不去上大学呢？"美琪看着妈妈，说："妈，我真的不想在大学里把我的大好青春白白地浪费掉。大学几年毕业了之后，还得走上社会找工作，与其那样，我还不如早点下海。"妈妈不解地说："可是，家里现在不缺钱，完全有能力供你上大学啊？这么好的机会，你为什么要白白地放弃呢？上完大学找份稳稳当当的工作，难道不好吗？"

美琪叹了一口气说："那么，然后呢？就在这个岗位上做上几十年，等着退休，然后等死？"妈妈说："是啊，人这一辈子可不就是这么活过来的吗，我是这样的，你爸爸也是这样的，这样有什么不对吗？"美琪说："那是你的价值观念，我有我的想法。你想想人这一辈子说白了也就几十年的事情，我要在我有限的生命里做一些实实在在的事情，以此来证明我自己。我没有那么多的时间浪费在死啃书本上。"妈妈重重地叹了一口气："哎，孩子，你的想法太不现实了。"

爸妈送给美琪的话：

在这里，爸爸妈妈要跟美琪谈一谈理想与现实问题。事实上，每个人都有自己的理想，但是要把理想变成现实则需要付出很大的努力。有的理想是付出努力能实现的，而有的人的理想是付出了努力也实现不了的。当然，年轻人有自己的想法是好的，有敢于拼搏进取的精神也是值得肯定的。但是在树立理想的时候，一定要明白这个理想是否在你付出了努力之后能实现，实现的把握究竟有多大。

你需要了解的知识点：

往往很多年轻人都有想法，可是每当他们打算施展拳脚的时候，往往会遭到大人们的劝阻和忠告，他们觉得年轻人的理想太不实际了。那么，真的是这样的吗？在这里，需要爸爸妈妈和孩子们坐到一起来探讨这个问题。

1. 弄清楚你所坚持的理想为了什么？

很多年轻人都有自己的理想，甚至是他们的信仰。为了自己的理想，他们会不断地拼搏努力。往往很多在大人们看来不可能的事情也变成了可能。因为大人们判断也是凭借着他们的认识和习惯，当然认识存在着局限性这是毋庸置疑的。他们之所以说年轻人的理想不现实，更多的是担心会失败，做无用功。实际上，追逐理想更注重的是过程，而并非最终的结果。

2. 想明白你的理想是天马行空吗？

如果你的理想是想要把星星摘下来，那么你的理想是天马行空，纯属幻想。但是如果你想着成为一个企业家，那么你的理想就很伟大、很崇高。可能，对于大人们来说，依你现在的能力和环境是不可能的事情。但是，事情是发展变化的，通过你的努力，完全有可能让你的理想得到实现。因此，当大人们说你的理想不现实的时候，不妨想想，你的理想是天马行空吗？如果不是，那么就要坚持拼搏下去，努力去实现它。

3. 不妨学会走自己认为正确的路

大人们往往都习惯用自己狭隘的认识，来要求孩子们顺着他们指定的路去走。因为他们觉得是对的。可是孩子们和他们经历了不同的时代，认识上也会有很大的差别，大人们所认为是对的事情，在孩子们看来未必是正确的。因此，对于孩子们来说，当大人们说你们的理想是不现实的时候，不妨谢谢他们的建议，然后坚持走自己的路。用自己的努力和付出去实现你的理想。

我怎么才能实现我的理想

青春期女孩的困惑:我怎么才能实现我的理想呢?

“爱爱,想过没有你将来要做什么工作啊?”这天,妈妈带着爱爱一起逛街的时候,妈妈这样问道。爱爱想了想说:“我将来要做一名老师,我要桃李满天下。”妈妈笑着说:“你的想法挺好的,那你想过没有要如何实现自己的理想吗?”爱爱摇了摇头。妈妈语重心长地说:“孩子,如果你有了理想,而不想着怎么去实现它,那么你的理想永远只是幻想啊。”

听了妈妈的话,爱爱好几天都在想这个问题。紧接着到了高考报志愿的时候了,爱爱想要报一所军事院校。她前去征求妈妈的意见。妈妈说:“爱爱,你不是想要当一名老师吗?怎么又对当兵感兴趣了啊?”爱爱满脸疑惑地说:“我想要当老师跟考军校有什么关系吗?”妈妈笑着说:“如果你想当老师,你就应该去考虑一下师范院校啊。”爱爱想了想说:“可我既想考军事院校,又想当老师,妈妈,我该怎么选择呢?”

妈妈说:“你的目标是老师,那么你就要向这个目标靠拢,这样才能越来越接近你的目标,实现你的理想。如果你离你的目标越来越远,你的理想凭什么能够实现呢?其实,这也是你在为实现自己的理想做努力啊!”听了妈妈的话,爱爱认认真真地想了一个晚上,然后做出了正确的选择。

爸妈送给爱爱的话:

在这里,爸爸妈妈要跟爱爱聊一聊如何实现自己的理想的话题。事实上,孩子们内心深处都有自己的理想,可是要想让理想变成现实,那么就要付出艰辛的努力。要一步一步地向着你的目标靠拢,不断缩小现实与理想之间的差距,才能最终达到梦想成真。如果你没有这个意识,就算你再努力,方向错了,你的理想永远只能留在脑子里。这一点,年轻的女孩子们一定要清楚。

你需要了解的知识点:

往往很多年轻人都有想法,可是最终却没有能够实现自己的理想。不是他们没有实现的条件,而是他们没有锁定目标,及时地向着理想靠拢,最终只能蹉跎叹息了。那么,有了理想之后,如何才能让它变成现实呢?在这里,爸爸妈妈要和孩子们一起来探讨这个问题。

1. 把你的理想要清晰化

有些人尽管知道自己的理想是什么。可是却概念模糊不清。这就给他们锁定目标带来了一定的难度。比如故事里的爱爱,有做老师的理想,可她却没有让自己明白,究竟是要做那门课的老师呢?是做小学的还是中学的老师呢?这些问题她都没有解决,所以在具体行动当中就比较困难。如果她明确地知道要做初中的语文老师,那么在汉语言的学习中就要加把劲了。

2. 看清楚你需要做什么

在看清楚了现实和目标之间的差距之后,你就会明白什么事情需要你做。如果连这一点都看不清楚,那么你就是无头的苍蝇。因此,要想让你的理想变成现实,那么就要看清楚你究竟需要做什么,然后一步一步去做,不断缩小理想与现实之间的差距。你的理想就会慢慢的得以实现。

3. 树立坚忍不拔的恒心

要实现理想并不是一件容易的事情,甚至还会遇到挫折和失败,以及无法解决的困难。在这个过程中,一定要树立坚忍不拔的恒心,不要随便怀疑自己,更不要轻易地放弃和妥协。只要你坚持下去,不断努力,你的理想就会一步步地靠近你。最终你才能真正实现梦想成真。否则,一旦妥协放弃了,你的理想永远也只能是句空话了。

树立正确的榜样与偶像

青春期女孩的困惑:为什么我向耍酷的姐妹靠拢要挨骂?

“付洋,你昨晚上干什么去了啊,怎么那么晚才回家啊。”周末的早上,当付洋从被窝里爬出来洗漱的时候,妈妈这样问道。付洋不耐烦地说:“有一个同学过生日,我和好多同学一起玩呢。”见付洋一副无所谓的样子,妈妈有点生气,她说:“一起玩也得看时间啊,玩到两三点不回家,我跟你爸都担心得要命。”付洋转过身来说:“担心什么啊,我又不是小孩子了。再说了,我们一起的有好几个小姐妹都没回家,和男朋友去酒店了,相比之下,我已经是够好的了。”

听付洋这么说,妈妈的心里咯噔的一下,她脑子里的第一反应就是付洋跟着坏女孩在走下坡路。她不会也叫男朋友了吧?不会也……,妈妈的心里越来越乱,等付洋洗漱完毕,坐在沙发上看电视的时候,妈妈也坐到了边上,她开始和付洋闲聊起来。在闲聊中,她问道:“付洋,你朋友都交男朋友了,你呢?”付洋一副自豪的样子说:“当然有了,在我们姐妹中,没男朋友可是件丢人的事情。”

妈妈一下子严肃起来了,她一本正经地说:“付洋,你今年才多大啊,怎么就开始交男朋友了呢?”付洋惊讶地看着妈妈说:“我都16岁了,还小啊,我们一起玩的一个小姐妹只有14岁,已经谈过好几个男朋友了。妈,你已经落伍了。”

听到这里,妈妈再也坐不住了,她愤怒地吼道:“你是不是也经常逃课,去舞厅和迪吧呢?”付洋胆怯地望着妈妈,点了点头。妈妈命令道:“以后上学放学都要按时按点,再少穿那些恶心的衣服,再要是逃课,我要告诉你爸爸。”

爸妈送给付洋的话：

在这里，爸爸妈妈要跟付洋谈一谈树立正确的榜样和偶像的问题。对于处于青春期的女孩子，尽管有了自己的人生观和价值观，但是思想还不成熟，对是非的判断还有很大的局限性，因此，很容易将一些不好的习惯和人当做榜样来追从。对于一个女孩子来说，要把注意力放在学习上去，要向那些学习好、品行好的同学看齐，这样，你们才不至于走偏了路。

你需要了解的知识点：

同样是学生，有的孩子把无知当个性，总是追随一些电影和杂志上的所谓“潮流”，最终一步步走向了堕落；而有的孩子却很守规矩，懂得辨别是非对错，每一步都走得非常扎实。在这个过程中，榜样和偶像起着极其重要的作用。那么，这个时期的孩子们究竟为什么会学坏？到底如何树立正确的榜样和偶像呢？

1. 要树立正确的是非观念。

对于处在青春期的孩子们来说，价值观刚刚形成，辨别是非的能力还很弱。在这个时候，很容易混淆是非，将一些社会上的歪风邪气当做流行来追寻。如果这个时候家长和老师不进行正确的疏导，很容易让这些孩子走上邪路。当然，孩子们自身的探寻和思考也非常重要。只有树立了正确的是非观念，才能树立正确的榜样和偶像。

2. 交一些积极向上的朋友。

俗话说：物以类聚，人以群分。朋友往往能影响一个人的一生。对于青春期的孩子们来说，要多结交那些积极向上的朋友，在做事情的时候，多想想你的朋友会不会这么做，这样，无意之中你就找到了一个行为上的标尺。什么事情该做，什么事情不该做，在你的脑子里就会一清二楚，你也不会因此再艰难地抉择了。

3. 要克服好奇心和虚荣心。

事实上，很多时候，孩子们走上了邪路，是出于对很多社会歪风邪气的好奇心和虚荣心。尤其是女孩子，很容易被奇特的穿着打扮和行为所吸引，

觉得自己追随了他们会受到更多人的关注，事实上在不知不觉中堕落了下去。要想树立正确的榜样和偶像，就要克服好奇心和虚荣心，踏踏实实地把心思放在学习上。

大胆地思考，学会给自己创造机会

青春期女孩的困惑：我很担心，要是犯了错怎么办？

“同学们，今天是我第一次给你们上课，我有一个问题要问你们，谁能回答出来，他就是你们的数学课代表。”新来的数学老师在第一堂课上掷地有声地说出了这样的开场白。同学们拭目以待。老师停顿了一下说：“小明家在五楼住，第七楼才有电梯，这天他上学快要迟到了，请问他如何以最快的速度到达楼下呢？”

听完老师的提问后，A 同学首先站起来说：“他应该迅速地往楼下跑。”老师摇了摇头说：“方法很好，但是并不是最快的。”随后教室里陷入了一片安静。过了几分钟之后，突然有个男生站了起来说：“我觉得他应该从窗户里跳下去。”老师不解地问：“为什么呢？”男生说：“因为你要求的是最快的方式，垂直下降这种方式是速度最快的。”老师笑了笑说：“你的想法很好，不过不实用啊。”

就在这时候，小鱼突然想起了老师刚刚说过的一句话：“他们家住在五楼，七楼有电梯。要是不往下走，而往上走，到七楼之后坐电梯，速度自然比跑下去要快得多，而且也很实用啊。”想到这里，小鱼想举手回答。突然她想：“要是回答错了，会被同学们笑话的，我还是算了吧。”

十分钟过去了，没有一个同学能回答老师的问题。老师摇了摇头，他对同学们说：“其实七楼有电梯，为什么不去七楼乘电梯下呢？”同学们一片欷歔。小鱼有些后悔了，其实自己已经知道答案来了，只是没有把握住机会。

爸妈送给小鱼的话：

在这里，爸爸妈妈要跟小鱼聊一下大胆的思考，学会给自己创造机会的问题。事实上，不管是学习中，还是生活中，机会对每个人都非常重要，往往我们都会墨守成规，去等待机会。事实上，如果机会等不来，不妨大胆地冲破思维的禁锢，学会积极地为自己创造机会。这样你就会完全地占据主动。作为女孩子，一定要记住这一点。

你需要了解的知识点：

很多时候，一些优秀的孩子往往被机会所抛弃，而一些调皮捣蛋的学生却被机遇所垂青，究其原因，是因为优秀的孩子往往比较循规蹈矩，而调皮捣蛋的孩子则没有规矩，这导致了他们的想法很出奇，机会往往就在这些奇思妙想中。那么，作为一个女孩子，究竟如何才能大胆地去想，去为自己创造机遇呢？在这里，爸爸妈妈要和孩子们一起来探讨。

1. 要有些怀疑的精神

很多时候，我们在思考问题的时候，都有一个假设的前提，一般情况下这个假设的前提是正确的，我们不会去怀疑，也不会在这个方面寻找解决问题的方法。如同故事中的下楼问题，我们“下楼就是往下走”这样一个前提之下，却从来没有想过往上走。这就导致了问题最终无法解决。对于女孩子来说，要想大胆地思考，为自己创造机会，那么就要有一些怀疑的精神。

2. 要冲破固有的思维

通常情况下，我们思考问题总有一个固有的思维局限。在这个思维局限下，你觉得事情是有可能发生的。可是，很多时候，这种思维局限性抑制了你的想法。还是拿故事中下楼问题来说吧，通常我们觉得下楼是往下走的，所以在想问题的时候总是想着往下，而实际上，问题在于逆向思维。要想大胆的思考，给自己创造机会，那么就要一定冲破脑子中固有的思维模式，也可以叫做开动脑筋解放思想。

3. 没有什么是不可能的

对于一些常人觉得做不到的事情，我们的反应就是三个字：不可能。而

实际上世界上没有什么不可能的事情。只要你敢于承认,敢于去思考和探索,往往在很大程度上能给你带来惊喜。比如电灯的发明、宇宙飞船上太空等,不都是很多年前人们觉得不可能的事情吗?因此,对于女孩子来说,要告诉自己,没有什么不可能的事情,放心大胆地去想,这样才能为自己创造出更多的机会。

参考文献

[1] 田萍.妈妈送给青春期女儿的书[M].北京:中国华侨出版社,2010.

[2] 石晓娜.父母送给青春期女孩最好的礼物[M].北京:长安出版社,2009.

[3] 云晓.10~8 岁青春期,与女孩谈人生的 100 个细节[M].北京:朝华出版社,2011.